中国社会政策
制度体系发展构建

ZHONGGUO SHEHUI ZHENGCE
ZHIDU TIXI FAZHAN GOUJIAN

杨涛 / 著

中国社会出版社
国家一级出版社 · 全国百佳图书出版单位

图书在版编目（CIP）数据

中国社会政策制度体系发展构建 / 杨涛著．-- 北京：中国社会出版社，2023.11（2024.3重印）
ISBN 978-7-5087-6951-6

Ⅰ．①中… Ⅱ．①杨… Ⅲ．①社会政策－社会制度－研究－中国 Ⅳ．①D601

中国国家版本馆 CIP 数据核字（2023）第 209580 号

出 版 人：程　伟　　　　终 审 人：魏光洁
责任编辑：朱赛亮　　　　责任校对：刘延庆
封面设计：时　捷

出版发行：中国社会出版社　　　　地　　址：北京市西城区二龙路甲 33 号
邮政编码：100032　　　　编 辑 部：（010）58124841
网　　址：shcbs.mca.gov.cn　　　　发 行 部：（010）58124841；58124842
经　　销：新华书店

印刷装订：北京虎彩文化传播有限公司　　　　开　　本：170 mm×240 mm　1/16
印　　张：15.75　　　　字　　数：230 千字
版　　次：2023 年 11 月第 1 版　　　　印　　次：2024 年 3 月第 2 次印刷
定　　价：50.00 元

中国社会出版社微信公众号

中国社会出版社天猫旗舰店

江南大学法学院资助

江南大学无锡老龄科学研究中心资助

江南大学新社会组织研究中心资助

江苏省委网信办“江苏省网络文明素养实践教育基地建设规范”课题资助

无锡市委网信办“无锡网络文明建设评价体系研究”课题资助

CONTENTS

目 录

导 论

民众需要国家提供托底救助、基本保障和公共福利支持。经过长期努力，中国已经历史性地解决了绝对贫困问题①。中国社会的主要矛盾已经转变为人民日益增长的美好生活需要和不平衡不充分的发展之间的矛盾②。习近平总书记指出，要强化问题导向，紧盯老百姓在社会保障方面反映强烈的烦心事、操心事、揪心事，不断推进改革③。当前中国社会民生问题是本书的问题背景。比如，医疗卫生制度体系构建，用以实现医疗卫生服务均衡化配置，解决民众医疗负担重的问题，促进社会阶层人群医疗健康平等。中国社会政策制度体系发展构建是对民众生存、生活和发展需要的战略性、系统性和针对性回应。

一、研究价值

本书的理论价值主要有以下方面。第一，对学科领域重要概念的范畴内涵进行了界定，如社会政策、社会保障、社会福利政策与多元福利。第二，系统论述了马克思主义人的全面发展观、中国特色社会主义民生思想和共同富裕思想。第三，创新发展了社会质量理论的分析框架和民生保障权理论的解释逻辑。

---

① 习近平．在庆祝中国共产党成立100周年大会上的讲话［J］．求是，2021（14）．

② 习近平．决胜全面建成小康社会，夺取新时代中国特色社会主义伟大胜利：在中国共产党第十九次全国代表大会上的报告［R］．2017-10-18．

③ 习近平．完善覆盖全民的社会保障体系，促进社会保障事业高质量发展可持续发展［J］．中国社会保障，2021（3）．

本书的现实价值主要有以下几个方面。第一，本书提出的制度构建的功能目标，能为政策分析与设计提供参照和指导。社会政策设计应遵循、体现、实现系统的功能目标。这些功能目标包括困境救助与风险防范；个人救助保障与家庭结构功能巩固；托底保障与资产建设；经济保障、能力开发与机会公正；反对社会排斥与拓展自由空间；化解社会矛盾与促进社会整合；促进经济社会协同发展。第二，本书提出的制度构建的准则要求，能为政策设计、修订提供指导。这些准则要求包括价值导向上遵循公平正义；填补制度漏洞与补齐制度短板；关联政策制度不冲突与衔接顺畅；精准认定、水平适度与传递到位；分割的政策制度一体化与社会保险转保衔接；多层次与多样化。第三，本书对现有的社会政策制度体系进行系统、深入分析，发现政策制度存在的问题和不足，提出了中国社会政策制度体系发展方向和措施，并分类发展构建了社会政策制度体系。这些研究成果，能为有关政策设计、修订提供参考和借鉴，旨在促进民生福祉保障。发展构建中国社会政策制度体系，以法律法规的形式，确立公民的民生保障权，并明确国家民生保障义务，形成服务型、问责型政府价值定位，夯实党的执政根基。第四，通过社会政策制度体系构建，期待系统地、有效地解决社会问题，满足人民群众福祉需要。

二、已有研究综述

（一）中国社会政策制度建设

社会政策制度体系发展构建，是对不同时期社会整体性发展目标的积极回应。[①] 改革开放以来，社会保障从国家–单位或集体保障制转化为与市场经济相适应的国家–社会保障制[②]；中国社会政策的基本体系从过去依附

① 张汝立，陈晓蓉，武格格，周凌宇．“有发展的改善”：共同富裕视角下中国社会政策转型研究［J］．社会政策研究，2022（3）．

② 郑功成．从国家–单位保障制走向国家–社会保障制［J］．社会保障研究，2008（2）．

于经济政策到逐渐形成独立的社会政策体系①。

中国在较短时间内实现了养老保险制度全覆盖与全民医保的目标。②“基本养老、基本医疗、失业、工伤、生育五项社会保险制度基本建立并逐步完善，以最低生活保障为重点的城乡社会救助体系基本形成。”③ 最低生活保障制度的建立，为以劳动保险为基础的中国劳动保障体系向覆盖全民的以公民权利为基础的新体系发展开辟了道路④。习近平总书记指出：“我国社会保障制度改革已进入系统集成、协同高效的阶段。”⑤

（二）社会政策制度体系构建的价值理念

社会政策制度体系构建，需要价值理念的指引。“处理社会问题和促进美好社会，均涉及价值判断。”⑥ 社会政策设置，需要政策理念的支持⑦。价值目标在政策设置中可能并未明确表达，但却指引政策制定和体系构建。社会政策的价值目标是社会政策设置的导向、灵魂⑧。社会政策价值理念指向人道主义、公平正义、赋权参与、包容共享。

（1）基于人道主义，处于困境中的穷人应获得政策救助。与人道主义救助相对立的价值伦理是社会达尔文主义。按照社会达尔文主义，社会应该让穷人和弱者死去，而不是通过政府支持计划维持他们的生存⑨。

（2）公平正义是借一种协议或合同而确立起来的，人们在决策每一个

---

① 程玲．中国社会政策的演变与发展［J］．河北学刊，2018（4）．

② 黄健，邓燕华．制度的力量：中国社会保障制度建设与收入分配公平感的演化［J］．中国社会科学，2021（11）．

③ 温家宝．关于发展社会事业和改善民生的几个问题［J］．求是，2010（7）．

④ 林卡．回顾与展望：中国社会保障体系演化的阶段性特征与社会政策发展［J］．学术前沿，2021（20）．

⑤ 习近平．促进我国社会保障事业高质量发展、可持续发展［J］．求是，2022（8）．

⑥ 保罗·怀尔丁．福利与社会的关系：社会福利理论渊源与蒂特马斯典范［J］．刘继同，译．社会保障研究（北京），2009（2）．

⑦ 王思斌．社会政策时代与政府社会政策能力建设［J］．中国社会科学，2004（6）．

⑧ 杨涛．社会政策：概念、理论与分析框架［M］．南京：南京大学出版社，2021：144．

⑨ 查尔斯·H. 扎斯特罗．社会工作与社会福利导论［M］．孙唐水，主译．北京：中国人民大学出版社，2005：576．

单独的公平正义行为时，期待其他人也会照样行事。[①] 习近平总书记指出，全面深化改革要以促进社会公平正义、增进人民福祉为出发点和落脚点，不断克服各种有违公平正义的现象[②]。公正指向经济利益公正分配、政治参与渠道公正、司法公正。

机会公正比起结果平等更为重要，“但大范围不平等很可能产生普遍的不满和冲突”[③]。社会财富再分配应为处境不利者提供分配保障。公正对待各阶层人群，要求稳步解决中国社会保障领域存在的逆向转移支付问题[④]。社会资源和社会机会配置的不同，形成不同的社会阶层群体[⑤]。社会人群政策待遇差别，要能经得起公正性论证。凡是被民众诟病、未经得起公正性论证的差别对待，都应被审视、更正。中国社会政策制度体系构建，必须遵循底线公正和共享发展的价值理念。

（3）社会政策的价值目标还指向生活的意义、自我负责、自我效能、创新、鼓励必要的风险、共生、竞争和成就。

每个人都应有生存与发展的权利。当前中国社会政策改革，更加注重以人为本、以民生为基础和基本权利保护。[⑥] 国家主导的再分配制度用以应对生命周期基本风险，保障公民“基本生存、基本发展和基本尊严”，共同富裕价值目标下，公民基本保障水平随经济社会发展而相应提高[⑦]。

共享发展理念为中国社会政策制度体系发展构建提供了基本遵循。习近平总书记提出共享发展的四个层面：“一是共享是全民共享。这是就共享的覆盖面而言的。共享发展是人人享有、各得其所，不是少数人共享、一部分人共享。二是共享是全面共享。这是就共享的内容而言的。共享发

---

① 大卫·休谟．人性论［M］．关文运，译．北京：商务印书馆，2016：538.

② 习近平．切实把思想统一到党的十八届三中全会精神来［J］．求是，2014（1）.

③ 吉登斯．第三条道路［M］．郑戈，译．北京：生活·读书·新知三联书店，2000：50.

④ 社会发展研究部课题组．社会政策重点领域改革研究［M］．北京：中国发展出版社，2016：82.

⑤ 郑杭生．抓住改善民生不放 推进和谐社会构建［J］．广东社会科学，2008（1）.

⑥ 吴忠民．从平均到公正：中国社会政策的演进［J］．社会学研究，2004（1）.

⑦ 何文炯．建设适应共同富裕的社会保障制度［J］．社会保障评论，2022（1）.

展就要共享国家经济、政治、文化、社会、生态各方面建设成果，全面保障人民在各方面的合法权益。三是共享是共建共享。这是就共享的实现途径而言的。共建才能共享，共建的过程也是共享的过程。要充分发扬民主，广泛汇聚民智，最大激发民力，形成人人参与、人人尽力、人人都有成就感的生动局面。四是共享是渐进共享。这是就共享发展的推进进程而言的。一口吃不成胖子，共享发展必将有一个从低级到高级、从不均衡到均衡的过程。我们要立足国情、立足经济社会发展水平来思考设计共享政策。这四个方面是相互贯通的，要整体理解和把握。”①

（三）社会政策制度体系在国家与社会治理中的功能作用

对社会保障制度功能进行系统深入的研究，不只是为了揭示其自身的历史演进特征与内涵变化，也是为了深刻揭示社会保障制度的现实道路选择，更是为了揭示社会保障制度的不同功能定位对社会制度的属性与功能所产生的直接而又深远的影响。② 习近平总书记深刻指出，“社会保障是保障和改善民生、维护社会公平、增进人民福祉的基本制度保障，是促进经济社会发展、实现广大人民群众共享改革发展成果的重要制度安排，发挥着民生保障安全网、收入分配调节器、经济运行减震器的作用，是治国安邦的大问题。”③ 改善民生是取得老百姓信任的基本途径，是对共产党执政能力和合法性的直接考验④。

社会政策制度具有政治、社会和经济价值，既服务于经济增长，又是社会稳定和强化政治合法性的关键。⑤ 社会保险、社会救助、社会福利和

---

① 习近平．深入理解新发展理念［J］．求是，2019（10）．

② 丁建定．论社会保障制度功能认识的发展及其实践意义：西方社会观点、马克思主义学说与中国话语体系［J］．社会保障评论，2022（4）．

③ 习近平．促进我国社会保障事业高质量发展、可持续发展［J］．求是，2022（8）．

④ 郑杭生．抓住改善民生不放 推进和谐社会构建［J］．广东社会科学，2008（1）．

⑤ 黄璋．中国福祉政策研究综述：地位、模式与功能［J］．社会保障评论，2022（3）；唐钧．社会保障价值理念溯源［J］．中国社会保障，2012（2）．

补充保障对共同富裕的实现分别发挥支撑性、兜底性、提升性、促进性作用。[①]“通过强制共享或自愿共享实现对社会财富的再分配，以进一步增进人民福利、促进社会平等。”[②]社会政策制度工具有助于国家和社会进入良性发展状态[③]，处理人民群众内部利益冲突，维护社会稳定，促进社会团结。社会政策制度体系发展构建，可以提高民生保障水平和均等化程度，促进、走向共同富裕；可以解决很多民生问题，使人民群众信任政府；有助于国家经济发展，打破经济增长制约；还有助于增强中国国家基础竞争力[④]。

（四）社会政策制度体系存在的问题

现有的社会政策制度体系不够完善，与社会政策时代的标准还有差距。[⑤]“目前福利不足与陷阱问题同时存在，但是福利陷阱问题是局部问题，而福利不足是当前的主要矛盾，福利水平与经济发展水平不匹配”。[⑥]中国基本民生保障存在不充分、不均衡的短板[⑦]。

一是社会保险制度存在不足。（1）目前社会保险统筹互济效用不足。比如，城镇职工基本医疗保险以市级统筹为主、省级统筹很少。城乡居民基本医疗保险多数以县区统筹为主，统筹层次低[⑧]。（2）以城乡居民身份

---

① 刘欢，向运华．基于共同富裕的社会保障体系改革：内在机理、存在问题及实践路径［J］．社会保障研究，2022（4）．

② 郑功成．共同富裕与社会保障的逻辑关系及福利中国建设实践［J］．社会保障评论，2022（1）．

③ 张军．从慈悲正义到公民权利［J］．学习与实践，2013（1）．

④ 白淑元．新常态下积极托底社会政策的建构［J］．改革与开放，2018（4）；蔡昉．社会福利的竞赛［J］．社会保障评论，2022（2）；鲁全．社会保障促进共同富裕理论与实践：学术观点综述［J］．西北大学学报，2022（4）．

⑤ 景天魁．论中国社会政策成长的阶段［J］．江淮论坛，2010（4）．

⑥ 鲁全．社会保障促进共同富裕理论与实践：学术观点综述［J］．西北大学学报，2022（4）．

⑦ 郑功成．面向2035年的中国特色社会保障体系建设：基于目标导向的理论思考与政策建议［J］．社会保障评论，2021（1）．

⑧ 金维刚．社会保障在促进共同富裕方面的主要目标、基本路径和政策思路［J］．社会保障评论，2022（3）．

参保的养老保险和医疗保险，对参保人的保障待遇偏低。职工养老保险覆盖面不够全，灵活就业者、农民工基本上只参加居民养老保险，未来养老金根本不足以维持其基本生活①。基本医疗保险虽然覆盖了13亿多人，但75%是以居民身份参保，其筹资标准低、保障待遇也低②。（3）社会保险关系转移不畅，阻碍了劳动力流动③。

二是社会保障制度安排尚欠公平，甚至在局部领域还存在着逆向调节、差距扩大问题。④ 中国的公共养老金制度扩大了有关人群的收入差距⑤。“现行基本保障制度人群分等、制度分设、待遇悬殊”。⑥ 基本民生保障覆盖面不足，城乡社会保障发展不平衡。农村老年人无论是所获得的经济保障水平、服务保障和精神慰藉质量，还是获得基本公共服务的数量与质量，较之于城市老年人都存在很大差距，农村老龄化面临的现实及长远挑战都远大于城市⑦。当前中国跨地区流动、迁徙人口规模大，人户分离的现象已经十分普遍，但现行社会救助和特殊群体福利政策中的大多数项目，其保障对象的界定是以户籍为基础的，这就使得大量的非户籍常住人口无法在其实际居住地得到这些社会救助和社会福利⑧。

三是国家重点发展以社会保险、社会救助为主要内容的社会政策体系，但存在“重现金给付、轻服务支持”问题。⑨ 配套经济体制改革，中国社会保险制度发展比较完善，但社会福利和社会服务的发展严重滞后⑩。

---

① 郑功成．共同富裕与社会保障的逻辑关系及福利中国建设实践［J］．社会保障评论，2022（1）．

② 同①．

③ 何文炯．社会保障促进共同富裕理论与实践：学术观点综述［J］．西北大学学报，2022（4）．

④ 郑功成．用习近平总书记重要讲话精神指导中国特色社会保障体系建设［J］．社会保障评论，2021（2）．

⑤ 宋晓梧．共同富裕视角下的职工基本社保个人账户［J］．社会保障评论，2022（3）．

⑥ 童星．社会保障研究要增强亲民、创新和法治意识［J］．社会保障评论，2021（2）．

⑦ 温家宝．关于发展社会事业和改善民生的几个问题［J］．求是，2010（7）；林义．扎实推进共同富裕，补齐农村养老保障制度建设短板［J］．社会保障评论，2022（3）．

⑧ 何文炯．建设适应共同富裕的社会保障制度［J］．社会保障评论，2022（1）．

⑨ 林闽钢．中国社会政策体系的结构转型与实现路径［J］．南京大学学报，2021（5）．

⑩ 申曙光．社会保障的系统集成与协同高效发展［J］．社会保障评论，2021（2）．

适度普惠性社会福利政策发展滞后。

四是社会救助托底保障不健全。比如，“医疗救助制度定位存在缺陷，资金使用过于分散，救助力度较低，难以承担托底责任，因病致贫的风险仍然存在”①。

五是国家基本民生保障制度分割运行，制度统一性、规范性、透明性和问责性不足。比如，国家层面未出台统一的失能老人照护补助制度，各地决策是否设置补助制度以及获得补助的资格条件和补助标准。“面对全体人民共同富裕的需要，再分配力度还不够大，互助共济功能还不够强，覆盖面还不够全，城乡统筹不够深化，制度的公平性和统一性不足，安全网还不厚实。”②

（五）社会政策制度体系发展完善

习近平总书记指出，要从实际出发，集中力量做好普惠性、基础性、兜底性民生建设。③ 社会政策制度体系发展构建，必须坚持公平公正价值，遵循“广覆盖、保基本、多层次、可持续”基本方针④。

温家宝指出，必须区分“基本”和“非基本”，把“非基本”的社会事业交给社会和市场，满足多层次、个性化的需求，政府要履行监管责任。使用公共资源办高档服务，满足少数人的需求，会加剧分配不公和社会不满。国家保“基本”，强调人人有基本保障⑤。要明确公民基本保障项目，再确定项目保障水平和筹资方式；要逐步提高基本民生保障项目的待遇水平，使之能够形成“保基本”的功能效用；还要均衡社会人群保障待

---

① 金维刚．社会保障在促进共同富裕方面的主要目标、基本路径和政策思路［J］．社会保障评论，2022（3）.

② 岳经纶．创新社会保障制度，建设中国式福利国家［J］．社会保障评论，2022（3）.

③ 中央宣传部，中共中央文献研究室，中国外文局．习近平谈治国理政：第2卷［M］．北京：外文出版社，2017：362.

④ 温家宝．关于发展社会事业和改善民生的几个问题［J］．求是，2010（7）.

⑤ 同④.

遇水平，补齐民生短板。[①] “待遇调整要统筹考虑各方利益和经济承受能力，抑峰填谷，避免待遇差距在调整环节进一步拉大”。[②] 比如，积极探索不低于低保救助水平的农民基础养老金政策方案，为养老保险制度并轨创造必要条件，旨在确立全民统一的、平等的基本养老金权益[③]。要不断缩小机关事业单位工作人员、企业职工与城乡居民三大群体的养老金差距，职工与居民两大群体的医保待遇差距，常住人口中本地户籍居民与外地户籍居民的公共福利待遇差距，以及体制内与体制外劳动者的公共福利待遇差距[④]。

就业方式多样化对社会保险“覆盖全民”提出了新要求。[⑤] 数字经济发展，劳动组织方式变化，非正规就业人数增多，需要基于劳动力市场的变化，创新社会保险制度设计，使之能够适用于各类劳动者[⑥]。在社会人群覆盖和保障水平方面，应发展完善基于公民身份的基本民生保障制度体系。将法定的基本民生保障制度的政策制定权统一收到国家层级，不再放任各地自行其是，基本养老保险、基本医疗保险、社会救助、基本养老服务、基本儿童福利、基本残疾人福利政策应当尽快走向全国统一[⑦]。增强社会保障的互助共济性和收入再分配功能，倡导互助共济文化[⑧]。

目前职工医疗保险的个人缴费进入个人账户，不参与基金统筹，将来

---

① 何文炯．增强社会保障的互助共济性和收入再分配功能［J］社会保障评论，2021（2）；王雄军．新时代社会政策体系建设的意义及改革的目标思路［J］．西南政法大学学报，2019（3）；何文炯．建设适应共同富裕的社会保障制度［J］．社会保障评论，2022（1）．

② 孙胜梅，傅思聪．加快健全有利于共同富裕的社会保障制度体系［J］．浙江经济，2021（5）．

③ 林义．扎实推进共同富裕，补齐农村养老保障制度建设短板［J］．社会保障评论，2022（3）；何文炯．建设适应共同富裕的社会保障制度［J］．社会保障评论，2022（1）．

④ 郑功成．共同富裕与社会保障的逻辑关系及福利中国建设实践［J］．社会保障评论，2022（1）．

⑤ 童星．社会保障研究要增强亲民、创新和法治意识［J］．社会保障评论，2021（2）．

⑥ 何文炯．数字化、非正规就业与社会保障制度改革［J］．社会保障评论，2020（3）．

⑦ 郑功成．共同富裕与社会保障的逻辑关系及福利中国建设实践［J］．社会保障评论，2022（1）；岳经纶．创新社会保障制度，建设中国式福利国家［J］．社会保障评论，2022（3）．

⑧ 何文炯．增强社会保障的互助共济性和收入再分配功能［J］．社会保障评论，2021（2）．

个人缴费部分应更多地进入统筹基金，增加统筹的比重。[①] 更进一步改革，应将职工医保和城乡居民医保进行整合，建立统一的社会医疗保险制度，并逐步由地方统筹转换为全国统筹，以增强基本医疗保险制度公平性，降低制度运行成本[②]。

在托底保障政策的基础上，发展普惠性项目，不断提高全社会的共享水平，促进社会融合。[③] 科学设定社会政策总体制度框架和各个领域的民生保障内容，发展完善普惠性、基础性、兜底性民生保障项目，注重各个领域和各类项目之间的制度衔接[④]。比如，发展完善长期护理保险、母婴健康保障和儿童健康保障[⑤]。加快建设覆盖城乡居民的基本卫生保健制度，每个乡镇由政府办好一所卫生院，采取多种形式支持每个行政村设立一个卫生室，提高农村医疗卫生服务水平[⑥]。

应高度重视和推动多层次社会保障体系建设，特别是要合理界定各项保障制度在多层次养老保障、医疗保障体系中的地位和功能，进一步改进和完善相关制度建设及政策体系，促进多层次社会保障体系协调发展。[⑦]"在法定社保制度中要追求均等化，在补充保障制度中可以讨论激励性。"[⑧]

民政部政策研究中心主任王杰秀指出，近年来中国慈善捐赠总规模达到2000亿元，却只占到GDP总量的0.2%左右，慈善事业在实现共同富裕的过程中有很大的发展空间[⑨]。

---

① 申曙光．中国社会保障改革发展的新目标与新思维［J］．学术前沿，2021（20）.

② 金维刚．社保改革发展的回顾与展望［J］．中国社会保障，2018（12）；何文炯．建设适应共同富裕的社会保障制度［J］．社会保障评论，2022（1）.

③ 林闽钢．中国社会政策体系的结构转型与实现路径［J］．南京大学学报，2021（5）.

④ 关信平．中国共产党百年社会政策的实践与经验［J］．中国社会科学，2022（2）.

⑤ 同①.

⑥ 华建敏．始终坚持以人为本 努力解决民生问题［J］．国家行政学院学报，2007（2）.

⑦ 金维刚．社会保障在促进共同富裕方面的主要目标、基本路径和政策思路［J］．社会保障评论，2022（3）.

⑧ 鲁全．社会保障促进共同富裕理论与实践：学术观点综述［J］．西北大学学报，2022（4）.

⑨ 王杰秀．社会保障促进共同富裕理论与实践：学术观点综述［J］．西北大学学报，2022（4）.

三、概念范畴界定

社会政策是影响社会人群生活福祉的法律法规。社会政策是国家实施民生保障的制度工具，国家机构依据有关社会政策，承担福利供给的责任。社会政策包含社会保险政策、社会福利政策和社会保障制度。社会政策规定或影响雇主福利和社会福利的供给，进而影响社会资源的再分配。广义的社会政策与社会治理政策存在重合。

一个国家或地区关联的社会政策相配套、整合，就构成了社会政策制度体系。社会政策制度体系是系统化的社会政策法律法规及制度规定。有关政策人员和研究者不仅要解析单个的政策制度、制度模块，还要研究整体的政策制度体系，理解政策制度的构建原理，发展政策制度的结构功能。

（一）社会政策与社会政策制度体系

1. 社会政策

社会政策是指国家机构所出台的法律法规。社会政策落地实施，直接或间接地介入社会生活、生产系统，影响社会运行和民众福祉状态。社会政策的价值目标是增进民众福祉，确立、维护每一位公民的合法权益。在社会资源的分配与再分配中，不仅有政府的活动，还有社会主体的活动①。

狭义的社会政策是指通过社会财富的转移支付而对社会人群直接分配投入，注重对特殊人群提供收入保障和服务支持。广义的社会政策不仅指再分配政策，还指反对社会排斥，促进社会参与，发展服务组织，实施公共事务治理。社会治理是一种服务活动，良好的治理行动可维护人群福祉，如环境污染治理、小区物业自治，“防止食品药品安全事故，整治突

---

① 杨团．社会政策的理论与思索［J］．社会学研究，2000（4）；杨团．中国社会政策演进、焦点与建构［J］．学习与实践，2006（11）．

出治安问题和治安混乱地区，依法打击刑事犯罪活动”①。社会政策治理行动是“公共领域内各利益相关方共同参与的共治事业”②。

2. 社会政策制度体系

社会政策制度体系是由很多个关联的政策制度所构成的。社会政策制度体系与人民生活需求相对应，对社会问题、社会风险和人群福祉需求进行战略性、结构性和针对性回应，反映人民对美好生活的向往和追求。社会政策制度体系发展构建的根本动力是人民群众生存、生活和发展诉求。

按照受助人群界定，社会政策制度体系主要涉及妇女、儿童、失业者、残疾人和老年人。人群社会政策体系是为满足政策人群基本需要。按照支持内容界定，社会政策制度体系有经济物质类和服务支持类，主要涉及托底救助、劳动就业、教育、医疗和重要社会服务。（1）托底救助政策。完善由最低生活保障、临时救助和专项救助所构成的社会救助体系，如为低收入家庭住房问题提供实物或货币救助；加强各项救助政策信息联通，促进救助政策的整合效用。（2）劳动就业政策。优化初次分配结构；强化劳动者权益保护；重点实施“低收入劳动者工作福利项目”和“失业者就业促进计划”。（3）教育社会政策。教育公平是基本准则，促进基础教育资源均衡化分配。（4）医疗卫生政策，用以解决疾病问题，维护社会人群健康福祉。（5）重要社会服务政策，用以处理人的各种困境，提供服务支持，如照料、护理、临终关怀、成长保护、培训、素质拓展。“我们的社会政策所关注的，更多是生存层面的问题，而对美好人生、生活内容和生活过程关注甚少。”③

（二）社会福利政策与多元福利

社会政策包含社会福利政策。社会福利政策是指规定福利供给的法律

---

① 华建敏．始终坚持以人为本 努力解决民生问题［J］．国家行政学院学报，2007（2）．

② 蒙克．从福利国家到福利体系：对中国社会政策创新的启示［J］．广东社会科学，2018（4）．

③ 沈洁．浅论“生活型”社会政策［J］．社会政策研究，2017（1）．

法规。国家机构通过社会福利政策为政策人群提供福利，也通过政策工具支持和鼓励用人单位和社会主体为政策人群提供福利。① 社会福利政策分为物质性的福利政策和服务性的福利政策。社会福利政策是社会政策讨论的一个重要话题②，是社会政策的核心。

在社会福利政策的规范、要求下，为有关社会人群提供福利。对照资源分配主体，有国家福利、社会福利和雇主福利。

如果将福利界定为在非婚姻和血缘关系的主体间、以免费或低于市场价格的方式向特定的对象供给资源，那么不应将家庭血亲之间的资源获取方式和市场等价交换的资源获取方式纳入多元福利的范畴。多元福利是指国家福利、社会福利和雇主福利，如表 1 所示。

表 1　多元福利框架

福利类型	实施主体	服务对象	资金来源
国家福利	国家机构	社会人群	国家支配的资金
雇主福利	雇主	雇员	雇佣单位生产收益
社会福利	公民社会主体	贫困人群、困境人群和团体会员	社会捐赠、志愿劳动、互助解困

1. 国家福利

国家承担保障人们基本生活条件和民生状况的责任。③ 国家福利是指由国家通过各种法定的社会保障项目向社会人群提供福利④，包括对政策人群直接分配与对政策人群减税。国家福利供给由法律法规所设定，属于法定福利，包括中央政府供给与地方政府供给，并建立专门的国家福利供

① 周沛．社会福利理论：福利制度、福利体制及福利体系辨析［J］．国家行政学院学报，2014（4）.

② 彭华民．福利三角：一个社会政策分析的范式［J］．社会学研究，2006（4）.

③ 林卡．“福利社会”：社会理念还是政策模式［J］．学术月刊，2010（4）.

④ POWELL M A. Understanding the Mixed Economy of Welfare［M］. Bristol：Policy Press，2010：20-32.

给机构和实施制度。实施国家福利供给，要求明确各级政府、各部门福利供给职责义务。中国社会保险基金支出不同于国家财政福利性支出。中国社会保险基金是由国家机构征缴、管理和支出，可将社会保险基金理解为国家特别的专项资金。

国家再分配托底保障（剩余性福利救助）和基本保障项目（统一的基本社会保险待遇保障和普惠性福利津贴），有助于缩小社会人群可支配资源差距，促进、走向共同富裕。实施国家福利供给，要求去除特权者福利。只要职务权力不可以广泛转换，职位持有人就不会凌驾于他人①。也就是说，拥有某种职务的人只能获得基于这种职务的利益，而不能把这种职务转换为其他层面的利益②。

按照政策对象的资格条件不同，国家福利分为国家普惠性福利与国家剩余性福利。国家剩余性福利是指国家向处于贫困和困境的人群提供救助。“个人的需要可以通过市场和家庭获得适当的满足。只有当它崩溃的时候，社会福利政策实施才应该介入运作。社会福利政策只应担任剩余的角色”。③ 对丧失劳动能力的人给予长期的救助，对适龄、具备劳动能力的人给予暂时的救助。国家剩余福利救助被视为最后一道安全网。

国家普惠性福利是指国家基于人的生理特征和社会特征选择政策人群，通过再分配机制，为其提供法定的福祉保障；如，为孕妇、孩童、母亲、残疾人、老人提供普惠性津贴，而不问其收入和资产状况。相较国家剩余性福利，国家普惠性福利的受惠人群规模大，再分配转移支付力度大。

2. 雇主福利

雇主福利是指雇佣机构超过初次分配，在雇员可获得的市场交换价值

① 迈克尔·沃尔泽．正义诸领域：为多元主义与平等一辩［M］．褚松燕，译．南京：译林出版社，2002：4-23.

② 徐道稳．公民资格理论与我国社会政策的重构［J］．人文杂志，2007（6）.

③ 理查德·蒂特马斯．蒂特马斯社会政策十讲［M］．江绍康，译．长春：吉林出版集团有限公司，2011：14-17.

之外，为雇员及其家人提供保障和支持，如企业补充医疗保险、员工托儿服务，又称单位福利、员工福利。雇佣机构在雇员市场化的劳动雇佣成本之外，为雇员及其家人的生活福祉，选择以雇主福利的形式，承担额外的雇佣成本。雇佣机构在社会分工系统中属经济生产机构，其核心功能是生产价值，雇主福利附属于经济生产功能。

雇主实施雇员福利，会受法律法规影响，主要受雇主伦理责任、资金实力、人力资源管理影响，还与员工及员工组织对雇主的影响力有关。不同性质、实力、效益、价值理念的雇佣机构，所投入的雇主福利是有差异的。

3. 社会福利

社会福利是指社会主体向受助人群提供帮助和支持。如果一个国家民众占有的财富较多，而且乐善好施，公共责任心强，慈善捐赠和志愿服务比较普遍，有大量的宗教机构和非营利机构在为弱势人群提供救助和服务，那么这个国家的社会福利供给就强，弱势群体及民众可更多地相信和依赖社会互助、团结及福利支持。一个国家公民参与理念越深入人心，公共参与行动越多，所形成的社会影响力越大，自治供给的能量越强。

社会福利供给强大，能弥补国家福利供给之不足。国家与社会福利治理追求“强社会福利与强国家福利”的分工协同发展模式。福利治理的基本准则是在国家与社会之间形成分工协作的善治局面。

（三）国家的福利体制

一个国家的多元福利是嵌入在国家与社会结构关系中的。国家的福利体制是指一个国家的意识形态、政治行政体制、经济结构、公民社会结构、家庭结构与多元福利互动所形成的结构关系，如政治结构与福利设置关系、经济系统与福利设置关系、公民社会与福利设置关系、家庭结构与福利设置关系。

一方面，在国家的福利体制下，多元福利结构受国家与社会结构的影响；另一方面，多元福利发展变化会对国家与社会结构产生影响。比如，以政治因素解释国家福利供给，民主意识的增进而形成的、来自民众的政治压力要求扩展国家福利①。国家的福利体制含有多元福利，以及国家与社会结构关系对多元福利的影响；还含有多元福利对国家和社会的影响。

国家的福利体制有“保守主义福利体制、自由主义福利体制和社会民主主义福利体制”②，还有东亚福利体制，又称“生产型福利体制”③。国家的福利体制处在改革与调整中，研究者所提炼的福利体制是理想类型，可为福利制度研究提供比较和参照。

（1）自由主义福利体制。在市场机制居于主导地位的自由主义模式中，国家福利体系的发展受到了很大的限制，而工作伦理和福利私有化的理念则十分流行，对于国家福利持有保留态度。④ 自由主义福利体制是“市场主导型的自由福利体制”⑤；国家普惠福利体系较窄，去商品化程度较低；社会自治机制发达，第三部门发挥重要作用。

（2）社会民主主义福利体制。在社会民主主义的福利体制中，国家福利体系十分发达，政府具有保障公民福利权利的责任和义务，具有一个十分强大的公共福利部门⑥。社会民主主义的基本特征是国家、资方与劳方形成协商与合作机制。国家不仅仅给那些最贫穷的公民提供基本生活保障，而且也通过社会政策的手段在全民中进行收入再分配⑦。国家普惠性福利体系发达，去商品化程度高。高国家福利为资方和劳方所认可，在政

---

① 林卡，王卓祺．从演化的角度阐释东亚社会政策及其社会体系的变化［J］．社会工作与管理，2014（1）.

② 考斯塔·艾斯平-安德森．福利资本主义的三个世界［M］．郑秉文，译．北京：法律出版社，2003：3.

③ HOLLIDAY I. Productivist welfare capitalism：Social policy in East Asian［J］．Political Studies，2000（48）：706-723.

④ 林卡．“福利社会”：社会理念还是政策模式［J］．学术月刊，2010（4）.

⑤ 艾伦·沃克．社会质量取向：连接亚洲与欧洲的桥梁［J］．张海东，译．江海学刊，2010（4）.

⑥ 同④.

⑦ 林卡．论北欧学者对于其福利国家体制的研究、论争及其论争的逻辑基础［J］．国外社会科学，2005（6）.

治精英内部获得一致认可。国家和人民注重积极劳动、充分就业[①]。国家福利供给和经济竞争成功结合[②]。

（3）保守主义福利体制。国家福利去商品化程度介于自由主义与社会民主主义之间；强调社会保险机制对劳动者的保障作用；第三部门福利供给占有重要地位。

（4）生产型福利体制。强调生产投资、经济发展和国际竞争力。通过威权政治，确保社会运行有序、可控、合法，以满足国家追逐经济增长的需要[③]。实施可助力经济发展的民生保障制度。重视托底、剩余性的生活保障，普惠的国家福利发展程度低，去商品化程度低。重视国家社会保险体系建设。强调家庭主义价值观[④]。

（四）社会保障

1985 年《中共中央关于制定国民经济和社会发展第七个五年计划的建议》提出，社会保障包括"社会保险、社会救济、社会福利和优抚工作"。（1）社会保险是社会保障的核心。（2）社会救济主要是指政府为陷入生存困境的人群提供救助。（3）社会福利主要是指政府公共福利事业。（4）优抚工作是指为军人及其家属提供物质照顾和精神抚慰。

社会保障和社会政策都是国家机构介入民众和人群生活系统的法律法规和组织行动，但二者有所不同。（1）社会政策概念范畴包含社会保障。（2）社会政策将再分配制度视为内核，而社会保障将社会保险视为内核。（3）社会政策体系下的社会福利政策要大于社会保障体系下的社会福利政策。社会政策体系下的社会福利政策包含了剩余福利政策与普惠福利政策，由国家福利、社会福利和雇主福利构成的多元福利政策体系。本书将

① 布尔贾洛夫．社会政策的类型理论与实践［J］．国外财经，1998（2）．

② 艾伦・沃克．社会质量取向：连接亚洲与欧洲的桥梁［J］．张海东，译．江海学刊，2010（4）．

③ 林卡．东亚生产主义社会政策模式的产生和衰落［J］．江苏社会科学，2008（4）．

④ 同③．

社会保障制度纳入社会政策制度体系，发展构建社会政策制度体系。

四、研究思路与方法

（一）研究思路

本书主要以马克思人的全面发展理论、中国特色社会主义民生思想和共同富裕发展理念为指导，对主题概念的范畴内涵进行界定，确立社会政策制度体系构建的价值理念、功能目标和准则要求，进而分析、发现各类社会政策制度规定存在的问题和不足，最后发展完善社会政策制度体系。基于社会运行公平公正和社会人群平等共享的价值理念，发展构建中国特色社会政策制度体系。社会政策制度体系构建，多维功能目标是满足民众基本福祉需要，提高民众生活质量，促进社会共同体善治、社会信任和互帮团结、社会文明发展，夯实国家基础竞争力。

从问题导向出发，开展研究。问题导向分为民众基本生活问题和社会政策制度问题，民众基本生活问题是第一性的问题，保障制度问题是第二性的问题。民众和社会人群的基本生活有问题，才需要设置保障制度。发展构建社会政策制度体系，用以应对民生问题。问题导向下，民众和人群基本生活存在什么问题，就需要相应的保障制度；相应的保障制度存在问题，就需要更正制度问题，发展完善制度体系。问题导向下，将民生问题、制度问题与制度发展三个方面相联系，以民生问题为起点，分析制度问题，进而发展构建制度，完善社会政策制度体系。

本书将社会政策制度体系分为需求类别政策制度和重点人群政策制度。需求类别政策制度是指对民众可能遭遇的社会风险和生活问题提供制度保障，如基本生活保障和专项救助、劳动就业政策、医疗卫生政策制度、教育政策和重要社会服务制度。本书以民众工作生活需求为中心，发展构建对应的社会政策制度体系，并将社会保险制度纳入需求类别社会政策制度体系的构建。重点人群权益保障是指对具有弱势特征的社会人群提供制度保障。重点人群权益保障制度是以需求类别政策制度为基础而发展构建的，基于政策制度工具，形成多方面的保障支持。分类构建社会政策制度体系，涉及所介入的政策人群、所要应对的风险和问题、所提供的支持内容、所设定的待遇水平、所需的资金规模和渠道。

随着时代和社会变迁，民众和社会人群的生活处境会有不同，作为治理工具的社会政策制度体系随之调适、发展和构建。社会政策制度体系调适构建，受制于所在的经济社会环境和结构功能系统，根本上是为应对社会人群处境问题，满足人民美好生活需求。

（二）研究方法

本书主要通过访谈、观察、参与获取第一手资料，通过查阅资料、数据获取研究所需的第二手资料。基于所获取的资料，了解社会人群的生活状况和问题。通过理论规范研究，解析主题概念的范畴内涵，提出社会政策制度体系构建的思想理念、功能目标和准则要求。

发展构建中国社会政策制度体系，必须对主体法律法规进行全面、系统和深入的文本内容分析，理解政策制度内在的联系，评估政策制度的适用性，发现问题和不足，并基于价值理念，发展构建制度体系。通过社会政策制度体系内容分析、地方创新性政策制度分析、政策制度比较分析和结构功能分析，全面把握社会政策制度体系价值立场、功能目标和内容构造，填补制度体系的漏洞，更新不适当的制度规定，发展完善制度体系，系统、全面地提升社会政策制度体系的功能效用。

本书将制度体系的结构功能分析与局部的要素解析相结合，基于社会政策的构成要素，比较分析政策制度的结构内容以及一致性和差异性规定，进行价值立场分析、观点逻辑推演与社会事实论证，将得出的结论纳入中国社会政策制度体系构建。通过相关政策制度比较分析，辨析、论证社会政策制度体系构建的价值理念、功能目标和准则要求，发现并界定现有政策制度存在的问题和不足，提出中国社会政策制度体系的发展方向、架构和措施，旨在优化完善社会政策制度体系。

在观点内容规范研究方面，本书注重通过荟萃研究得出结论，提出观点看法。对相关的研究成果进行荟萃比照、论证、提炼，梳理、总结相关研究发现，进行逻辑和事实的论证确认，去除不合理的观点认知，再将荟萃研究所得出的观点纳入本书的分析框架。

第一篇
理论基础

第一章　社会政策制度体系发展构建的思想理念

在相关理论思想的指导下，发展中国社会政策制度体系。中国特色社会主义理论的人的全面发展观、民生思想和共同富裕思想，能为中国社会政策制度体系发展构建提供基本的价值指导和方向目标，确保政策制度符合国家和人民的利益。可对照社会质量四个维度的发展目标和四个层面的人群福祉质量，推动中国社会政策制度体系发展。最后，通过法律法规明确公民获得保障的权利，也通过法律法规明确国家福利保障的责任。

一、马克思主义人的全面发展观

人的全面发展是马克思在看到工人生产与生活问题后所提出的发展目标和发展理论。马克思提出，为促进和实现人的全面发展，“必须推翻那些使人成为受屈辱、被奴役、被遗弃和被蔑视的东西的一切关系”①，以使人获得解放。人的解放过程和人的全面发展过程是同步的、互为条件和互相促进的。废除不正当的制度及生产关系和社会关系是人的全面发展所要求的②。

（一）人的全面发展的维度要求

人在全面的参与、行动和活动中实现人的全面发展，如获得生活资

① 中共中央马克思恩格斯列宁斯大林著作编译局．马克思恩格斯选集：第一卷［M］．北京：人民出版社，1972：9.

② 韩庆祥．关于马克思“人的全面发展”涵义的商榷［J］．哲学研究，1990（6）.

料、潜能的发展和性情的释放。人的全面发展含有多方面的要求[①]：全面发展、自由发展、充分发展、和谐发展在“每一个人的发展”内部是相互联系的；人的能力应是全面发展的；人的劳动活动、社会交往应是全面发展的；人作为主体，自觉、自愿、自主地发展。

实现人的自由而全面发展是马克思主义整个理论体系的核心。[②] 人的全面发展思想使人在世界中确立自己的价值和主体地位，自主活动，克服异化，保证自己的生存，发展自己的能力，实现良好的社会生产力和社会关系[③]。

（二）中国特色社会主义对人的全面发展思想的继承与发展

马克思关于人的全面发展的思想实质，是为了确立人在世界中的应有的价值和主体地位，是为了求得人类社会发展和个人发展的和谐一致，是为了达到自由的生存。[④] 马克思人的全面发展的思想，具有极大的人本主义、人道主义和人性关怀，为人类发展、人群社会关系、国家治理提供了价值目标。

中国特色社会主义建设，继承与发展了马克思人的全面发展思想，如“全心全意为人民服务”“三个代表”“科学发展观”“以人民为中心”“人类命运共同体”“人与自然生命共同体”。习近平总书记提出，大力提升发展质量和效益，更好推动人的全面发展、社会全面进步[⑤]，让人民有更多、更直接、更实在的获得感、幸福感、安全感[⑥]。习近平总书记还强调，任何以牺牲人的生命和健康为代价的所谓“发展”，都是不健康、不道德、

① 吴向东．论马克思人的全面发展理论［J］．马克思主义研究，2005（1）.

② 中共中央编译局．马克思恩格斯全集：第四十二卷［M］．北京：人民出版社，1979：123.

③ 韩庆祥．关于马克思“人的全面发展”涵义的商榷［J］．哲学研究，1990（6）.

④ 同③.

⑤ 习近平．决胜全面建成小康社会 夺取新时代中国特色社会主义伟大胜利［N］．人民日报，2017-10-28.

⑥ 习近平在庆祝改革开放40周年大会上的讲话［N］．人民日报，2018-12-19.

不和谐的，也都不是真正的发展[①]。人的全面发展是每一个体的发展，也是人民和人类共同体的发展。人的全面发展是人类美好追求，为个体生活福祉与人类共同体发展提供价值指导。

人的全面发展受到历史时代与社会发展条件的限制，人的全面发展是相对的，包括发展的面向与发展的程度都是相对的。人的全面发展，首要的发展目标是人的生存需求得到满足。人的全面发展，体现在人在劳动生产中的参与、潜能发展与自我成长，人在社会交往、互动中获得丰富的情感体验和精神愉悦；体现在人民及个体的人不受非正当的制度的束缚和奴役；还体现在人在社会关系与社会交往中不受歧视与排斥。

以马克思人的全面发展的思想为指导，确立中国社会政策制度体系发展的价值目标。中国社会政策制度体系构建及建设是维护、促进人的全面发展的治理手段和工具。

二、中国特色社会主义民生思想

在“温饱—小康—富裕”的社会进程中，民生和治理演化、互动，民生价值指向共同富裕，治理工具指向共同体建设。[②] 社会政策作为治理工具，在生存与发展两个层面介入民生状况，在初级发展阶段主要是解决温饱问题；随着经济社会的发展，主要是支持人获得全面发展。

（一）民生思想发展

1. 古代民生思想

不同时期的民生思想具有不同维度的政治文化意蕴。《左传·宣公十二年》提出“民生在勤，勤则不匮”；孟子提出“民为贵，社稷次之，君

---

① 习近平．之江新语［M］．杭州：浙江人民出版社，2007：227.

② 童星．中国社会建设话语体系建构：以民生和治理为两翼［J］．社会保障评论，2022（2）.

为轻”；柳宗元提出“吏为民役”；黄宗羲提出“天下为主，君为客”。古代的明君贤臣和清官良吏悲悯、体恤、爱护天下苍生，宽政惠民、厚生利民、除暴安民的施政行为，尽管有其历史的局限，非以民为主体和本位，但反映了人民的某些利益和愿望，有利于人民的生存与发展[①]。古代中国，民生也罢，民本也罢，其中之民只能是“臣民”，“民生”之“生”，基本上局限于满足物质需要的程度，政治统治的权力分配是不允许分享和染指的[②]。

2. 孙中山民生主义

孙中山提出民生主义，认为“民生是人民的生活、群众的生命、国民的生计”，“以民生为社会历史的中心。先把中心的民生问题研究清楚了，然后对于社会问题才有解决的办法”[③]。

孙中山民生主义具有改造中国社会的政治意图，将民生问题上升到了治理国家之中心问题的高度。[④] 中国特色社会主义民生思想包含孙中山民生主义[⑤]。

3. 中国特色社会主义民生思想

让人民“吃饱”是一回事，让人民“吃好”而且吃得“有尊严”是另外一回事。[⑥] 解决民生问题，要发展经济，发展生产力，增加社会财富，为改善民生奠定坚实的物质基础；要适应社会发展要求，推进改革开放，保障人民群众的合法权益，实现社会公平正义；要了解群众心声，倾听群众意见，切实解决好群众最关心、最直接、最现实的利益问题[⑦]。

毛泽东指出，“我们对于广大群众的切身利益问题，群众的生活问题，

---

① 邓伟志，卜佳慧．民生论［J］．上海大学学报（社会科学版），2008（4）.
② 付子堂，常安．民生法治论［J］．中国法学，2009（6）.
③ 孙中山．三民主义［M］．长沙：岳麓书社，2000：167+188.
④ 同②.
⑤ 邓伟志．新三民主义的现实意义［J］．学术界，2017（9）.
⑥ 陈明明．以民生政治为基本导向的政治发展战略［J］．江苏社会科学，2012（2）.
⑦ 华建敏．始终坚持以人为本 努力解决民生问题［J］．国家行政学院学报，2007（2）.

就一点也不能疏忽，一点也不能看轻。”① 邓小平 1975 年时强调，“一定要关心群众生活。这个问题不是说一句话就可以解决的，要做许多踏踏实实的工作。”② 江泽民提出“三个代表”重要思想，指出：“我们共产党人全部工作的出发点和归宿，都是为人民谋利益。这是我们的立党之本、执政之基。”③ 关注民生、重视民生、保障民生、改善民生，必须代表最广大人民的根本利益，全心全意为人民服务④。胡锦涛强调，“发展为了人民、发展依靠人民、发展成果由人民共享。”⑤ 习近平总书记向全世界宣告，“人民对美好生活的向往，就是我们的奋斗目标”⑥。改善民生、不断提高人民的生活水平是中国共产党治国理念的最基本的价值追求⑦。

2007 年中共十七大报告提出，必须在经济发展的基础上，更加注重社会建设，着力保障和改善民生，促进社会公平正义，努力使全体人民学有所教、劳有所得、病有所治、老有所养、住有所居，推动建设和谐社会。保障和改善民生是社会建设的主要内容。2012 年中共十八大报告提出，解决好人民最关心最直接最现实的利益问题，在学有所教、劳有所得、病有所治、老有所养、住有所居上持续取得新进展，努力让人民过上更好生活。习近平总书记将良好的生态环境纳入民生福祉的范畴，扩展了民生内容⑧。2017 年中共十九大报告在“五有”基础上，增加了“幼有所育”和“弱有所扶”。

中共十九大报告指出，中国特色社会主义进入新时代，社会主要矛盾

---

① 毛泽东．毛泽东选集：第一卷［M］．北京：人民出版社，1991：136.

② 邓小平．邓小平文选：第 2 卷［M］．北京：人民出版社，1993：27.

③ 江泽民．江泽民文选：第 2 卷［M］．北京：人民出版社，2006：365.

④ 华建敏．始终坚持以人为本 努力解决民生问题［J］．国家行政学院学报，2007（2）.

⑤ 胡锦涛．高举中国特色社会主义伟大旗帜 为夺取全面建设小康社会新胜利而奋斗：在中国共产党第十七次全国代表大会上的报告［N］．人民日报，2007-10-25.

⑥ 中央文献研究室，中国外文局．习近平谈治国理政［M］．北京：外文出版社，2014：4.

⑦ 李湘敏．改革开放以来中国共产党民生思想探析［J］．福建师范大学学报（哲学社会科学版），2009（4）.

⑧ 中央文献研究室，中国外文局．习近平谈治国理政［M］．北京：外文出版社，2014：209.

已经转化为人民日益增长的美好生活需要和不平衡不充分的发展之间的矛盾；在发展中保障和改善民生，在发展中补齐民生短板、促进社会公平正义；增进民生福祉是发展的根本目的，必须多谋民生之利、多解民生之忧①。

（二）民生的本质

民生是指民众生存、生计和发展，包含“衣食住行用，生长老病死”②。民生是人之为人的生存状态，随着经济发展与人们生活水平的改善，它会不断得到满足而又不断产生出新的需要，呈现历史发展性③。民生是社会一切活动的原动力，人类求生存导致社会进化④。随着社会生产力的发展，人的生存需要得到满足，人的发展需要受到重视，身体体能和智力能力得到发挥，人的自身得到完善⑤。民生的本质是人的需要得到满足，因人的需要得到满足而能活着、有质量地活着、有尊严地活着。马克思认为，人的需要是人的本性，人的需要问题是人的动力，需要作为人“内心的图像”构成了人们生产活动的动力和目的⑥。人的需要是一种不断追求自我满足并发展本质力量的活动⑦。

在社会资源有限和稀缺条件下，为满足人的需要，基于现有资源和条件，投入生产活动，形成价值产品，并在人的需要结构和获取资源能力两个方面发展自己。随着人类生存环境、经济社会的变迁，社会民生内容发生了变化，人们的价值追求开始变化，生产方式和资源分配的方式也发生

① 习近平．决胜全面建成小康社会 夺取新时代中国特色社会主义伟大胜利：在中国共产党第十九次全国代表大会上的报告［M］．北京：人民出版社，2017：11.

② 邓伟志，卜佳慧．民生论［J］．上海大学学报（社会科学版），2008（4）.

③ 蒋锦洪，王慧．马克思的民生思想及其当代实践意义［J］．华东师范大学学报（哲学社会科学版），2011（2）.

④ 中国社会科学院近代史研究所．孙中山全集［M］．北京：中华书局，1982：817.

⑤ 袁贵仁．马克思的人学思想［M］．北京：北京师范大学出版社，1996：156.

⑥ 中共中央马克思恩格斯列宁斯大林著作编译局．马克思恩格斯全集（第3卷）［M］．北京：人民出版社，1960：514+286.

⑦ 同③.

了变化。

（三）公民民生保障权利

民生的主体是指个体的人，还指社会人群以及整体的人民。民生能量状态要能获得一定的物资、产品和服务。公民民生保障权利是指公民依法从国家获得基本需要保障。“保障和改善民生，坚守底线、突出重点、完善制度、引导预期。”① 民生保障权是人在其所生活的社会和国家中，依法所能获得的各种权益，“其最终应归属于基本人权”②。通过法律法规，形成国家民生保障体系，这符合社会整体利益，也使个人在任何情况下都能获得托底性的生存与发展保障。

困难群众住房问题是基本民生问题，“要关心低收入家庭住房问题，建立健全廉租房制度，规范和完善经济适用房制度”③。要着力确保群众的安全需要，加强安全生产，完善食品药品监管，切实保护生态环境，维护社会治安稳定④。

国家出台法律法规，积极影响社会资源分配，促使基本民生需要得到保障。民生政策的要点主要有：基于何种价值，为什么社会人群提供什么支持，保障水平如何，资源渠道如何，什么类型的主体参与保障供给。在民生政策形成过程中，确保利益相关者充分有序参与⑤。在发展中保障和改善民生，要遵循尽力而为和量力而行的准则，挖掘社会资源和财政能力的潜力，以分好蛋糕确保不断做大蛋糕⑥。“以市场激发效率、以法治保障公正、以参与推动改革、以民生促进发展，以经济社会建设推动国家政治

---

① 习近平．决胜全面建成小康社会 夺取新时代中国特色社会主义伟大胜利：在中国共产党第十九次全国代表大会上的报告［M］．北京：人民出版社，2017：11.

② 邓成明，蒋银华．论国家保障民生之义务的宪法哲学基础：以客观价值秩序理论为导向［J］．法学杂志，2009（2）.

③ 华建敏．始终坚持以人为本 努力解决民生问题［J］．国家行政学院学报，2007（2）.

④ 同③.

⑤ 许玉镇，王颖．民生政策形成中利益相关者有序参与问题研究：基于协商民主的视角［J］．政治学研究，2015（1）.

⑥ 蔡昉．社会福利的竞赛［J］．社会保障评论，2022（2）.

建设，使改革开放的成果为全体人民共享，进而实现国家和社会的现代化转型和久安长治，是民生政治的基本主张。”①

（四）国家民生保障职责

保障民生是执政党和政府的宪法责任，是全社会的法律义务，应以法治的意识处理民生问题。② 民生建设是政治建设的内在使命，需要国家的力量和社会的参与③。

特定群体无法享受法律所公认的社会权利，而且由于他们应该享有的社会权利被削弱和侵犯而导致相对或绝对的经济贫困。④ 民生问题的凸显，恰是权利配置、权利实现机制、权利保障机制的不足使然，要想真正保障民生，必须通过民主、法治的渠道，立法以优化权利配置，执法以确保公民权利实现，司法以及时救济⑤。确立民生权利，明确政府民生保障的责任义务，制约政府滥用权力。习近平总书记指出：“保证和支持人民当家作主不是一句口号、不是一句空话，必须落实到国家政治生活和社会生活之中，保证人民依法有效行使管理国家事务、管理经济和文化事业、管理社会事务的权力”，“让人民监督权力，让权力在阳光下运行”⑥。有西方社会理论提出，在市场经济过程中，民生政治发展战略，要求约束政府的管制性权力，在现有体制内发展公民社会，保障公民的知情权、参与权、表达权和监督权⑦。民主促进民生，民生、民权和民主相互倚重⑧。民生不止是生计的问题；民生是文化，是因为通过对民生的评价，可以看出价值

---

① 陈明明．以民生政治为基本导向的政治发展战略［J］．江苏社会科学，2012（2）．

② 张文显．民生呼唤良法善治——法治视野内的民生［J］．中国党政干部论坛，2010（9）．

③ 林尚立．民主与民生：人民民主的中国逻辑［J］．北京大学学报（哲学社会科学版），2012（1）．

④ 洪朝晖．论中国城市社会权利的贫困［J］．江苏社会科学，2003（2）．

⑤ 付子堂，常安．民生法治论［J］．中国法学，2009（6）．

⑥ 中共中央文献研究室．十八大以来重要文献选编：中［M］．北京：中央文献出版社，2016，58+72.

⑦ 同①.

⑧ 俞可平．关于民主亟待厘清的六个关系［J］．半月谈（内部版），2009（4）．

观；民生是政治，是因为政治决策的优劣，要以是否有利于民生来衡量①。

民生保障权不能寄希望于国家权力，而应仰仗于国家义务。② 国家义务不仅不会侵害公民保障权利，而且能迫使国家权力服务于公民③。没有义务对应的基本权利只是纲领性的道德宣教，中看不中用；且基本权利在司法中的适用，需要以明确的义务作为前提和基础④。“统治者们只有出于履行他们的义务的目的，并且只有在履行其义务的范围之内，才能够拥有权力。”⑤ 公民的民生保障权要想兑换为民生利益，需要国家履行相应的法律义务，且国家机构和公职人员履行义务的状况，依法受到监督和审查⑥。

社会资源的数量、类型和质量状况会直接影响社会阶层人群的民生福祉状态。在社会资源稀缺、不足的情况下，国家和各社会阶层人群都关心、关注社会资源的分配安排。人们通过奋斗所争取的一切，都同他们所认定的利益有关⑦。社会政策尤为关注弱势人群民生保障问题以及不同群体资源分配冲突问题。要秉持底线公正和共享发展的价值立场，实施社会资源良善分配。利益相关者会卷入社会资源分配行动，处于强势的阶层人群会竭力维护既得的资源或谋取更多的资源，“他们互相利用，抱成一团，共同对付弱势群体，置民生于不顾”⑧。国家通过社会政策治理工具，制衡既得利益阶层，公正、有效地分配资源利益，确保弱势人群基本民生得到保障。

“没有民生问题的缓解和解决，就不会有社会的安全。改善民生问题

---

① 邓伟志，卜佳慧．民生论［J］．上海大学学报（社会科学版），2008（4）．

② 龚向和．国家义务是公民权利的根本保障［J］．法律科学，2010（4）．

③ 龚向和．论民生保障的国家义务［J］．法学论坛，2013（3）．

④ 徐钢．论宪法上国家义务的序列与范围：以劳动权为例的规范分析［J］．浙江社会科学，2009（3）．

⑤ 莱昂·狄骥．公法的变迁［M］．郑戈，译．北京：商务印书馆，2013：400．

⑥ 龚向和．论民生保障的国家义务［J］．法学论坛，2013（3）；刘耀辉．国家义务的可诉性［J］．法学论坛，2010（5）．

⑦ 马克思，恩格斯．马克思恩格斯全集（第1卷）［M］．北京：人民出版社，1956：82．

⑧ 同①．

是个人安全和整体社会安全的连接点”。[①] 经济与社会问题得不到很好的解决，会归结为政治问题，而民生政治着眼于经济社会权利的主张，建立公平的利益分配机制[②]。“在人民民主条件下，每个社会成员的社会主体地位决定了以人为本的民生建设，将个体、个体间以及全体人民有机统一起来。”[③]

三、中国特色社会主义共同富裕思想

马克思指出，在产生财富的那些关系中也产生贫困，在发展生产力的那些关系中也发展出一种压迫的力量。[④] 中国特色社会主义建设将共同富裕作为经济社会发展的目标。促进、走向共同富裕是渐进的历史发展过程。共同富裕是一种合理的、有差别的富裕，是在实现权利平等、机会均等的基础上，人人参与共建共享发展过程，过上富裕生活[⑤]。经济发展和共享发展是促进共同富裕的基本要求。通过再分配制度促进共同富裕，满足社会人群生活需求，不能打击民众投入生产、创造价值的内在动力和积极性。共享发展要以自由发展、经济发展为基础，“平均主义既是对机会平等规则的歪曲，也是对按贡献进行分配规则的一种伤害”[⑥]。

（一）邓小平共同富裕思想

邓小平指出：“社会主义的本质是解放生产力，发展生产力，消灭剥削，消灭两极分化，最终实现共同富裕。”“我们允许一些地区、一些人先

---

① 郑杭生．抓住改善民生不放 推进和谐社会构建［J］．广东社会科学，2008（1）．

② 陈明明．以民生政治为基本导向的政治发展战略［J］．江苏社会科学，2012（2）．

③ 林尚立．民主与民生：人民民主的中国逻辑［J］．北京大学学报（哲学社会科学版），2012（1）．

④ 马克思．资本论（第1卷）［M］．北京：人民出版社，1975：708．

⑤ 李实，朱梦冰．推进收入分配制度改革 促进共同富裕实现［J］．管理世界，2022（1）．

⑥ 吴忠民．民生的基本涵义及特征［J］．中国党政干部论坛，2008（5）．

富起来，是为了最终达到共同富裕。"① "社会主义的原则，第一是发展生产力，第二是共同富裕。"② "社会主义的目的就是要全国人民共同富裕，不是两极分化。如果我们的政策导致两极分化，我们就失败了。" ③邓小平多次强调：收入差距过大，"就失败了"，就会"出问题"，就会"打内仗"，"就是出现新资产阶级"，就是"落到资本主义去了"④。

1992 年邓小平南方谈话指出，"社会主义制度就应该而且能够避免两极分化。解决的办法之一，就是先富起来的地区多交点利税，支持贫困地区的发展。当然，太早这样办也不行，现在不能削弱发达地区的活力，也不能鼓励吃大锅饭"⑤。"分配的问题大得很。解决这个问题比解决发展起来的问题还困难。我们讲要防止两极分化，实际上两极分化自然出现。这个问题要解决。"⑥

（二）江泽民、胡锦涛对共同富裕思想的继承与发展

2002 年江泽民在中共十六大报告中指出，制定和贯彻党的方针政策，基本着眼点是要代表最广大人民的根本利益，正确反映和兼顾不同阶层、不同方面群众的利益，使全体人民朝着共同富裕的方向稳步前进。⑦

2003 年胡锦涛提出，"在促进发展的同时，把维护社会公平放到更加突出的位置，综合运用多种手段，依法逐步建立以权利公平、机会公平、规则公平、分配公平为主要内容的社会公平保障体系，使全体人民共享改

---

① 中共中央文献编辑委员会．邓小平文选：第 2 卷［M］．北京：人民出版社，1994：382.

② 同①172.

③ 中共中央文献编辑委员会．邓小平文选：第 3 卷［M］．北京：人民出版社，1994：110-111.

④ 中共中央文献研究室．邓小平年谱（1975—1997）［M］．北京：中央文献出版社，2004：1032-1033.

⑤ 同③374.

⑥ 中共中央文献研究室．邓小平年谱（1975—1997）：下［M］．北京：中央文献出版社，2004：1364.

⑦ 江泽民．江泽民文选：第三卷［M］．北京：人民出版社，2006：540-541.

革发展的成果，使全体人民朝着共同富裕的方向稳步前进。”①

2006 年《中共中央关于构建社会主义和谐社会若干重大问题的决定》提出，“在经济发展的基础上，更加注重社会公平，着力提高低收入者收入水平，逐步扩大中等收入者比重，有效调节过高收入，坚决取缔非法收入，促进共同富裕。”改善收入分配，不仅是促进社会和谐的重要方面，也是稳步提高中国居民消费水平和实现包容型增长的关键所在。②

（三）习近平新时代共同富裕思想

2019 年，党的十九届四中全会《中共中央关于坚持和完善中国特色社会主义制度 推进国家治理体系和治理能力现代化若干重大问题的决定》提出，增进人民福祉、促进人的全面发展是我们党立党为公、执政为民的本质要求。2020 年党的十九届五中全会通过《中共中央关于制定国民经济和社会发展第十四个五年规划和二〇三五年远景目标的建议》提出，到 2035 年基本公共服务实现均等化，城乡区域发展差距和居民生活水平差距显著缩小；人民生活更加美好，人的全面发展、全体人民共同富裕取得更为明显的实质性进展。

2021 年 2 月，习近平总书记在全国脱贫攻坚总结表彰大会上讲话指出，坚持以人民为中心的发展思想，坚定不移走共同富裕道路。2021 年 6 月《中共中央 国务院关于支持浙江高质量发展建设共同富裕示范区的意见》提出，充分发挥第三次分配作用，发展慈善事业，完善有利于慈善组织持续健康发展的体制机制，畅通社会各方面参与慈善和社会救助的渠道。2021 年 8 月中央财经委员会第十次会议指出，共同富裕是社会主义的本质要求，要在高质量发展中促进共同富裕。实现共同富裕不仅是经济问

① 中共中央文献研究室．十六大以来重要文献选编：中［M］．北京：中央文献出版社，2006：712.

② 陈斌开．收入分配与中国居民消费：理论和基于中国的实证研究［J］．南开经济研究，2012（1）.

题，而且是关系党的执政基础的重大政治问题①。

改革开放以来，收入分配制度不断改革和完善，打破了计划经济体制下的“平均主义”“大锅饭”制度，形成了以按劳分配为主体、多种分配方式并存的分配制度。② 当前社会各阶层人群收入差距过大，收入分配制度与结构秩序存在问题。“国民收入分配结构不断从居民向企业和政府倾斜，不仅直接造成了收入不均，同时也是中国消费需求萎靡不振的重要原因。”③ 温家宝指出，“如果收入差距继续扩大，必将成为影响经济发展和社会稳定的重大隐患”④。

初次分配结构失衡是中国收入分配格局失衡的关键性因素。⑤ “国民收入初次分配中劳动报酬占比过低会导致社会收入差距拉大，影响居民内需消费、投资和经济增长。”⑥必须纠正初次分配结构失衡，提高劳动收入占比。劳动生产价值应得到公正、合理之回报。通过制度保护，提高劳动者在收入分配中讨价还价的能力，提高劳动者报酬在国民收入中的份额⑦。

共同富裕是经济社会发展的目标，也是国家治理的目标。通过社会政策制度体系构建，促进社会阶层人群共同富裕。在初次分配中，促成建设性的劳资关系，保护劳动者合法权益。测度和推进共同富裕的过程中，不仅要注意第一次分配中的劳动占比，还要完善个人权益保护制度、公共服务体系建设、税收制度，促进慈善公益事业发展⑧。共同富裕不仅是物质层面的，还是服务层面的，不仅要解决收入分配差距、财富分配差距，还

---

① 习近平．把握新发展阶段，贯彻新发展理念，构建新发展格局［J］．求是，2021（9）．

② 华建敏．始终坚持以人为本 努力解决民生问题［J］．国家行政学院学报，2007（2）．

③ 林毅夫，陈斌开．发展战略、产业结构与收入分配经济学（季刊），2013（4）．

④ 温家宝．关于发展社会事业和改善民生的几个问题［J］．求是，2010（7）．

⑤ 潘允康．中国民生问题中的结构性矛盾研究［M］．北京：北京大学出版社，2015：135.

⑥ 张广科，王景圣．初次分配中的劳动报酬占比：演变、困境与突破［J］．中州学刊，2021（3）．

⑦ 白重恩，钱震杰．国民收入的要素分配：统计数据背后的故事［J］．经济研究，2009（3）．

⑧ 郑功成，等．社会保障促进共同富裕理论与实践：学术观点综述［J］．西北大学学报，2022（4）．

要解决基本公共服务的差距①。不断完善初次分配、国家再分配、社会再分配，优化社会人群财富获得与占有的运行格局。

规范收入分配秩序，要打击取缔非法收入，规范灰色收入，逐步形成公开透明、公正合理的收入分配秩序；要合理分配国有和国有控股企业利润，严格规范国有企业、金融机构经营管理人员的收入②。

四、社会质量理论

经济增长不等于经济发展，同样地，经济发展也不等于社会发展。经济增长服务于人民过上好生活。经济发展是手段，经济发展是要促进人的福祉和生活质量，提升人民福祉水平。经济发展了，却没有同时改善整体社会人群的生活福祉，则是不当的③。经济发展观认为，经济增长到一定程度后，低收入阶层将逐渐享受到经济发展带来的实惠，但现实发生的，却是阶层人群收入分化及扩大，再分配调节效力不足④。

社会质量理论及其倡导的社会发展路径，使我们可以高屋建瓴地思考中国社会政策制度改革的目标走向。⑤ 社会质量是社会发展的质量，它的内核是社会人群参与、潜能开发和民生福祉的质量。社会质量的价值逻辑下，要求将经济系统纳入社会系统。“脱嵌”的市场是一种野蛮之力，必须将经济重新“嵌入”社会⑥。社会质量的价值目标与和谐社会、民生思想是一致的。

---

① 郑功成，等．社会保障促进共同富裕理论与实践：学术观点综述［J］．西北大学学报，2022（4）．

② 温家宝．关于发展社会事业和改善民生的几个问题［J］．求是，2010（7）．

③ 詹姆斯·米奇利．社会发展：社会福利视角下的发展观［M］．苗正民，译．上海：上海人民出版社，2009：27．

④ 王卓祺．治理视角下的社会质量与社会和谐的比较分析［J］．冯希莹，译．江海学刊，2010（3）．

⑤ 韩克庆．社会质量理论：检视中国福利改革的新视角［J］．教学与研究，2011（1）．

⑥ 王绍光．大转型：1980 年代以来中国的双向运动［J］．中国社会科学，2008（1）．

（一）社会质量的四个维度

林卡提出，社会质量理论以“社会”为导向，强调人们在团体中、社区中和社会中的相互依存关系；以“社会性”为立论的逻辑起点，以社会体系、社会利益、阶级阶层的“协和”为原则，强调以大众参与的方式来增进社会整体的福利状况。[①] 政府有义务支持弱势阶层建立规范的利益表达机制，以协调社会人群利益关系[②]。

社会质量理论强调，社会的发展要考虑“公民的社会经济保障、社会信任与团结、社会公正与参与、社会赋权”[③]。“公民的社会经济保障”是社会体系的物质基础；“社会信任与团结”是社会体系的价值基础；“社会公正与参与”是社会体系的制度基础；“社会赋权”是社会体系的群众基础[④]。

（1）公民的社会经济保障。社会经济保障包含劳动就业及初次分配格局、再分配及民生保障。人们的生活状况并不仅仅取决于国家经济发展水平，更取决于国家为民生保障所进行的努力[⑤]。社会资源应在社会阶层人群中得到公正分配，形成融合性的阶层人群利益关系。

（2）社会信任与团结。社会人群有基本的尊重、包容、信任、利他、互助与责任担当。社会成员互助友爱，有积极的志愿投入。

（3）社会公正与参与。社会参与渠道畅通，机会公正，且受法律保护。社会人群能够公正地参与经济生产，进入社区和公共生活。反对任何形式的歧视、排斥。社会人群分工合作，公平竞争，反对任何形式的垄断经营。

---

① 林卡．社会质量理论：研究和谐社会建设的新视角［J］．中国人民大学学报，2010（2）．

② 高红，刘凯政．社会质量理论视域下中国包容性社会建设的政策构建［J］．学习与实践，2011（2）．

③ 艾伦·沃克．社会质量取向：连接亚洲与欧洲的桥梁［J］．张海东，译．江海学刊，2010（4）．

④ 林卡．社会政策、社会质量和中国大陆社会发展导向［J］．社会科学，2013（12）．

⑤ 林卡，高红．社会质量理论与和谐社会建设［J］．社会科学，2010（3）．

（4）社会赋权。“赋权是一个如何使人们在社会关系中个人能力得到增强和发展的问题。”① 通过赋权，底层人群有机会参与经济生产、社会公共事务和社会关系；因赋权而形成渠道，因渠道而得以参与，因参与而获得行动空间及潜能开发。底层人群因制度性赋权，而得以参与、投入和承担责任，有空间获得自我价值，形成社会价值。

（二）从个体和人群两个层面来考察社会发展的质量

（1）在个体的层面上，以人为本，每一个个体公民的权益都得到尊重和保护。个体不受社会排斥，能够公正地参与劳动就业、社会公共事务和社会关系。个体还能获得基本生活保障。

（2）在阶层人群的层面上，通过再分配，对弱势人群形成保障，有效应对阶层人群贫富分化。尊重社会人群多样性，形成包容、开放、参与、信任、合作、互惠的社会运作机制。

（三）国家结构设置和社会关系结构

国家结构设置主要是指政治机构与政府行政、法律法规。社会关系结构主要是指经济生产关系与社会生活关系。

国家结构设置和社会关系结构，会影响个体与人群的安全、福祉、参与机会、行动能力和潜能开发。可将个体与人群的福祉质量作为因变量，而将国家结构设置、社会关系结构作为自变量，来分析社会质量的作用机理。国家结构设置和社会关系结构，应为个体和人群“福祉质量”提供条件和支持。

（四）社会质量的四个层面

基于个体与人群、国家结构设置与社会关系结构，形成了社会质量的

---

① STEFFENS P，NEUBOURG R J. European network on indicators of social quality：summary of the dutch national report［J］. European Journal of Social Quality，2005，5（1-2）：26-45.

四个层面：个体在社会关系结构、人群在社会关系结构、个体在国家结构设置、人群在国家结构设置。

（1）个体在社会关系结构的社会质量：在经济生产关系与社会生活关系中，个体不受歧视、排斥；个体参与并承担责任；个体受社会承认和保护。

（2）人群在社会关系结构的社会质量：阶层人群包容、尊重、信任、友善、承诺和合作。能处理好经济生产中价值分配，协调各行业、各职业人群经济利益关系。

（3）个体在国家结构设置的社会质量：国家保护每一个公民的权益不受侵犯；个体基本生活需要受国家保障。

（4）人群在国家结构设置的社会质量：在国家层面反对社会歧视、排斥，维护社会和谐、社会安定，促进社会团结；国家为经济生产提供规制，协调劳资价值分配；国家为社会人群提供基本福祉保障，协调阶层人群利益冲突。

五、民生保障权理论

“权利体现和表征利益，是利益的合法性确证。”[①]马歇尔提出公民资格权利包括民事权利、政治权利和社会权利，民事权利和政治权利的伸张会促进社会权利发展[②]。社会权利是指公民按照法律法规获得国家福利供给的权利，又称民生保障权、公民福利权。《中华人民共和国宪法》第四十五条规定：“中华人民共和国公民在年老、疾病或者丧失劳动能力的情况下，有从国家和社会获得物质帮助的权利。”民生保障权不是抽象的权利，而是具体的、特定的，是对特定人群之特定需求之回应[③]。

---

① 冯彦君．劳动权的多重意蕴［J］．当代法学，2004（2）．

② 肯·布莱克莫尔，路易丝·沃里克-布思．社会福利政策导论：第四版［M］．岳经纶，译．上海：格致出版社，2019：51.

③ 杨涛．社会政策：概念、理论与分析框架［M］．南京：南京大学出版社，2021：60.

民生保障权是被构建的，反映民众对基本保障所需资源之诉求[①]，经法定程序，将民众诉求法定化，正式出台法律法规。再通过国家再分配满足权利主体之合法需求。何种人群能够获得什么国家保障，要经过法定程序，上升为国家意志。

“只要一个人符合获得权利的标准，那么权利享有人，就可以运用法律条文来保护其权利。”[②] 基本保障权益“与社会成员的种族、职业、身份、居住地点、社会地位和实际贡献无关”[③]。国家为每一个社会成员提供相同的基本民生保障项目和保障待遇。基于国民基本保障权益平等的准则，逐步建立全民统一的基本养老金制度、基本医疗保障制度、生育保障制度、职业伤害保障制度、就业保障制度[④]。国家基本保障并非生活的全方面保障，基本保障的标准受到合理的限制。民生保障权的价值思维将人道主义救助思想提升到以权利为基础的福利思想，将安抚性的救济变成社会政治追求的基本目标[⑤]。

① 哈特利·迪安．社会政策学十讲［M］．岳经纶，温卓毅，庄文嘉，译．上海：格致出版社，2009：120-121.

② ALCOCK P，MAY M，ROWLINGSON K. 解析社会政策：福利提供与福利治理：下［M］．彭华民，主译．上海：华东理工大学出版社，2017：89.

③ 何文炯．建设适应共同富裕的社会保障制度［J］．社会保障评论，2022（1）．

④ 同③.

⑤ 钱宁．从人道主义到公民权利：现代社会福利政治道德观念的历史演变［J］．社会学研究，2004（1）.

第二章　社会政策制度体系发展构建的功能目标

设立社会政策制度体系的功能目标，再以功能目标为方向和参照，发展构建制度体系。社会政策制度体系的功能目标设置不是孤立的、单一的，而是发生在国家与经济社会结构系统中，与关联结构系统互动作用。蒂特马斯将国家福利制度看成是“积极的改革工具”，通过“积极的社会工程”创建“良性社会”①。基于多层次的功能目标，发展构建社会政策制度体系。

一、困境救助与风险防范

社会政策制度体系构建，要应对、处理已经发生的风险、灾害，进行事后补救、援助。通过政策制度为困境人群提供救助，形成最后一道安全网。

预防性政策制度致力于消除、阻断或减少那些会使人陷入不幸或困境的因素。② 在分析风险分布、风险源头及发生机理的基础上，通过政策介入防范和应对风险。比如，青少年性教育、就业支持项目，有助于减少生活困境的导因③。预防性制度措施，重视对生命周期的“上游”进行预防

---

① 理查德·蒂特马斯．蒂特马斯社会政策十讲［M］．江绍康，译．长春：吉林出版集团有限公司，2011：15.

② 徐月宾，刘凤芹，张秀兰．中国农村反贫困政策的反思［J］．中国社会科学，2007（3）.

③ 查尔斯·H. 扎斯特罗．社会工作与社会福利导论［M］．孙唐水，主译．北京：中国人民大学出版社，2005：163.

干预[①]，强调早期介入。

社会政策制度体系构建，要注重补救性的托底保障，还要发展可消除或减少风险发生的，更具发展性、投资性的政策项目和制度措施，以更好地解决问题和满足人群需求。比如，在经济不景气时，政府可以通过降税、贷款、补助等方式激励雇主不裁员。

二、个人救助保障与家庭结构功能巩固

社会政策制度体系构建，为个人生存、发展提供支持是一个方面，对家庭提供支持而巩固提升家庭结构功能是另一个方面。为个人生活提供保障，可减轻家庭照护负担；对家庭投入，可巩固提升家庭结构功能，再由家庭组织为个人提供良好支持。

社会政策制度体系构建，要将对个人的保障支持与对家庭的投入支持相结合，形成系统化的保障和支持效用。比如，提供父母教育计划，以使父母能更科学地养育孩子；为家庭成员提供照护技能培训，以使其更好地照护失能老人；实施父母育儿假，以使工作的父母有更多的时间陪伴孩子。

三、托底保障与资产建设

托底保障指的是为低收入人群提供基本生活保障。凡是促进穷人获得不动产和金融资产的政策项目，都属于资产建设。[②]

资产建设有助于改变受助对象的思维方式，促进家庭稳定，创造未来取向，增加后代福祉。通过配款激励穷人进行积累，形成资产；提供基本

① 徐月宾，刘凤琴，张秀兰．中国农村反贫困政策的反思［J］．中国社会科学，2007（3）.

② SHERRADEN M. Assets and the poor：A new American welfare policy［M］. NewYork ny：M E Sharpe，1991：75.

的理财培训①，设计投资家庭的发展项目。

消除社会成员参与经济的障碍，提高人们参与经济的能力。应该以积极的眼光看待贫困群体，相信他们能够通过自己的努力去获得或创造适合自己的就业岗位，从而获得可持续生计。1995 年《哥本哈根宣言》将“可持续生计”界定为“使所有的男人和妇女通过自由选择的生产性就业和工作，获得可靠和稳定的生计”。政府应鼓励失业和贫困者自谋职业，对各种形式的灵活就业给予保护。

四、经济保障、能力开发与机会公正

人群贫困有不同的层面，经济上贫困是一个方面。经济上贫困可能是其他层面的贫困的外显。身体行动能力的限制、能力素质的不足、社会关系的歧视、权利不被承认、参与渠道受阻，往往导致经济上贫困。

安东尼·吉登斯提出“社会投资型国家”，主张尽量在人力资本上投资。② 政府应优先考虑那些能提升人力资本的政策与方案③，如儿童青少年健康成长、残疾人潜能开发。通过康复工作恢复身体机能，通过医疗保障维护身体健康。

社会政策制度体系构建，既要有输血的功能，还要有造血的功能；不仅提供基本生活保障，还增强受助对象自身能力素质，反对社会歧视、社会排斥，确保机会公正，促进社会信任、社会参与。比如，在保障残疾人的基本生存的前提下，为广大残疾人提供自我发展的社会条件与机会④，真正能够选择参与社会。

① 彭华民，等．西方社会福利理论前沿：论国家、社会、体制与政策［M］．北京：中国社会出版社，2009：8.

② 安东尼·吉登斯．第三条道路：社会民主主义的复兴［M］．郑戈，译．北京：生活·读书·新知三联书店，2000：68.

③ 詹姆斯·米奇利．社会发展：社会福利视角下的发展观［M］．苗正民，译．上海：上海人民出版社，2009：183.

④ 周沛．积极福利视角下残疾人社会福利政策研究［J］．东岳论丛，2014（5）.

发展型社会政策强调三类资本（人力资本、资产资本和社会资本）建设，将投资性再分配与维持性再分配相结合。① 安东尼·吉登斯提出，“国家和社会依然是社会保障的主要责任主体，但是它的提供方式却不再是简单救助式的资源投入，而是更多的社会投资模式，将保障性资源投入到可持续增强个人和地方社会能力的领域内”②。发展型社会政策致力于投资人力资本、就业和创业计划；消除经济参与的障碍③。

五、反对社会排斥与拓展自由空间

社会政策作为国家治理机制，要求政策人员敏锐地发现社会排斥现象，通过实证研究和规范论证，揭露社会排斥发生过程及造成的不公，再通过政策工具矫正社会排斥及造成的社会伤害。

社会排斥是指在社会关系结构中，特定的社会人群因制度规定或非正式的互动作用而被排斥在特定的场合、机会、权益和价值之外。④ 社会排斥是“对公民的政治的和社会的诸项权利的否定”⑤，被排斥的人群不能或不能公正地“享受到人权、政治权利和公民福利权”⑥。“贫困的内容已不再局限于经济资源或生活的基本物质需要，而是主要表现在参与或权利上的贫困。中国在改革过程中出现的社会排斥问题，不仅是经济资源的贫困，还是权利贫困。”⑦社会排斥体现在社会资源再分配的排斥，还体现在

① 杨涛．社会政策：概念、理论与分析框架［M］．南京：南京大学出版社，2021：60.

② 安东尼·吉登斯．第三条道路：社会民主主义的复兴［M］．郑戈，译．北京：生活·读书·新知三联书店，2000：103-132.

③ 王思斌．走向发展型社会政策与社会组织建设［J］．社会学研究，2007（2）.

④ 同①.

⑤ 皮埃尔·斯特罗贝尔．从贫困到社会排斥：工资社会抑人权社会［J］．冯炳昆，译．国际社会科学杂志，1997（2）.

⑥ BENASSI D，KAZCPOV Y，MINGIONE E. Socio-Economic Restructuring and Urban Poverty under Different Welfare Regimes［M］// MOULAERT F，SCOTT. A J. Cities，Enterprises and Society on the Eve of the 21st Century. London，Pinter Press，1997：45-64.

⑦ 李保平．西方社会排斥理论的分析模式及其启示［J］．吉林大学学报（社会科学版），2008（2）.

劳动就业参与的排斥；体现在经济领域中的排斥，还体现在社会交往中的排斥。社会结构体系中存在的参与机会剥夺、不公，会造成社会行动自由受限，还会导致可获得的资源不足和生活福祉受损。施动者因排斥而获利，被排斥者因排斥而贫困、参与及行动受限、自由不足。社会排斥造成社会流动受阻，社会冲突积聚。

社会政策是反对社会排斥、实现公民权利、促进社会融合的有力手段。① 社会政策制度体系发展构建，不仅对体制机制所造成的结构性排斥加以纠正，还对非体制性的社会交往歧视、排斥加以纠正。社会政策制度体系构建的功能目标，不仅要完善再分配物质（经济）保障，还需就排斥系统进行系统的政策介入，以使个体、人群与广泛的经济社会系统建立联系，因有了参与的选择、机会而获得资源、自足和发展，自然地不仅会摆脱经济上的贫困，还能增强个体、群体自由行动的能力。

发展型社会政策致力于维护、拓展人的自由空间，增强人的可行能力。人的福祉包含“与自由享有状态相联系的可行能力的状态”。阿马蒂亚·森认为，“贫困和饥荒的发生，深层次根源在于行动者的可行能力的低下，而可行能力的状态又与自由享有状况直接相关。因此，发展的本质在于通过拓展自由空间来增强可行能力。”②

六、化解社会矛盾与促进社会整合

“社会政策既能惠民生，也可发挥社会引导和管理作用，辅助主流价值观和社会秩序的构建。”③ 通过社会政策制度体系构建，促进社会人群价值利益融合与包容性发展；化解社会矛盾，促进社会团结。通过政策手

① 彭华民．社会排斥与社会融合：一个欧盟社会政策的分析路径［J］．南开学报（哲学社会科学版），2005（1）．

② 阿马蒂亚·森．以自由看待发展［M］．任赜，于真，译．北京：中国人民大学出版社，2002：8．

③ 贡森，李秉勤．新时代中国社会政策的特点与走向［J］．社会学研究，2019（4）．

段，防范处理阶层、人群冲突，协调阶层人群利益分配，维持社会和谐稳定，防止社会结构断裂和社会秩序崩塌。

社会政策制度体系构建是为社会人群提供生活保障，提升人民生活福祉，反对社会排斥，但它不会撼动社会阶层结构，对底层人群向上流动的促进作用是有限的。社会政策制度体系发展构建，遵循改良主义价值设定。

七、促进经济社会协同发展

经济与社会协同发展，且要将经济系统嵌入社会系统，服务于社会人群福祉。发展的目的是融合经济增长与社会发展，协同促进人类福利。①

社会政策制度工具，能弥补市场功能的不足，促进经济发展。比如，通过再分配，刺激消费，拉动内需；发展教育和培训，为经济生产提供人才人力资源；发展社会照护机构，减轻劳动者家庭照护负担，支持更好地投入劳动生产；发展养老、托幼等社会服务产业，提供劳动就业岗位，优化社会分工系统。通过社会政策制度体系构建，保障重点人群劳动就业，优化劳动就业结构；保护劳动者权益，形成良好劳资关系。

发展型社会政策注重将公民福利权与责任担当相统一，将基本生活保障与劳动生产责任相统一。② 通过社会政策制度体系构建，将劳动力“去商品化”与“再商品化”相结合，促进经济社会协同发展。劳动力“去商品化”，使劳动者有机会自我调整；在支持劳动力“去商品化”的同时，要求适龄的、具备劳动能力的受助对象参加就业培训，进入劳动力市场，履行劳动生产责任。

① 詹姆斯·米奇利．社会发展：社会福利视角下的发展观［M］．苗正民，译．上海：上海人民出版社，2009：8-9.

② 杨涛．社会政策：概念、理论与分析框架［M］．南京：南京大学出版社，2021：60.

第三章　社会政策制度体系发展构建的准则要求

社会政策制度体系发展构建，要求发现并纠正制度体系中不合理的制度规定，确保每一个制度规定正当合理及关联政策制度优化、适用。矫正现存的政策制度偏差，增强制度对新时代新挑战的适应性。① 社会政策制度体系发展构建，还要求发现制度体系中过时的制度文件，并正式宣告废除，以防止过时的制度文件造成误导及损害，还为新制度文件的出台提供契机，进而优化整体的政策制度架构及内容规定，确保单个制度文件及关联政策制度体系适用、适时、精确。

社会政策制度体系构建，不仅指某项制度的发展构建，还指将关联政策制度衔接配套或整合统一。社会政策制度体系构建有“优化构建”与“发展构建”，优化构建是对既有的政策制度进行结构内容调整，发展构建不仅指优化构建，还指创设新的政策工具，增量制度体系的内容。社会政策制度体系构建，要遵循一定的准则要求。

一、价值导向上遵循公平正义

在价值导向上遵循人道主义的善意和正义的良知，发展构建政策制度。社会政策制度体系构建，必须遵循公平正义。党的十八大特别强调，

① 郑功成．共同富裕与社会保障的逻辑关系及福利中国建设实践［J］．社会保障评论，2022（1）．

"公平正义是中国特色社会主义的内在要求"①。习近平总书记指出，"进一步实现社会公平正义，通过制度安排更好保障人民群众各方面权益"②；"把增进民生福祉、促进社会公平作为发展社会保障事业的根本出发点和落脚点"③；"对由于制度安排不健全造成的有违公平正义的问题要抓紧解决，使我们的制度安排更好体现社会主义公平正义原则，更加有利于实现好、维护好、发展好最广大人民根本利益"④。

社会政策制度体系构建，要求公正对待各类社会人群，确保政策制度公正地覆盖社会人群。政治精英为人民福祉和社会正义倡导、制定政策。

国家所制定的社会政策被用来促进社会正义，但政策本身可能形成新的不公。发展完善中国社会政策制度体系，要求纠正不公正的社会分配制度，如"负福利"⑤。公正对待各阶层人群，要求稳步解决中国社会保障领域事实上存在的逆向转移支付问题⑥。

二、填补制度漏洞与补齐制度短板

关联政策制度具有内在的联系，有效实现政策制度的价值目标，要系统全面地审查、分析关联政策制度，发现其中存在的漏洞和短板，进而设计、填补关联政策制度漏洞，补齐体系短板。

关联政策制度的漏洞是指制度体系中应当设置有特定的制度规定或制

① 中共中央文献研究室．十八大以来重要文献选编：上［M］．北京：中央文献出版社，2014：11.

② 中共中央文献研究室．习近平关于全面深化改革论述摘编［M］．北京：中央文献出版社，2014：94.

③ 习近平．完善覆盖全民的社会保障体系，促进社会保障事业高质量发展可持续发展［J］．中国社会保障，2021（3）.

④ 中共中央文献研究室，中国外文局．习近平谈治国理政［M］．北京：外文出版社，2014：97.

⑤ 秦晖．21 世纪的全球化困境：原因与出路［M］//莫道明．契机与挑战：21 世纪的中国改革政策．北京：东方出版社，2016：52.

⑥ 社会发展研究部课题组．社会政策重点领域改革研究［M］．北京：中国发展出版社，2016：82.

度模块，却没有设置。关联政策制度的短板是指制度体系中应发挥特定功能效用的制度，却因制度规定不完整而未能发挥。对制度体系漏洞，要填补之；对制度体系短板，要补齐之，进而使得关联政策制度不仅是完整的，而且制度体系的每一个构成都能发挥充足的功能效用。

三、关联政策制度不冲突与衔接顺畅

1. 关联政策制度不冲突

社会政策制度体系构建，要求整合优化关联政策制度，确保关联政策制度不冲突。关联政策制度相互冲突，会造成制度体系内部结构不融、断裂，给相关利益主体造成损耗，制度体系的保障或支持效用受损。发展完善政策体系，要求分析、调整冲突性的制度规定。比如，单一地延长女性生育假，由用人单位承担延长生育假的用工成本，与男女平等就业的制度价值存在冲突。确保关联政策制度不冲突，是社会政策制度体系构建的基本准则。

2. 关联政策制度衔接顺畅

确保关联政策制度不冲突是一个方面，更进一步，还必须确保关联政策制度配套衔接到位、顺畅、适用、高效。比如，最低生活保障制度与专项救助制度、社会救助与失业保险配套衔接顺畅；工伤保险与医疗保险配套衔接。实现关联制度配套衔接，要将彼此脱节、处于孤岛状态的碎片制度连接起来，进行系统化、结构化处理。

政策人群的生命进程、生活情境变化，其需求、问题亦变化，就需要从一种制度保障进入另一种制度保障。也就是说，在生命进程和生活情境转换中，基于政策人群的情境需求，设计并确保前后制度配套衔接，如资格认定、供给内容、标准额度的转换衔接。

促进关联制度整合与体系完善，要求准确把握相关领域、各方面、前后环节的内在联系，系统规划制度体系，确保各层面的制度衔接顺畅。

四、精准认定、水平适度与传递到位

织密民生保障制度体系，体现在保障对象的精准认定、保障供给水平适度、保障供给传递到位等方面。

保障对象资格条件的设置必须公正合理，要将真正需要帮助的社会人群纳入保障对象。所供给之资源必须契合保障对象的需求和问题。通过管理制度和服务体系，将保障供给传递给受助人群。

五、社会保险转保衔接与分割的政策制度一体化

1. 社会保险转保衔接

在未实现不同身份、不同地区社会保险统筹统一的情况下，就必须完善社会保险转保衔接。社会保险转保衔接，不仅指城乡社会保险转保衔接，还指不同地区之间职工社会保险转保衔接。

社会保险转保衔接，要能便利完成，还要确保参保人的利益不受损。借助发达的信息系统，确认转保衔接人员在各个时期社会保险权益信息，进行有关的资金结算和划转事宜，合理确定保险待遇，制约投机行为①。

2. 分割的政策制度一体化

社会政策制度体系构建，涉及将地方分割的、针对同一民生需求的政策制度合并，形成一个统一的政策制度。比如，统一城乡居民基本医疗保险制度、城乡居民基本养老保险制度。把城乡分设的相同保障内容的不同制度进行归并，在统一对象管理的基础上，统一筹资渠道、统一缴费模式、统一计发办法、统一基金管理、统一机构管理②。“推动基本医疗保

① 何文炯．劳动力自由流动与社会保险一体化［J］．中国社会保障，2010（12）.

② 林闽钢．我国进入社会保障城乡一体化推进时期［J］．中国社会保障，2011（1）.

险、失业保险、工伤保险省级统筹”①，形成全社会统一的“国民健康保险”与“国民基本养老保险”，国民健康保险公平地覆盖全体国民，国民基础性养老金实行全国统筹②。

六、多层次与多样化

1. 多层次保障体系

针对某一社会人群的特定需求形成多层次保障体系，这涉及政府、社会和市场多元供给体系建设。比如，为老年人经济安全考虑，发展多支柱养老收入保障体系，如基本养老保险、单位补充养老保险或职业年金、商业养老保险。为病患提供多层次支付保障体系，如社会医疗保险、商业健康险和医疗救助。

2. 多样化保障供给

针对某一社会人群的多个问题或需求形成多样的、系统的保障供给，这涉及相关供给主体沟通、转介与合作。比如，就失能老人的生活照料、护理、康复、医疗等多方面的需求，要求相关供给主体互动合作提供多样的支持，形成家庭、政府、社区和机构参与的综合照护支持体系。围绕政策对象的需求结构，通过制度整合、配套和发展，为政策对象提供多样的服务供给。

① 习近平．完善覆盖全民的社会保障体系，促进社会保障事业高质量发展可持续发展［J］．中国社会保障，2021（3）．

② 郑功成．中国社会保障改革与发展战略：总论卷［M］．北京：人民出版社，2011：28-35.

第二篇
需求类别社会政策制度体系

第四章　社会救助制度体系发展构建

人的生存与生活要能获得基本的物质保障，基本的物质保障体现为基本的经济收入保障，用以满足人的基本生活需要。基本生活救助制度包括最低生活保障制度、临时救助制度，两项制度的适用情境有所不同。基本生活救助与专项救助相配套，为救助对象提供多方面的基本需要保障。

社会保险支付保障与基本生活保障制度存在负相关关系：社会保险支付保障越是到位，保险的保障度越高，就越能应对生活风险，就越少需要剩余性的救助制度。国家发展面向民众的社会保险制度体系，还发展托底性的社会救助制度体系。

一、最低生活保障与专项救助配套衔接

最低生活保障制度是为符合资格条件的低收入家庭提供现金救助，维持某种最低的生活水平，又被称为“最低收入支持项目”①，简称“低保”。最低生活保障是国家剩余福利救助。

（一）低保的资格条件

国务院1999年发布的《城市居民最低生活保障条例》第二条规定，“持有非农业户口的城市居民，凡共同生活的家庭成员人均收入低于当地城市居民最低生活保障标准，均有从当地人民政府获得基本生活物质帮助

① 林闽钢．城市贫困救助的目标定位问题：以中国城市居民最低生活保障制度为例［J］．东岳论丛，2011（5）．

的权利。”2002年党的十六大提出，有条件的地方，探索建立农村最低生活保障制度。2007年党中央提出在全国范围建立农村最低生活保障制度。国务院2014年《社会救助暂行办法》第九条规定，“国家对共同生活的家庭成员人均收入低于当地最低生活保障标准，且符合当地最低生活保障家庭财产状况规定的家庭，给予最低生活保障”；第十二条规定，“对批准获得最低生活保障的家庭，县级人民政府民政部门按照共同生活的家庭成员人均收入低于当地最低生活保障标准的差额，按月发给最低生活保障金。对获得最低生活保障后生活仍有困难的老年人、未成年人、重度残疾人和重病患者，县级以上地方人民政府应当采取必要措施给予生活保障。”

最低生活保障是常规性的基本生活保障救助。精准识别低保救助对象的一个必要条件，是确保资格条件的规定科学合理。申请获得低保资格必须符合以下条件：

（1）家庭人均收入低于当地贫困线。各地最低生活保障标准是地区贫困线，只有家庭人均收入低于贫困线，才可能获得低保救助。随着经济社会发展，贫困线水平应由绝对贫困向相对贫困调整、发展。2021年民政部《最低生活保障审核确认办法》规定，家庭收入包括工资性收入、经营净收入、财产净收入、转移净收入以及其他应计入家庭收入的项目。低保所规定的家庭收入是在扣除家庭成员税款和社会保险支出后所计算或推算得出的。优待性收入、奖励性收入、救助性收入、特定用途性收入等收入项目不计入家庭收入。“如果低保申请者或受助者不主动汇报自己的收入变化，任何其他人都很难知道其实际的收入情况，因而很多城市在计算家庭收入时，对家庭中有劳动能力的成员估计一个固定的收入额度。”①

要确定家庭人均收入，须确定共同生活的家庭成员的范畴所指。综合各地的低保制度规定，共同生活的家庭成员包括：配偶；父母和未成年子女；已成年但不能独立生活的子女；在校接受本科及以下学历教育的成年子女；其他与申请人共同生活且具有法定赡养、扶养、抚养义务关系的人

---

① 徐月宾，张秀兰．我国城乡最低生活保障制度若干问题探讨［J］．东岳论丛，2009（2）．

员。低保制度规定的不计入共同生活的家庭成员包括：连续三年及以上脱离家庭独立生活的宗教教职人员；在监所内在押服刑、在戒毒所强行戒毒人员；正在服役的现役军人；宣告失踪人员。

共同生活的家庭成员的认定并不一定以“同一户籍”作为前提条件。例如，2020年《武汉市最低生活保障审核确认实施细则》规定，非本市户籍但与本市户籍居民为共同生活家庭成员，且在原户籍地未纳入低保范围的，可以与共同生活的本市户籍居民一并提出申请。2021年《深圳市最低生活保障办法》规定，与本市户籍居民在本市共同连续居住满一年的非本市户籍家庭成员，可以按照本办法规定享受最低生活保障。

（2）家庭资产不能超过政策规定的标准。例如，2020年《武汉市最低生活保障审核确认实施细则》规定，家庭共同生活成员人均金融资产（如银行存款、有价证券、债券）和人均高值物品（如黄金、首饰、收藏品）超过3万元的，不符合享受低保条件。

家庭资产是指共同生活的家庭成员拥有的动产和不动产。低保政策所定的家庭资产额度不宜太低。低保家庭应有一定额度的家庭资产，以维持和促进家庭的结构功能，使家庭成员有安全感、方向感和自我效能感，更好地把握生活、学习和工作的机会。因此，在低保资格条件规定方面，应适当放宽对家庭资产的规定。

（3）获批低保的家庭，通常有未成年人、病人、残疾人、老年人。

2021年《深圳市最低生活保障办法》规定，本市户籍人员中父母不能履行抚养义务的未成年人，可单独申请最低生活保障。

“不少低保户为保持其低保资格而对找工作采取消极的态度，甚至在工作与低保资格发生冲突时，宁愿放弃工作也不愿放弃低保资格。”[①] 除非有特殊原因，低保家庭中适龄的、健康的未就业者，必须积极参加劳动就业。

① 徐月宾，张秀兰．我国城乡最低生活保障制度若干问题探讨［J］．东岳论丛，2009（2）.

（二）低保救助与专项救助配套衔接

低保资格通向专项救助，这会给低保家庭带来实实在在的保障。比如，《社会救助暂行办法》第三十条规定，“申请医疗救助的，应当向乡镇人民政府、街道办事处提出，经审核、公示后，由县级人民政府民政部门审批。最低生活保障家庭成员和特困供养人员的医疗救助，由县级人民政府民政部门直接办理”。第四十二条规定，“国家对最低生活保障家庭中有劳动能力并处于失业状态的成员，通过贷款贴息、社会保险补贴、岗位补贴、培训补贴、费用减免、公益性岗位安置等办法，给予就业救助。”

促进最低生活保障制度与专项救助制度配套衔接，形成综合性的社会救助制度体系。低保家庭基本生活保障是一个方面，还须针对其他基本需求提供救助，如医疗救助、照护救助、教育救助、住房救助、关爱保护和成长支持。在专项救助的类别中，服务救助是一大类，可细化为若干服务救助，如医务社会工作、学校社会工作。将最低生活保障与专项救助相配套，能够在统一生活救助的基础上实施分类救助，亦使救助具有针对性，且有效。

（三）社会救助制度体系与扶贫开发政策

中国社会救助制度体系的基本特征是以“低保”救助为基础，配套实施专项救助、分类救助、综合救助。社会救助是非缴费型社会保障项目，具有风险保障针对性强、收入再分配效应显著的特点。随着经济社会发展，“健全社会救助待遇自然增长机制，确保社会救助对象基本需要得到满足并适度共享社会发展成果”①。

促进低保救助与专项救助相衔接，要求发展专项救助制度，如完善医疗救助和住房救助。发展专项救助，应将物质救助与服务救助相结合。服务救助涉及人的心理、精神、行动能力、参与权利。服务救助注重人的全

① 何文炯．建设适应共同富裕的社会保障制度［J］．社会保障评论，2022（1）．

面发展[①]。

扶贫开发政策是一揽子政策计划，内在地含有最低生活保障制度，既兜底基本生活保障，又为具有发展潜能的受助对象提供增能、赋能机会和渠道。对符合扶贫条件的低保家庭，按规定获得低保救助，且“根据其不同致贫原因予以精准帮扶，使其逐步具备不同程度的自我发展能力”[②]。

二、低保边缘家庭基本生活保障

根据2021年民政部《最低生活保障审核确认办法》，低保边缘家庭指的是家庭人均收入高于当地最低生活保障标准但低于此标准1.5倍，且财产状况符合相关规定的家庭；低保边缘家庭中的重病、重残人员可以单独申请低保；重残人员是指持有残疾人证的一级、二级重度残疾人和三级智力残疾人、三级精神残疾人，重病人员是指当地有关部门认定的重特大疾病的人员。

贯彻执行民政部政策，2021年《包头市最低生活保障对象认定办法》规定，低保边缘家庭中患有重特大疾病的人员，可享受到全额的低保金；家庭中丧失劳动能力，靠家庭供养的重度残疾人和各级智力、精神残疾人及生活不能自理的残疾人视为单独立户，可申请最低生活保障金。

三、低保边缘家庭和支出型贫困家庭专项救助

“凡是被纳为低保对象者，可以申请专项救助，反之则很难。有低保申请者申请低保待遇的意图，主要不是获得低保的现金待遇，而在于能够

① 周沛，陈静．新型社会救助体系研究［J］．南京大学学报，2010（4）．

② 左停，贺莉．制度衔接与整合：农村最低生活保障与扶贫开发两项制度比较研究［J］．公共行政评论，2017（3）．

获得专项救助待遇。”① 不应排斥低保边缘家庭、支出型贫困家庭获得专项救助的保障权利。

低保边缘家庭是指家庭人均收入在贫困线之上、一定倍数在贫困线之下且家庭资产符合政策规定的家庭。低保边缘家庭能够维持基本生活需要，但这类家庭抗风险的能力非常薄弱②，不应简单粗暴地将低保边缘家庭排斥在专项救助之外。

支出型贫困家庭应被纳入专项救助项目。支出型贫困家庭的资产因刚性支出（如医疗支出、康复护理支出）而几乎消耗完，家庭资产现状符合低保制度规定。家庭收入在去除家庭基本生活开销后，已经难以支付刚性支出。符合这两个条件的家庭被定为支出型贫困家庭，这类家庭不需要基本生活保障救助，但需要针对刚性支出获得专项救助。

四、临时救助制度规定

《社会救助暂行办法》第四十七条规定，“国家对因火灾、交通事故等意外事件，家庭成员突发重大疾病等原因，导致基本生活暂时出现严重困难的家庭，或者因生活必需支出突然增加超出家庭承受能力，导致基本生活暂时出现严重困难的最低生活保障家庭，以及遭遇其他特殊困难的家庭，给予临时救助。”临时救助指的是，为因急难事件基本生活暂时有严重困难的家庭或个人提供应急性、过渡性的救助③，帮助渡过难关。

2020 年民政部和财政部《关于进一步做好困难群众基本生活保障工作的通知》规定，“对受疫情影响无法返岗复工、连续三个月无劳动收入，生活困难且失业保险政策无法覆盖的农民工等未参保失业人员，未纳入低

---

① 关信平．新时代中国城市最低生活保障制度优化路径：提升标准与精准识别［J］．社会保障评论，2019（1）.

② 徐月宾，张秀兰．我国城乡最低生活保障制度若干问题探讨［J］．东岳论丛，2009（2）.

③ 岳爱，杨矗．新型农村社会养老保险对家庭日常费用支出的影响》［J］．管理世界，2013（8）.

保范围的，经本人申请，由务工地或经常居住地发放一次性临时救助金，帮助其渡过生活难关。”

（一）临时救助与低保救助的适用情境不同

最低生活保障救助、临时救助都是托底性的基本生活保障救助制度。通常，最低生活保障救助是长期的，临时救助是应急的、短期的。两项制度所适用的情境对象有所不同。急难事件发生后，对基本生活暂时出现严重困难的家庭提供临时救助，被救助的家庭趋于稳定，则不再提供临时救助；此时，若符合低保资格条件，则申请获得低保救助；如此，就由临时救助转到低保救助。

需要指出的是，如果低保家庭发生意外事件导致家庭必要支出突然增加，那么可获得临时救助，也即在原有低保救助基础上获得临时基本生活救助。

（二）临时救助与专项救助相配套

全面建立临时救助制度，要充分重视临时救助的救急特点，在发现个人或家庭因突发事件而陷入困境后，救助机构应在第一时间作出快速反应，对其提供适宜的救助。[①] 临时救助发挥“救急难”功能，要求“整合救助资源，协调部门联动”[②]。在基本生活救助之外，针对受助对象其他基本需要问题，判断是否提供专项救助，将临时基本生活救助与专项救助配套，提供综合、系统支持。比如，为受家暴妇女提供临时救助，还提供服务救助。

五、社会救助与社会保险、普惠福利相配套

中国主要采取社会保险的方式，为民众提供生活保障。在社会保险支

---

① 关信平．关于全面建立临时救助制度应当注意的几个问题［J］．中国民政，2015（7）．
② 章晓懿．“救急难”托底保障的机制构建与地方实践［J］．中国民政，2017（16）．

付保障的基础上，再实施剩余性社会救助。若社会保险制度体系健全，保障综合效能良好，则会减少对社会救助制度的依靠。

剩余性社会救助制度体系主要由低保、临时救助和专项救助所构成。社会救助是社会保险的补充。① 社会救助对象包括部分或者全部丧失劳动能力和收入能力，未参加相关社会保险制度；虽然参加相关社会保险制度，但是由于待遇领取条件问题而无法领取相应社会保险津贴；社会保险制度参加者领取某种社会保险津贴的时限已经超过，无权继续领取社会保险津贴②；参加并领取某种社会保险津贴，但仍低于贫困线标准。未能获得社会保险支付保障的情况下，符合社会救助的资格条件，可申请获得救助保障。即便获得社会保险支付保障，也可能符合社会救助的资格条件。

发展构建国家福利制度，实现基本民生保障，促进共同富裕，要求协同发展适度普惠福利政策和社会救助制度。为儿童、残疾人、老年人等人群提供普惠性福利津贴，那么，“需要社会救助的贫困人群的比例相对较低”③。家庭或个人在获得普惠性福利津贴后，若符合社会救助的资格条件，可申请获得相应的社会救助。

六、社会救助行政网络

中国社会救助政策法规的制定以及救助工作的具体实施存在政出多门、条块分割的问题，有必要在地方政府成立社会救助工作协调小组。④在完善、健全政府救助的同时，开发社会救助资源⑤。根据《社会救助暂行办法》，国家鼓励并支持单位和个人等社会力量通过捐赠、设立帮扶项目、创办服务机构、提供志愿服务等方式，参与社会救助。

---

① 丁建定．构建我国新型城市社会救助制度的原则与途径［J］．东岳论丛，2009（2）.
② 丁建定．社会保障概论［M］．上海：华东师范大学出版社，2006：86.
③ 徐月宾，张秀兰．我国城乡最低生活保障制度若干问题探讨［J］．东岳论丛，2009（2）.
④ 同①.
⑤ 李国林，纽维平．试论慈善事业与社会保障的关系［J］．求实，2003（2）.

为受助对象提供系统、有效救助保障，要求发展社会救助行政网络，“做好资源调动工作，协调各部门、各种社会力量的救助行为”①。社会救助行政网络含有体制内各部门协同救助以及政社合作协同救助。发展社会救助行政网络，要求促进跨部门合作，将社会力量纳入社会救助治理系统，积极整合资源，不断提高救助成效。

① 周沛，陈静．新型社会救助体系研究［J］．南京大学学报，2010（4）．

第五章　劳动就业政策体系发展构建

在社会化大生产与劳动分工下，劳动者通过自己的劳动为社会提供商品和服务，获得劳动收入，还通过就业活动参与社会经济活动。[①] 每一个有劳动能力的人都应各尽所能、各得其所，所有劳动者的活力和创造力都应得到充分发挥，这是经济社会发展的需要，也是每个人全面发展的需要[②]。“劳动关系是最基本的社会关系，劳动关系的和谐是社会和谐的基础。”[③]

国家和政府通过政策工具，介入劳动力市场，影响市场主体的行为，“促进劳资双方利益诉求融合”[④]，“在促进充分就业的基础上更要实现高质量就业”[⑤]；就业数量与质量并重，努力使就业结构适应经济社会发展需要。在市场导向的劳动就业制度下，就业政策的目标是减少失业、充分就业，提高劳动力市场供需匹配，提升就业质量[⑥]。通过劳动就业政策，确立和维护劳动者的权益，使得广大劳动者在工作就业方面能自由流动和选择工作，不受歧视和排斥，受到公正对待，在劳动环境中人身安全得到保障，在劳动关系中人格尊严不受侵犯，能获得适当的报酬待遇。在社会化

---

① 李志明，邢梓琳．巩固民生之本：实现更高质量和更充分就业［J］．学术研究，2019（9）．

② 温家宝．关于发展社会事业和改善民生的几个问题［J］．求是，2010（7）．

③ 徐振寰．充分发挥工会组织在推动构建社会主义和谐社会中的作用［M］//董云虎，陈振功．人权与和谐世界．北京：团结出版社，2007：204.

④ 王兆萍．工作价值观变化与我国劳动就业政策改革趋向［J］．经济社会体制比较，2013（3）．

⑤ 同①.

⑥ 李志明．中国就业政策70年：走向充分而有质量的就业［J］．天津社会科学，2019（3）．

生产分工的条件下，公民的劳动权受国家保障。国家所实施的劳动就业政策，应利于社会公共利益和可持续发展，促进经济与社会协同发展。

目前中国劳动就业政策存在不足。一是劳动力在区域、城乡、行业、所有制之间流动阻碍依然较大；二是进城务工人员难以获得均等的公共服务和公平的就业机会；三是职业技能培训的规模和质量不能满足需要；四是就业服务的专业化水平较低；五是公共就业服务信息化程度不高。[①] 劳动法规分类保护不足、保护范围偏窄[②]。“在集体劳动权益得不到有效保障的情况下，个体劳动权益也难以取得根本性的保障。”[③] 市场化契约用工，必须配套劳动权益保障和促进就业制度。

在社会政策制度体系下，劳动就业政策主张：合理提高劳动收入在初次分配中的比重，优化劳动就业结构，保障重点人群劳动就业，切实保护劳动者权益。

一、健全劳动力市场运行规则

改革开放后，从计划经济时期单位制的铁饭碗转向市场化的契约用工制度[④]，劳动力市场调节替代了国家工作分配[⑤]。

劳动合同制推动着劳动力市场的形成。[⑥] 1983 年劳动人事部《关于积极试行劳动合同制的通知》提出，在全国试行劳动合同制度。1986 年国务院《国营企业实行劳动合同制暂行规定》规定，在国营企业新招用的工人中推行劳动合同制度，企业根据生产、工作的特点和需要确定用工形式，

① 郭启民，李志明．“十四五”时期实施就业优先战略的实践意义和重点路径［J］．新视野，2021（4）．

② 王全兴，王茜．我国“网约工”的劳动关系认定及权益保护［J］．法学，2018（4）．

③ 吴清军，刘宇．劳动关系市场化与劳工权益保护［J］．中国人民大学学报，2013（1）．

④ 同③．

⑤ 常凯．WTO、劳工标准与劳工权益保障［J］．中国社会科学，2002（1）．

⑥ 李志明．中国就业政策 70 年：走向充分而有质量的就业［J］．天津社会科学，2019（3）．

招用一年以内的临时工、季节工，也应当签订劳动合同。1992 年劳动部《关于扩大试行全员劳动合同制的通知》规定，试行全员劳动合同制。1993 年劳动部《关于建立社会主义市场经济时期劳动体制改革总体设想》提出，对传统的固定工制度进行合同化管理。通过劳动力市场的供给与需求关系来调节和配置劳动力资源①。1994 年劳动部《关于全面实行劳动合同制度的通知》规定，要在企业实行全员劳动合同制度，改变固定工的用工制度。进入新世纪后，为了保障和改善民生，国家采取积极的就业政策，追求更充分和更高质量的就业，就业在社会政策中的地位进一步凸显②。

国家要消除劳动力市场的分割，形成开放流动的劳动力市场、公平的就业竞争制度和利益激励机制，旨在为实现劳动力市场供需匹配、优化就业结构创造条件。“要通过现代化的信息网络系统，对劳动力供求信息进行采集和发布，以实现供求对接，合理配置劳动力。”③

二、保护劳动权益

劳动权益是指处于社会劳动关系中的劳动者在企业内部履行劳动义务的同时所享有的基本权益。④《中华人民共和国宪法》第四十二条规定，公民有劳动的权利和义务。劳动权利是人们获得生存和发展的必要手段⑤。在立法上承认劳动者享有以让渡自己的劳动力使用权谋取工作岗位和工资报酬的权利；劳动者作为一个公民和人，享有宪法法律规定的各项公民权和基本人权；劳动者作为民法主体，享有各项民事权利；劳动者作为向资

---

① 李志明．中国就业政策 70 年：走向充分而有质量的就业［J］．天津社会科学，2019（3）．

② 朱俶，郭小聪．公共就业政策范式变迁及其逻辑研究［J］．求实，2019（5）．

③ 车维汉．日本就业政策特征分析及其对我国的启示［J］．经济研究参考，2002（7）．

④ 常凯．劳动关系·劳动者·劳权：当代中国的劳动问题［M］．北京：中国劳动出版社，1995：23．

⑤ 景春兰，徐志强．论劳动力权的法权意义及理论启迪［J］．河北法学，2013（6）．

方提供约定的劳动活动的群体，享有与劳动活动有关的权利。[①] 除个人劳动权利，还有集体劳动权利，包括“劳动团结权、集体谈判权和集体行动权”[②]。集体劳动权利在处理劳资纠纷中具有组织、协调和规范的作用，是一种组织性和程序性的权利。[③]

（一）劳动权益保护规定

“劳动权不仅是公民获得财产的最基本途径，而且是公民实现自我价值和自我完善的基本方式。”[④] 真正意义的劳动权必须以劳动自由的存在为基础和前提，剥夺劳动自由的劳动权不是真正意义的劳动权[⑤]。劳动者拥有自己的劳动力，对如何使用自己的劳动力有选择的自由。劳动者具有“就业择业权、劳动力市场交易权、劳动契约缔结权”[⑥]。劳动法的根本属性是公法和私法的结合[⑦]，其价值目标是保护劳动者的合法权益，调整劳动关系，促进经济发展和社会进步。

按照《中华人民共和国劳动法》（2018 年修正），劳动者权益保障包括平等就业、选择职业、劳动报酬和同等待遇、社会保险和福利、劳动时间、休息休假、安全卫生条件、职业培训、工会组织、劳动争议处理和三方谈判、职业安全、女职工特殊劳动保护、未成年人特殊劳动保护。《中华人民共和国劳动合同法》（2012 年修正）强制劳资双方签订劳动合同，强化解雇保护和解雇代价，使劳动关系更稳定、可预期[⑧]。在劳动关系中，劳动者追求经济利益，不丧失人身利益与人格利益，在职业劳动中所受到

---

① 秦国荣．劳动权的权利属性及其内涵［J］．环球法律评论，2010（1）.

② 常凯．WTO、劳工标准与劳工权益保障［J］．中国社会科学，2002（1）.

③ 王振寰，方孝鼎．国家机器、劳工政策与劳工运动［M］//陈信行．工人开基祖．台北：台湾社会研究杂志社，2010（23）.

④ 谢彭程．公民的基本权利［M］．北京：中国社会科学出版社，1997：94.

⑤ 冯彦君．劳动权的多重意蕴［J］．当代法学，2004（2）.

⑥ 同①.

⑦ 陈会林．简论劳动法的社会法性质［J］．沙洋师范高等专科学校学报，2002（3）.

⑧ 孙中伟，刘明巍，贾海龙．内部劳动力市场与中国劳动关系转型：基于珠三角地区农民工的调查数据和田野资料［J］．中国社会科学，2018（7）.

的限制是“职业从属”而非人格上的从属①。劳动法对劳动者倾斜性保护的目的是，对利益共同体的各方利益进行平衡协调②。

就业机会公正是指劳动者在就业市场得到公正对待，用人单位不得以工作岗位之外的身体特征或社会特征为由歧视劳动者，如就业地域歧视、就业年龄歧视。《中华人民共和国劳动法》（2018 年修正）第十二条规定，“劳动者就业，不因民族、种族、性别、宗教信仰不同而受歧视。”去除劳动就业歧视，要求加大宣传教育，严格执法。

《中华人民共和国劳动法》所规定的劳动者工作时间和休息休假主要有：（1）每日工作时间不超过八小时，平均每周工作时间不超过四十四小时。用人单位应当保证劳动者每周至少休息一日。（2）经劳动行政部门批准，用人单位可以实行其他工作和休息办法。用人单位由于生产经营需要，经与工会和劳动者协商后可以延长工作时间，一般每日不得超过一小时；因特殊原因需要延长工作时间的，在保障劳动者身体健康的条件下延长工作时间每日不得超过三小时，但是每月不得超过三十六小时。（3）安排劳动者延长工作时间的，支付不低于工资的百分之一百五十的工资报酬；休息日安排劳动者工作又不能安排补休的，支付不低于工资的百分之二百的工资报酬；法定休假日安排劳动者工作的，支付不低于工资的百分之三百的工资报酬。（4）劳动者连续工作一年以上的，享受带薪年休假。休息权为劳动者的全面发展提供可以自由支配的闲暇时间，从而扩展个体行为自由的空间和领域，摆脱由于过度职业化造成的人的异化和单面性③。

国家对未成年人实行特殊劳动保护。根据《中华人民共和国劳动法》和《中华人民共和国未成年人保护法》（2020 年修订）的规定：（1）招用已满十六周岁未成年人的单位和个人，不得安排未成年工从事矿山井下、有毒有害、国家规定的第四级体力劳动强度的劳动和其他禁忌从事的劳

① 冯彦君．劳动权的多重意蕴［J］．当代法学，2004（2）．

② 同①．

③ 同①．

动。(2) 任何组织或者个人不得招用未满十六周岁的未成年人，国家另有规定的除外。(3) 文艺、体育和特种工艺单位招用未满十六周岁的未成年人，必须遵守国家有关规定，并保障其接受义务教育的权利。

2015 年，《中共中央国务院关于构建和谐劳动关系的意见》指出，我国劳动关系矛盾已进入凸显期和多发期，损害职工利益的现象仍较突出，集体停工和群体性事件时有发生。可通过协商、调解、仲裁、诉讼来处理劳动争议，争取“劳动条件之维持、改善或其他经济利益之获得”①，“避免无序罢工所造成的不必要的损失”，“减少怠工发生”②。

“中国工会影响劳动权益的机制不是劳工垄断、集体谈判和集体合同”。③《中华人民共和国劳动合同法》(2012 年修正) 第六条规定，“工会应当帮助、指导劳动者与用人单位依法订立和履行劳动合同，并与用人单位建立集体协商机制，维护劳动者的合法权益”；第五十一条规定，“集体合同由工会代表企业职工一方与用人单位订立；尚未建立工会的用人单位，由上级工会指导劳动者推举的代表与用人单位订立”。在劳动者自我组织的权益保护乏力的情况下，“应当进一步激活工会的应有功能，形成有效的集体协商制度”④。“当劳动者的维权意识越来越强，市场经济越来越发达，劳动力市场的国际化程度越来越高时，发展、完善保障劳动者集体权益的政策就显得至关重要。”⑤

(二) 被派遣劳动者权益保护规定

劳务派遣单位与劳动者建立劳动关系，与用工单位订立劳务派遣协议，根据合同和协议安排劳动者进入用工单位。根据人社部 2013 年《劳务派遣暂行规定》，用人单位不得设立劳务派遣单位向本单位或者所属单

---

① 黄越钦．劳动法新论［M］．北京：中国政法大学出版社，2003：332.

② 李湘刚．论公民罢工权的宪法地位［J］．前沿，2005 (7).

③ 孙中伟，贺霞旭．工会建设与外来工劳动权益保护：兼论一种“稻草人机制”［J］．管理世界，2012 (12).

④ 吴忠民．中国劳动政策问题分析［J］．当代世界与社会主义，2009 (2).

⑤ 吴清军，刘宇．劳动关系市场化与劳工权益保护［J］．中国人民大学学报，2013 (1).

位派遣劳动者，不得将连续用工期限分割订立数个短期劳务派遣协议。用工单位只能在临时性、辅助性或者替代性的工作岗位上实施劳务派遣用工。企业使用被派遣劳动者数量不得超过其用工总量的10%。

根据《中华人民共和国劳动合同法》和《劳务派遣暂行规定》，被派遣劳动者的工作权益包括以下方面：（1）订立二年以上的固定期限书面劳动合同，按劳务派遣协议获得劳动报酬，在无用工期可获得当地最低工资。（2）劳务派遣单位和用工单位不得向被派遣劳动者收取费用。（3）对被派遣劳动者同工同酬。（4）依法参加或者组织工会。（5）劳动保护和劳动安全卫生条件。（6）休息休假。（7）用人单位社会保险缴费。劳务派遣单位承担工伤保险责任，但可以与用工单位约定补偿办法。（8）生育或者患病期间相关待遇。（9）用工单位向被派遣劳动者提供与工作岗位相关的福利待遇，不得歧视被派遣劳动者。（10）劳动合同解除或者终止，可按规获得经济补偿。根据《劳务派遣暂行规定》，“用人单位以承揽、外包等名义，按劳务派遣用工形式使用劳动者的，按照本规定处理。”

根据《劳务派遣暂行规定》，被派遣劳动者工作无过失，有以下情形之一，企业（用工单位）可以将被派遣劳动者退回劳务派遣单位：（1）劳务派遣协议期满终止。（2）用工单位被依法宣告破产、吊销营业执照、责令关闭、撤销、决定提前解散或者经营期限届满不再继续经营。（3）依照企业破产法规定进行重整。（4）生产经营发生严重困难。（5）企业转产、重大技术革新或者经营方式调整，经变更劳动合同后，仍需裁减人员。（6）劳动合同订立时所依据的客观情况发生重大变化，致使劳动合同无法履行。按照目前法规，用工单位有很大的空间将劳务派遣员工退回劳务派遣单位，被派遣劳动者的工作稳定性较差。

（三）第三类劳动权益保护

党的二十大报告提出，“健全劳动法律法规，完善劳动关系协商协调机制，完善劳动者权益保障制度，加强灵活就业和新就业形态劳动者权益保障。”灵活就业有效链接劳动力市场供需，提升劳动力市场匹配效率，降低摩擦性失业[①]。中国信息技术平台推动、助力灵活就业发展。以自然人的身份、以个体化方式在信息技术平台承接工作事项的从业人员，他们的劳动既具有一定的劳动从属性，又具有一定的自主性，是一种介于从属劳动和独立劳动之间的第三类劳动形态，可针对第三类劳动进行单独立法[②]，以形成完善的劳动权益保护。

在第三类劳动单独立法未实现的条件下，可在现有的劳动法的框架下“放宽从属性标准，扩大劳动法适用范围”[③]，“强化对平台就业隐蔽性雇用的甄别和规范”[④]，进而形成劳动权益保护。应平衡平台用工的灵活性与平台工人权益保护，为平台第三类劳动提供特定基本权益保护[⑤]，主要包括反就业歧视、安全卫生、工作事故与职业疾病的保险、最低工资或通过谈判达成最低工资、最长工时限度、休息休假、反强迫劳动、加入工会与集体协商、禁止童工、保护孕妇。用人单位对平台算法规则的单方面利用，会对平台工人权益保护不利。工人对平台算法和个人信息数据应有知情权，对平台算法规则的设定应有参与权，对与平台的争议纠纷应有内部申诉和获得救济的权利[⑥]。

司法实践中必须按照一定的劳动标准判断平台工人属于雇员、第三类劳动者，还是自雇者，在劳动权益保护上进行区别对待。雇员受《中华人民共和国劳动法》《中华人民共和国劳动合同法》保护，第三类劳动应可获得基本权益保护，自雇者应可获得社会保险保障和基本民生保障。

---

① 贾康，张晶晶．摩擦性失业等失业分类的内涵、特征与就业路向［J］．新疆师范大学学报（哲学社会科学版），2023（1）．

② 方长春．第三类劳动及其权益保障：问题与挑战［J］．人民论坛·学术前沿，2022（8）．

③ 王天玉．超越“劳动二分法”：平台用工法律调整的基本立场［J］．中国劳动关系学院学报，2020（4）．

④ 肖竹．第三类劳动者的理论反思与替代路径［J］．环球法律评论，2018（6）．

⑤ 谢增毅．平台用工劳动权益保护的立法进路［J］．中外法学，2022（1）．

⑥ 同⑤．

三、优化劳动就业结构

劳动就业结构的一端连接着社会化大生产、工业化进程、技术进步、创新发展、产业结构变迁和经济增长；另一端连接着适龄劳动人口、劳动就业人口。劳动就业结构是社会化大生产中所形成的劳动者分布结构，"直接反映了社会劳动力资源在国民经济各个产业与部门、各个地区、各种职业中的分布、构成和联系"①。劳动就业结构随着产业结构升级而调整②。

就业岗位的结构和数量随产业结构变化而调整，一些就业岗位减少，一些就业岗位增加；产生新的就业岗位，去除过时的就业岗位，一些就业岗位有新的工作内容和要求。一定时期社会化大生产所设置的就业岗位，需要相应的劳动力资源，二者相结合，就形成劳动就业结构。当前数字经济催生出区别于传统雇佣模式的各种新职业、新岗位，各种新就业形态为劳动者提供新的就业机会③。技术进步引发的产业结构升级，对劳动者技能提出新的要求，一些劳动者陷入结构性失业或遭遇结构性就业困难④。从国家教育和技能培训入手，帮助劳动者持续提升素质能力，更好适应当前正在发生的技术革命和新就业岗位技能要求⑤。通过政策制度，影响劳动人口的数量和素质，促进劳动者就业，优化就业结构。

优化劳动就业结构，就是追求劳动人口在数量和质量上满足社会生产工作岗位的需求。一是劳动者与工作岗位相匹配，二是劳动者素质能力发

① 陆学艺．当代中国社会结构［M］．北京：社会科学文献出版社，2018：18.

② 袁志刚，封进，张红．城市劳动力供求与外来劳动力就业政策研究：上海的例证及启示［J］．复旦学报（社会科学版），2005（5）.

③ 李光红，高海虹．新就业形态劳动者劳动权益保障规制体系的构建研究［J］．济南大学学报（社会科学版），2022（6）.

④ 李志明．中国就业结构演变的动力因素、作用机理与政策进路［J］．学术研究，2022（11）.

⑤ 蔡昉．为什么将就业优先政策置于宏观政策层面［N］．光明日报，2019-03-26.

展与高质量就业，三是劳动者素质能力胜任产业结构转型发展。教育和培训政策要能培养高素质、高技能的劳动者，以适应劳动力市场需要，促进社会生产力发展。劳动就业结构是动态适应调整的过程。另外，如果劳动人口超过就业岗位，则要发展和增加就业岗位，促进劳动人口充分就业。

四、促进劳动者就业

党和政府把人民劳动就业作为经济社会发展的重要目标。要多渠道、多方式增加就业岗位；加强职业教育和技能培训，提高劳动者素质和就业能力；发展就业服务机构；支持劳动者自主创业、自谋职业，以带动和扩大就业；完善就业援助制度，重点扶持零就业家庭和就业困难人员就业。[①]中共中央、国务院《中长期青年发展规划（2016—2025 年）》提出，健全城乡均等的公共就业创业服务体系，完善服务功能，对就业困难青年提供就业援助。实现包括新生代农民工、返乡青年在内的所有青年比较充分的就业，保障青年就业的基本权利，为青年创业提供良好服务[②]。探索更为灵活、更为多元化的促进残疾人就业方式[③]。允许、支持、规范发展灵活就业，有效保护劳动者的合法权益[④]。政府应规范边缘市场的劳动就业和市场交易行为，积极吸纳劳动者就业，创造社会生产价值。为促进劳动者就业，可采取以下政策措施。

（一）公平竞争就业岗位与反就业工作歧视

国家机构工作岗位和国有企业招工，要“做到信息公开、过程公开、

① 华建敏．始终坚持以人为本 努力解决民生问题［J］．国家行政学院学报，2007（2）.

② 黎淑秀．全球青年就业趋势研究［J］．中国青年社会科学，2020（1）.

③ 郭启民，李志明．“十四五”时期实施就业优先战略的实践意义和重点路径［J］．新视野，2021（4）.

④ 温家宝．关于发展社会事业和改善民生的几个问题［J］．求是，2010（7）.

结果公开，创造平等竞争的就业环境，治理就业的隐形门槛”[①]，防止国家公共就业岗位机会被特定的阶层人群垄断。国家公共机构向社会公开招聘，应聘者基于招聘条件公平竞争，胜出者获得国家公共机构的工作岗位。

关注农民工、女性等人群在劳动力市场的参与、待遇和权益保障等情况，反对任何形式的就业工作歧视和权益侵犯。国家要为外来务工人员就业营造公平竞争的环境[②]。

（二）职业培训与支持上岗

根据《中华人民共和国劳动法》，政府应鼓励和支持有条件的企业、事业组织、社会团体和个人进行各种形式的职业培训，发展多种类型的职业介绍机构。加强劳动就业组织建设，完善从中央到地方、社区的各级劳动组织体系建设[③]。习近平总书记提出，要提高职业培训质量，提高农民工和其他各类人员就业能力[④]。为低学历、低技能青少年提供培训、就业指导和工作推荐。“为新移民、少数族裔以及处于改造阶段的违法者提供特别设计的培训课程和工作安置。”[⑤] 应建立覆盖城乡全体劳动者、贯穿劳动生命、适应劳动力市场需求的职业教育和培训体系[⑥]。

通过政策制度和项目措施，为特定的在岗人员提供劳动技能培训，以提高员工职业素养，增强岗位工作胜任力，使得用人单位和员工获益，减

---

① 中共中央文献研究室．习近平关于社会主义社会建设论述摘编［M］．北京：中央文献出版社，2017：43.

② 袁志刚，封进，张红．城市劳动力供求与外来劳动力就业政策研究：上海的例证及启示［J］．复旦学报（社会科学版），2005（5）.

③ 赖德胜，孟大虎，李长安，田永坡．中国就业政策评价：1998—2008［J］．北京师范大学学报（社会科学版），2011（3）.

④ 中共中央文献研究室．习近平关于社会主义社会建设论述摘编［M］．北京：中央文献出版社，2017：70.

⑤ 莫道明，祁冬涛，刘骥．社会发展与社会政策：国际经验与中国改革［M］．北京：东方出版社，2104：225-226.

⑥ 李志明，邢梓琳．巩固民生之本：实现更高质量和更充分就业［J］．学术研究，2019（9）.

少员工失业的风险。实施稳岗就业培训项目，要求确定培训机构、培训目标、培训对象、培训内容、培训投入、培训方式、培训效果评估。

（三）创设就业岗位

创业创新是带动就业的核心动力。[①] 政府通过信贷政策、税收政策、辅助经营政策来支持社会创业项目和中小企业发展，支持社会机构、企业创设就业岗位。2017 年中共中央、国务院《关于营造企业家健康成长环境弘扬优秀企业家精神 更好发挥企业家作用的意见》指出，企业家作为微观经济层面的企业领导者，在社会创业创新中具有不可或缺的引领作用。习近平总书记指出："民营经济是我国经济制度的内在要素，民营企业和民营企业家是我们自己人。"[②] 发展民营经济，支持企业家创新创业，创设就业岗位。

为实现公共利益和安置就业困难人员，创设公共服务岗位和社区服务岗位。在经济衰退比较明显的时候，可通过以工代赈——公共工程的建设来创造工作岗位。[③]

（四）低收入劳动者工作补贴

如果劳动者的收入过低，不足以养家，那么他们的工作动力、信心和安全感就会不足，这对他们积极劳动就业是不利的。"努力工作的人们应当得到社会的帮助，以使他们能通过继续工作来养活家人。"[④]

低收入劳动者工作补贴是指国家为特定低收入的劳动者提供补贴。比如，为低收入残疾劳动者提供社会保险缴费补贴。特定劳动者的工作收入

---

① 李志明，邢梓琳．巩固民生之本：实现更高质量和更充分就业［J］．学术研究，2019（9）．

② 习近平．在民营企业座谈会上的讲话［N］．人民日报，2018-11-01.

③ 赖德胜，孟大虎，李长安，田永坡．中国就业政策评价：1998—2008［J］．北京师范大学学报（社会科学版），2011（3）．

④ 肯·布莱克默．社会政策导论［M］．王宏亮，等译．北京：中国人民大学出版社，2009：43.

低于一定的标准，就可在工作收入之外按规获得补助，以激励劳动生产。

（五）失业者就业支持

通过失业保险和社会救助为失业者提供生活保障，还通过就业促进项目为失业者参与劳动就业提供支持。扩大失业保障的覆盖面，要求为失业农民工提供生活救济和就业支持。

第六章　医疗卫生政策体系发展构建

健康对于每个人都是根本的，健康行动是个人的责任，提高国民健康水平是国家的责任。党的十九大提出，实施“健康中国”战略，完善国民健康政策，为人民群众提供全方位全周期健康服务。

健康是人类基本自由的内在组成部分，健全的医疗保障体系是维护人类福祉的社会基础设施。[①] 医疗卫生政策的目标是不论病患收入高低，确保人人都可获得适当的医疗服务。人人享有基本医疗卫生服务是国家发展、社会建设的价值目标。在人的生命周期中，医疗服务是必需的，对人的生命存在是基础性的。政府要界定基本医疗的范围和内容，通过再分配政策，确保每一个人能拥有最低限度的公共卫生与医疗服务机会[②]。基本医疗的范围和内容，随医疗技术进步、经济社会发展而不断调整完善。良好的医疗卫生政策有利于强化国民对国家的归属感和认同感，从而有利于巩固国家政权和提升政府的正当性[③]。

现行医疗卫生政策强调经济效益，忽视了医疗卫生事业的公益性质和公平原则。[④] 公立医院自负盈亏，“要用医疗经营收入支付职工工资、奖金、其他的运营费用以及购买新的设备”；“政府允许公立医院开展高利润

① 顾昕，孙晓冬．全民医保的社会治理：迈向共同富裕的社会性基础设施［J］．武汉科技大学学报，2022（5）．

② 赵德余．政策制定中的价值冲突：来自中国医疗卫生改革的经验［J］．管理世界，2008（1）．

③ 颜昌武．新中国成立70年来医疗卫生政策的变迁及其内在逻辑［J］．行政论坛，2019（5）．

④ 陈竺，高强．走中国特色卫生改革发展道路　使人人享有基本医疗卫生服务［J］．求是，2018（1）．

的服务，以代替原先的财政补助”；“公立医院有动力、也有机会从病人那里获得更多的收入”①。公立医院通过提高医疗价格、诱导需求、过度医疗，以实现创收的目的。另外，医疗卫生资源配置严重失衡，各层面的医疗卫生服务供给协同度不足②。在现行的医疗卫生政策下，享有更好医疗保障或更有能力支付相关费用的人，受经济限制更少，对疾病的敏感度更高，对医疗服务的需求更大，对医疗服务的利用更多③。

病人对医疗服务的消费是一种私人需求，可通过医疗服务市场来满足病人需求，同时要针对医疗服务市场的缺陷，采取针对性措施，以维护病人权益和公民健康权利，确保医疗服务体系良性运行。通过医疗卫生政策和国家社会力量介入，如医疗服务价格管制、医保支付激励约束、医疗机构经营审查，规范、激发医疗服务供给，形成“有管理的市场化”④。

李克强指出，“人的生命最为宝贵，健康是人生的第一财富，也关系国家和民族的根本。保障和改善民生，必须解决群众看病就医存在的困难，把医改这一涉及人人的重大工程切实建设好。正确处理政府、医疗卫生机构、医药企业、医务人员和患者之间的关系。医改是整体改革的一个重要组成部分，对协调推进经济社会发展改革具有重要意义。”⑤ 2020 年，中共中央、国务院《关于深化医疗保障制度改革的意见》提出，要增强医保、医疗、医药联动改革的整体性、系统性、协同性，保障群众获得高质量、有效率、能负担的医药服务。

一、医疗卫生政策体系的构成

医疗卫生政策是以预防疾病、疾病治疗和健康促进为目标的一整套政

---

① 王绍光．政策导向、汲取能力与卫生公平［J］．中国社会科学，2005（6）.

② 岳经纶，王春晓．深化医改的政策建议［J］．中国社会保障，2017（6）.

③ 同①.

④ 顾昕．全球性医疗体制改革的大趋势［J］．中国社会科学，2005（6）.

⑤ 李克强．不断深化医改推动建立符合国情惠及全民的医药卫生体制［J］．求是，2011（22）.

策制度。通过发展完善医疗卫生政策体系，“积极回应人民的医疗需求，提高人民的健康水平，促进健康公平，提高效率”①。

医疗卫生政策体系的构成主要有公共卫生服务、医疗服务供给、医疗支付保障、药品供应保障、综合监管。医疗服务的供需良好对接是医疗卫生系统运作的核心。政府财政医疗卫生支出分为“补供方”与“补需方”，在供给端支持医疗服务机构的建设和能力改善②，在需求端补助基本医疗支付保障体系。

（一）公共卫生服务

公共卫生是以保障公众健康与健康公平为导向的公共事业。③ 通过公共卫生政策项目，实施“群体性健康干预”④，“预防和控制疾病与伤残，降低和消除健康风险，改善和促进人的生理、心理健康及社会适应能力，以提高全民健康水平与生命质量”⑤。公共卫生服务在国家医疗卫生中具有预防性和基础性的地位。

中国公共卫生法律法规主要有《中华人民共和国传染病防治法》《中华人民共和国食品安全法》《公共场所卫生管理条例》《血液制品管理条例》《学校卫生工作条例》《突发公共卫生事件应急条例》。公共卫生政策项目介入的领域包括“传染病预防控制、慢性病预防控制、非健康生活方式干预、妇女儿童保健、环境危险因素控制、精神卫生工作、伤害和暴力控制、食品和药品安全控制、突发公共卫生事件应急处置、职业健康与安全控制、其他公共卫生问题（如地方病、血液安全）的预防控制”⑥。《国家基本公共卫生服务规范》（第3版）项目内容，见表6-1。国家基本公

① 彭浩然，岳经纶．中国基本医疗保险制度整合：理论争论、实践进展与未来前景［J］．学术月刊，2020（11）.

② 顾昕．公共财政转型与政府卫生筹资责任的回归［J］．中国社会科学，2010（2）.

③ 郝模．新时代公共卫生体系的思考与研究［J］．上海预防医学，2017（12）.

④ 贡森．医疗卫生服务公共政策研究［J］．卫生经济研究，2009（2）.

⑤ 同③.

⑥ 同③.

共卫生服务项目定期评估、调整优化，以满足民众健康需求。

表 6–1　国家基本公共卫生服务项目内容

类别	服务对象
1. 居民健康档案	辖区内常住居民，包括居住半年以上非户籍居民
2. 健康教育	辖区内居民
3. 预防接种	辖区内 0~6 岁儿童和其他重点人群
4. 0~6 岁儿童健康管理	辖区内居住的 0~6 岁儿童。服务内容：（1）新生儿家庭访视；（2）新生儿满月健康管理；（3）婴幼儿健康管理；（4）学龄前儿童健康管理
5. 孕产妇健康管理	辖区内居住的孕产妇。服务内容：（1）孕期早期、中期、晚期健康管理；（2）产后访视；（3）产后 42 天健康检查
6. 老年人健康管理	辖区内 65 岁及以上常住居民。服务内容：（1）生活方式和健康状况评估；（2）体格检查；（3）辅助检查；（4）健康指导
7. 慢性病患者健康管理	辖区内 35 岁及以上原发性高血压患者； 辖区内 35 岁及以上 2 型糖尿病患者； 服务内容：筛查、随访评估和分类干预、健康检查
8. 严重精神障碍患者健康管理	辖区内诊断明确、在家居住的严重精神障碍患者
9. 肺结核患者健康管理	辖区内诊断明确、在家居住的结核病患者
10. 传染病和突发公共卫生事件报告和管理	辖区内服务人口。服务内容：发现、登记、相关信息报告、处理
11. 中医药健康管理	辖区内 65 岁及以上常住居民和 0~36 个月儿童
12. 卫生计生监督协管	辖区内居民。服务内容：（1）食品安全信息报告；（2）饮用水卫生安全巡查；（3）学校卫生服务；（4）职业卫生咨询指导；（5）计划生育相关信息报告；（6）非法行医和非法采供血信息报告
13. 免费提供避孕药具	辖区内居民
14. 健康素养促进行动	辖区内居民

温家宝指出，“提供公共卫生服务，是政府在医药卫生方面最为优先的、最基本的职责。要认真实施并不断完善国家基本公共卫生服务项目，稳步扩大服务范围、提高服务标准，向城乡居民统一提供疾病预防控制、妇幼保健、健康教育等基本公共卫生服务，实现人人享有。逐步在全国建立统一的居民健康档案，提高国民自我保健意识和公共健康管理水平。”① 李克强提出，“要继续加强公共卫生服务体系建设，逐步提高人均基本公共卫生服务经费标准，扩大国家基本公共卫生服务项目和重大公共卫生服务专项，积极预防重大疾病和应对重大突发公共卫生事件。”② 应促进城乡居民享有均等化的基本公共卫生服务，完善疾病预防控制、应急医疗救治、妇幼保健、采供血建设，改善城乡卫生环境，加强全民健康教育，不断提高全民健康水平③。全面加强出生缺陷防治，加强老年健康教育和预防保健④。“地方政府在落实国家基本公共卫生服务项目的基础上，结合地方财政保障能力和基层医疗卫生机构的服务提供能力，根据当地居民主要健康问题和群众需求，制定符合本地特点的基本公共卫生服务项目。”⑤

不断完善基本公共卫生服务项目实施路径。基本公共卫生服务项目是家庭医生签约服务的重要部分，要将家庭医生签约服务与落实基本公共卫生服务项目有机地结合起来，为居民提供连续性、综合性和个性化的基本医疗、基本公共卫生服务和健康管理服务。⑥

（二）医疗服务供给

医疗服务供给包含医疗资源的数量和质量、医疗资源的可达性、医疗

---

① 温家宝．关于发展社会事业和改善民生的几个问题［J］．求是，2010（7）．

② 李克强．不断深化医改推动建立符合国情惠及全民的医药卫生体制［J］．求是，2011（22）．

③ 陈竺，高强．走中国特色卫生改革发展道路 使人人享有基本医疗卫生服务［J］．求是，2018（1）．

④ 马晓伟．全面推进健康中国建设［N］．人民日报，2020-11-30．

⑤ 秦江梅．国家基本公共卫生服务项目进展［J］．中国公共卫生，2017（9）．

⑥ 同⑤．

资源的高效利用、医疗费用的可承受度。[①]

中国公立医院在国家医疗服务供给中占有重要地位。在交通不便、人口稀少、医疗服务购买力低的地区，公立医院可确保这些地区居民能及时获得医疗服务。[②] 国家卫健委主任马晓伟指出，“要加强公立医院建设和管理考核，推动公立医院高质量发展”[③]。顾昕提出，“公立医院改革，要坚持政事分开、管办分开的原则，建立健全公立医院法人治理结构，落实公立医院的自主权，实施全员劳动合同制，医师成为自由职业者、院长成为职业经理人”[④]。

基层医疗卫生机构作为首诊和下转病人的载体，在分级诊疗制度建设中扮演着不可替代的角色。[⑤] 基层医疗机构在国家医疗服务供给体系中具有广泛性和基础性的作用。如果病人在社区就可以获得良好的医疗服务，满足疾病医治的需要，就无须花费时间和精力挤进高级别的医院。

党的十九大提出，支持社会办医，发展健康产业。“新时代医疗卫生政策改革，应支持社会办医，以促进医疗卫生服务供给主体和方式多元化。”[⑥]

在医疗服务市场运行中，“寻求国家介入与市场竞争有效结合”[⑦]。一方面，发挥医疗服务市场资源配置效用；另一方面，完善公平竞争制度，保护病人合法权益，加强和完善医疗服务监督，要求医疗服务信息公开。医疗卫生服务供给的“效率”与“公平”张力考验着改革者的智慧[⑧]。

---

① 李晓雪．我国医疗卫生资源配置现状与政策建议［J］．中国医院管理，2016（11）.

② 王敏．我国医疗服务多元化供给体系研究［D］．广州：华南师范大学，2007.

③ 马晓伟．全面推进健康中国建设［N］．人民日报，2020-11-30.

④ 顾昕．新医改为何费劲［Z］．健康界，2016-11-01.

⑤ 张丽芳，张艳春，林春梅，秦江梅．我国基层卫生综合改革政策梳理与分析［J］．中国卫生经济，2018（1）.

⑥ 王家合，赵喆，经纬．中国医疗卫生政策变迁的过程、逻辑与走向：基于1949～2019年政策文本的分析［J］．经济社会体制比较，2020（5）.

⑦ 顾昕．走向有管理的市场化：中国医疗体制改革的战略性选择［J］．经济社会体制比较，2005（6）.

⑧ 熊烨．政策工具视角下的医疗卫生体制改革：回顾与前瞻［J］．社会保障研究，2016（3）.

（三）医疗支付保障模式

医疗支付保障模式有强制储蓄制度、国家公费保障模式、单位保障模式、医疗保险模式、多层次医疗支付保障模式。

（1）强制储蓄制度

政府强制政策对象建立专门用于支付医疗费用的个人账户，其使用权仅限于支付医疗费用。①强制储蓄制度要求个人将收入的一部分投入个人账户，形成个人医疗支付保障资金。中国职工基本医疗保险个人账户设置是一种强制储蓄制度，个人账户资金由个人缴费所形成。

（2）国家公费保障模式

国家公费保障模式是指国家财政拨款建立和运营医疗机构，医疗机构为病人免费或基本免费提供医疗服务。医疗服务供给的成本主要由财政支付，病人自付部分很少。国家公费保障有全民公费医疗与特定群体公费医疗。

例如，1952 年政务院《关于全国各级人民政府、党派、团体及所属事业单位的国家工作人员实行公费医疗预防实施办法》和 1952 年卫生部《国家工作人员公费医疗预防实施办法》提出，“自 1952 年 7 月份起，分期推广，使全国各级人民政府、党派、工青妇等团体、各种工作队以及文化、教育、卫生、经济建设等事业单位的国家工作人员和革命残废军人，得享受公费医疗预防的待遇。”新中国建立面向特定人群的免费医疗及预防服务，后又将乡干部和大专院校的在校生纳入公费医疗，使他们成为受益人群。

1992 年《海南省公费医疗管理暂行办法》规定，公费医疗费用，由个人按如下比例负担：①门诊医疗费：在职干部、工人负担 10%；退休人员负担 7%；离休干部负担 2%。②住院医疗费：在职干部、工人负担 5%；

① 顾昕，孙晓冬．全民医保的社会治理：迈向共同富裕的社会性基础设施［J］．武汉科技大学学报，2022（5）．

退休人员负担3%；离休干部负担1%。③高新仪器的检查、治疗费（指一次200元以上的检查、治疗费，不分门诊和住院）：在职干部、工人负担15%；退休人员负担10%；离休干部负担3%。④因患危重疾病或长期慢性病，每人每年自付医疗费超过上一年全省职工平均工资百分之八以上者，其超过部分，从公费医疗经费中支付。⑤甲类传染病、精神病、癌症、计划生育手术后遗症患者，其个人负担部分全免，从公费医疗经费中支付。⑥老红军和二等乙级以上革命残废军人，其个人负担部分全免，从公费医疗经费中支付。《海南省公费医疗管理暂行办法》进一步规定，享受公费医疗的人员，应持《公费医疗证》到指定的医疗机构就医：①省直行政、事业单位公费医疗的定点医疗机构是省人民医院、省中医院和海南医学院附属医院；②各市行政、事业单位公费医疗的定点医疗机构是市人民医院和市中医院；③各县（含县级市）行政、事业单位公费医疗的定点医疗机构是县人民医院、县中医院和所在地乡、镇卫生院；高等院校的学生，原则上应在本校医疗机构就医。

1998年12月国务院《关于建立城镇职工基本医疗保险制度的决定》规定，体制内公费医疗模式将逐渐被职工医疗保险取代，同时保障在过渡期的工作人员仍旧享受体制内公费医疗。

（3）单位保障模式

中国计划经济时期，企业单位向员工提供免费或自费比例低的医疗服务。企业单位可自办医疗机构，免费或基本免费为员工提供医疗服务。员工还可在企业单位指定的医疗机构就医，所发生的医疗费用主要由企业单位支付。

政务院于1951年颁布《劳动保险条例》，标志着企业单位医疗服务供给模式的建立。①工人与职员疾病或非因工负伤，在该企业医疗所、医院、特约医院或特约中西医师处医治时，其所需诊疗费、手术费、住院费及普通药费均由企业行政方面或资方负担；②贵重药费、住院的膳费及就医路费由本人负担，如本人经济状况确有困难，得由劳动保险基金项下酌予补助。③企业行政方面或资方必须按月缴纳全部工人与职员工资总额的

3%，作为劳动保险金。在开始实行劳动保险的头 2 个月内，全数存于中华全国总工会户内交工会组织办理，为举办集体劳动保险事业之用。自开始实行的第 3 个月起，每月缴纳的劳动保险金，其中 30%存于中华全国总工会户内，作为劳动保险总基金；70%存于企业工会基层委员会户内，作为劳动保险基金，为支付工人与职员按照本条例应得的抚恤费、补助费与救济费之用。

（4）医疗保险模式

医疗保险模式分为政府主办的医疗保险与民营的医疗保险，民营的医疗保险分为非营利的医疗保险与商业医疗保险。例如，中国职工医保是政府办的强制性的社会医疗保险。瑞士通过立法，强制所有公民参加民营健康保险①。

医疗保险设计内容主要有：谁缴费，个人、家庭还是单位；谁获益，是否包括家人；是否强制；缴费多少，如何缴费；支付条件；如何设定支付范围；如何规定起付线、报销比例和最高限额。

（5）多层次医疗支付保障模式

病人可从多个渠道获得医疗费用支付保障。中国医疗费用多层次支付保障主要有：基本医疗保险、大病保险、用人单位补充医疗支付保障、国家医疗救助和社会医疗救助。

（四）药品供应保障

2009 年，《中共中央 国务院关于深化医药卫生体制改革的意见》提出，中央政府统一制定国家基本药物目录。支持用量小的特殊用药、急救用药生产。基本药物实行公开招标采购。制定基本药物临床应用指南和基本药物处方集，加强药品不良反应监测，建立药品安全预警和应急处置机制。基本药物全部纳入基本医疗保障药物报销目录，报销比例明显高于非基本药物。

---

① 顾昕，孙晓冬．全民医保的社会治理：迈向共同富裕的社会性基础设施［J］．武汉科技大学学报，2022（5）．

2013 年，《国务院办公厅关于巩固完善基本药物制度和基层运行新机制的意见》提出，保障基本药物供应配送和资金支付，定期调整国家基本药物目录，规范基本药物使用，加强基本药物监管。2017 年，《国务院办公厅关于推进医疗联合体建设和发展的指导意见》提出，加强特殊人群基本用药保障。

2020 年，《中共中央 国务院关于深化医疗保障制度改革的意见》提出中国药品供应保障制度措施，一是建立招标、采购、交易、结算、监督一体化的省级招标采购平台，推进构建区域性、全国性联盟采购机制；二是推进医保基金与医药企业直接结算；三是健全短缺药品监测预警和分级应对体系。通过国家谈判、集中招标、带量采购，降低药品价格，降低交易成本，解决药价虚高问题。①

二、健全基层医疗服务体系

基层医疗机构的服务能力和质量是分级诊疗的基础，也是国家整个卫生体系的基础。② 健全基层医疗卫生体系是促进“健康中国”的重要举措③。基层医疗服务制度主要有分级诊疗、基层医疗机构定位和家庭医生。

（一）分级诊疗制度

2006 年，国务院《关于发展城市社区卫生服务的指导意见》提出，开展社区首诊制试点，探索社区卫生服务机构逐步承担大中型医院的一般门诊、康复和护理。2009 年，中共中央、国务院《关于深化医药卫生体制改革的意见》提出，建立城市医院与社区卫生服务机构的分工协作机制，引

---

① 马晓伟．我国 70 年卫生健康事业发展历程［J］．健康中国观察，2019（10）.

② 刘国恩，官海静．分级诊疗与全科诊所：中国医疗供给侧改革的关键［J］．中国全科医学，2016（22）.

③ 赵茜，陈华东，伍佳，廖晓阳．我国基层医疗体系的发展与展望［J］．中华全科医学，2020（3）.

导一般诊疗下沉到基层，逐步实现社区首诊、分级医疗和双向转诊。2015年国务院办公厅《关于推进分级诊疗制度建设的指导意见》强调，提高基层医疗服务能力，加强基层人才队伍建设。

分级诊疗是指不同医疗机构之间根据功能定位的不同在提供医疗服务时的一种分工协作机制。[①] 实施分级医疗，要求合理定位不同级别的医疗机构的功能作用，健全双向转诊、上下联动的协同性医疗服务体系。社区卫生机构承担常见病的诊疗、确诊的慢性病的长期管理、公共卫生服务。基层诊所提供全科服务，基本不需要床位。通过分级诊疗设置，实行社区首诊制，赋予全科医生“守门人”角色[②]。

全科医生往往是病人接触医疗体系的第一站，如果不经过全科医生的转诊，非急诊病人一般无法接触二级和三级医疗服务；二级医疗机构主要针对急诊、需要专科医生治疗的疾病、需要住院治疗的重病，提供医疗服务；三级医疗机构主要针对一些特殊的疾病，提供非常专业化的特殊护理。[③]高级别医院集中从事疑难杂症和重大疾病的救治[④]。全科医疗诊所的优势是灵活、便民、覆盖广，初级全科医疗做得越好，整体医疗服务的效率和可及性就越好；反之，如果初级医疗关口没能把好，居民就不得不大病小病扎堆医院，可以说，初级全科医疗是提高整体医疗卫生服务体系效率的关键[⑤]。例如，英国的医疗服务体系分两大部分，全科门诊在基层诊所，急诊住院在医院。基层诊所均为全科医生自主开业的独立诊所，为社区居民提供熟悉、便捷、及时的全科门诊和健康促进服务[⑥]。

“基层医疗卫生机构被边缘化”[⑦]，与分级诊疗体系的功能价值相悖。

---

① 申曙光，张勃．分级诊疗、基层首诊与基层医疗卫生机构建设［J］．学海，2016（2）．

② 顾海，李佳佳．国外医疗服务体系对我国医疗卫生体制改革的启示与借鉴［J］．世界经济与政治论坛，2009（5）．

③ 顾昕．全球性医疗体制改革的大趋势［J］．中国社会科学，2005（6）．

④ 潘允康．中国民生问题中的结构性矛盾研究［M］．北京：北京大学出版社，2015：286.

⑤ 刘国恩，官海静．分级诊疗与全科诊所：中国医疗供给侧改革的关键［J］．中国全科医学，2016（22）．

⑥ 同⑤.

⑦ 岳经纶，王春晓．深化医改的政策建议［J］．中国社会保障，2017（6）．

中国医疗服务体系以大医院为中心，集聚了大量优质医院资源，所开展的医疗服务覆盖了基层医疗服务，基层医疗机构很难与之竞争。虽然中国不同级别的医疗机构对患者有差异化的医保报销政策，但无法抑制患者越过基层医疗卫生机构直接去三级医院就诊①。基层总体医疗服务水平较低是基层首诊落实困难的核心原因②。病患多选择绕过基层，直接流向大医院。现实中大医院和基层医疗机构存在利益冲突。大医院对业务收费的追求使其缺乏动力向下转诊病患，而基层医疗机构能力的不足和不合理的激励机制使其更愿意向大医院转诊患者，结果基层首诊和分级诊疗难以落实③。

发挥分级诊疗制度效用，要求国家优化医疗卫生资源配置，确保基层医疗服务质量达标，让病人安心、放心，才能获得病人的信任、选择。刘国恩等提出，应进一步理顺全科、专科、住院服务的互补关系，逐渐剥离公立医院的门诊职能，门诊服务应在基层诊所；解放医生，将医院和医师之间的“从属关系”变为“合作关系”，支持医生到城乡基层开办诊所，为患者提供可及性更高的全科医疗服务④。中国基层诊所包括社区卫生服务中心、乡镇卫生院、医生开办的社会诊所、村卫生室。申曙光等提出，实施强制性基层首诊，参保的患者必须先在基层机构就诊，才能按规获得保险待遇，且大医院优先服务通过转诊程序接收的病人，未经转诊的患者需要排队轮候，急诊、抢救性诊疗除外；推进高质量的全科医生队伍建设，完善全科医学毕业生培养和全科医生培训体系⑤。完善分级诊疗体系，必须增强基层诊所服务能力，良好首诊服务能力是强制性基层首诊的基本条件。朱恒鹏等提出，建立“医保医师制度”，把医保定点的单位从医疗机构变为医师个人，使医生不必依靠公立医疗机构身份来获得医保资格，助力医生走向自由执业。通过医保医师制度，促进医生自由流动，完善分

---

① 岳经纶，王春晓．深化医改的政策建议［J］．中国社会保障，2017（6）．

② 申曙光，张勃．分级诊疗、基层首诊与基层医疗卫生机构建设［J］．学海，2016（2）．

③ 同②．

④ 刘国恩，官海静．分级诊疗与全科诊所：中国医疗供给侧改革的关键［J］．中国全科医学，2016（22）．

⑤ 同②．

级诊疗体系①。中国医保支付制度应当对基层诊所和全科医生发挥支持激励作用。医保支付规则嵌入分级诊疗制度运行，协同实现医疗服务供需价值对接。

（二）发展基层医疗机构

目前中国医疗资源过度集中在城市地区大医院，基层医疗服务供给能力受限。与分级诊疗制度相配套，应重视投入、发展基层医疗机构，确保医疗服务质量达标，提升基层医疗服务水平。例如，东莞市政府注重基层医疗机构的发展，严格执行首诊负责制和分级诊疗，尽可能充分利用基层医疗资源②。合理定位基层医疗机构的服务功能，如公共卫生、医疗、康复、护理、保健。建立基层医院与大中型医院的合作机制，包括基层医生进修、联合诊断、双向转诊和专业检测。

公平、均衡分配城乡基层医疗资源，“以缓解城乡居民医疗环境带来的机会不平等”③。《2015 中国卫生和计划生育统计年鉴》显示，2014 年中国有 98.5 万的乡村医生，大学本科及以上者仅占 0.2%，中专或中专水平者占 80.8%。乡村医生是亿万农村居民的“健康守护人”，“要进一步提升乡村医生的专业知识和临床技能水平，这直接关系到农村居民的健康和农村分级诊疗制度的构建”④。提高农村基层医疗服务质量，要求政府为乡村医生提供职业技能培训、职业补贴，支持他们留在乡村，担当农村居民的“健康守护人”。村卫生室可以设置为乡镇卫生院的分支机构，也可以采取全科医生自立执业。

---

① 朱恒鹏，昝馨，林绮晴．医保如何助力建立分级诊疗体系［J］．中国医疗保险，2015（6）．

② 彭浩然，岳经纶．中国基本医疗保险制度整合：理论争论、实践进展与未来前景［J］．学术月刊，2020（11）．

③ 马超，顾海，宋泽．补偿原则下的城乡医疗服务利用机会不平等［J］．经济学，2017（4）．

④ 刘国恩，官海静．分级诊疗与全科诊所：中国医疗供给侧改革的关键［J］．中国全科医学，2016（22）．

（三）推进家庭医生制度

家庭医生负责家庭疾病预防和早期诊断、治疗。家庭医生与分级诊疗制度相配套，发挥守门人作用。推进家庭医生制度，有助于疾病预防，降低医疗成本。《关于印发推进家庭医生签约服务指导意见的通知》（国医改办发〔2016〕1号）指出，“转变基层医疗卫生服务模式，实行家庭医生签约服务，强化基层医疗卫生服务网络功能”。鼓励和引导基层医疗卫生机构具备全科医生资质的卫生人员与签约家庭建立服务关系，对签约家庭的健康进行全程的维护①。将符合条件的医生录入家庭医生信息系统，病人在系统中选择、签约家庭医生。

三、基本医疗保险制度体系构建

（一）基本医疗保险制度

参保人参加基本医疗保险的目的是希望在发生疾病时能够获得合适的医疗服务和足额的财务风险保障。② 基本医疗保险制度运行要求满足以下条件：一是“筹集充足且可持续的医保统筹基金”；二是“设置适宜的激励约束机制，促进医疗资源的合理使用”；三是参保人医疗服务利用不受“收入水平、医疗资源分布、交通设施”阻碍影响③；四是参保的病人能够获得所需的、被纳入统筹基金支付保障范围的医疗产品与服务；五是统筹基金支付能够有效减轻参保人的医疗负担。目前中国基本医疗保险有职工基本医疗保险和城乡居民基本医疗保险。

---

① 潘允康．中国民生问题中的结构性矛盾研究［M］．北京：北京大学出版社，2015：279.

② 彭浩然，岳经纶．中国基本医疗保险制度整合：理论争论、实践进展与未来前景［J］．学术月刊，2020（11）.

③ 彭浩然，岳经纶．中国基本医疗保险制度整合：理论争论、实践进展与未来前景［J］．学术月刊，2020（11）.

1. 职工基本医疗保险制度解析

中国职工基本医疗保险制度于 1998 年正式建立，代替了劳保医疗制度。不同于劳保医疗，职工基本医保仅为职工本人提供保障而将其家人排除在外①。

按照制度规定，用人单位和职工按照职工工资的一定比例缴纳职工医疗保险费用。比如，职工个人按工资 2%缴费，全部或一半纳入医疗保险个人账户；单位按个人工资 6%缴费，全部纳入统筹账户基金。参保职工的个人账户资金不具有统筹性。职工缴费达到规定的缴费年限，退休后，不再缴费，享受职工医疗保险基金待遇；且退休后统筹基金支付的起付线更低，报销比例更高，年度报销额度更高。

（1）职工基本医疗保险的统筹设置

职工基本医疗保险的统筹账户基金具有调节互济的功能。在缴费比例相同的情况下，参保职工的工资高，单位为其缴费多，则对统筹账户基金的投入多。对统筹账户基金投入多或少，都基于同样的规定获得统筹账户基金待遇。相比年轻、健康的职工，年老、身体状况差的职工更多地消耗统筹基金。统筹账户基金缴费与报销设定，对存在较大疾病风险的参保者、退休职工更有利。职工基本医疗保险制度设置，旨在“实现不同收入、不同健康水平人群之间的风险分摊”②。

一些地方职工基本医疗保险的参保人，可按规缴费，参加职工大病保险，以获得相应的保险支付待遇。例如，乐山市 2022 年职工大病保险缴费标准为：60 元/人・年。一些地方职工基本医疗保险的参保人，不需要另外缴费，就可按规获得大病保险支付待遇，所需的资金直接从统筹基金划转。

---

① 李珍．基本医疗保险参保机制改革的历史逻辑与实现路径［J］．暨南学报（哲学社会科学版），2022（11）．

② 彭浩然，岳经纶．中国基本医疗保险制度整合：理论争论、实践进展与未来前景［J］．学术月刊，2020（11）．

（2）职工基本医疗保险支付规定

医保机构设置报销目录、起付线、报销比例、封顶线，目的是控制统筹基金支出，确保收支平衡。

《中华人民共和国社会保险法》（2018 年修正）第三十条规定，基本医疗保险对应当由第三方负担的医疗费用不予报销；第三方不支付或者无法确定第三方，基本医疗保险基金先行支付。基本医疗保险基金先行支付后，有权向第三方追偿。

企业职工因工负伤医治，先获得工伤保险医疗费用支付，再按规定获得基本医疗保险支付。

（3）职工基本医疗保险发展构建

2020 年中共中央、国务院《关于深化医疗保障制度改革的意见》提出，改革职工基本医疗保险个人账户，建立健全门诊共济保障机制。用人单位的缴费全部纳入统筹基金，个人缴费的一定比例纳入统筹基金，这就极大地减少了个人账户资金额度，增加了统筹账户基金规模。郑功成提出，将个人缴费纳入社会统筹基金，“最终建立起完整的、互助共济的医疗保险基金”①。减少或取消个人账户资金，增加统筹账户基金规模，提高统筹支付的保障度，这对低工资、缴费少、身体状况差的参保人有利。另外，应扩大职工基本医疗保险的统筹区域。

现行制度规定，参保职工退休后，不仅不用承担缴费义务，还能获得统筹账户基金的转移资金，形成个人账户资金，同时享受更优的统筹医疗待遇。为提高制度公平性和促进制度整合，提出改革措施：退休人员以个人领取的退休金为基数，按一定比例（职工个人缴费比例）履行缴费义务，同时对低收入退休人员豁免缴费。②

完善多层次组合支付保障。与职工基本医疗保险衔接配套的制度，主

① 郑功成．多层次社会保障体系建设：现状评估与政策思路［J］．社会保障评论，2019（1）．

② 李珍．基本医疗保险参保机制改革的历史逻辑与实现路径［J］．暨南学报（哲学社会科学版），2022（11）．

要有职工大病医疗保险、补偿医疗保险、用人单位为罹患重病职工提供疾病救济费或医疗补助费、政府和社会医疗救助。为使每一个病人都能获得医疗支付保障，需要发展完善多层次的组合支付保障。

《中华人民共和国精神卫生法》（2018 年修正）第六十八条规定，精神障碍患者通过基本医疗保险支付医疗费用后仍有困难的，或者不能通过基本医疗保险支付医疗费用的，医疗保障部门应当优先给予医疗救助。

2. 城乡居民基本医疗保险

（1）城乡居民基本医疗保险制度解析

2003 年卫生部等《关于建立新型农村合作医疗制度的意见》指出，新型农村合作医疗制度是由政府组织、引导、支持，农民自愿参加，个人、集体和政府多方筹资，以大病统筹为主的农民医疗互助共济制度。

2004 年卫生部等《关于进一步做好新型农村合作医疗试点工作的指导意见》指出，可用个人缴费的一部分建立家庭账户，由个人用于支付门诊医疗费用；个人缴费的其余部分和各级财政补助资金建立大病统筹基金，用于大额或住院医疗费用的报销。为实现基本医疗保险全覆盖，2007 年《国务院关于开展城镇居民基本医疗保险试点的指导意见》提出，针对城镇非从业人员，建立以大病统筹为主的城镇居民基本医疗保险制度。

2016 年国务院《关于整合城乡居民基本医疗保险制度的意见》要求，推进城镇居民医保和新农合制度整合，逐步在全国范围内建立起统一的城乡居民医保制度，统一覆盖范围、统一筹资政策、统一保障待遇、统一医保目录、统一定点管理、统一基金管理。按照国家医疗保障局《关于做好 2018 年城乡居民基本医疗保险工作的通知》要求，2019 年全国范围内（各地区）统一的城乡居民基本医疗保险制度全面启动实施。

国家医疗保障局《关于做好 2019 年城乡居民基本医疗保障工作的通知》规定，“实行个人（家庭）账户的，应于 2020 年底前取消；已取消个人（家庭）账户的，不得恢复或变相设置”。

国家医保局等《关于做好 2022 年城乡居民基本医疗保障工作的通知》

规定，“为适应医疗费用增长和基本医疗需求提升，确保参保人员医保权益，2022年继续提高城乡居民基本医疗保险的筹资标准。各级财政继续加大对居民医保参保缴费补助力度，人均财政补助标准新增30元，达到每人每年不低于610元，同步提高个人缴费标准30元，达到每人每年350元。”

以户为单位进行整体参保，不能只是家中年老的、身弱的参保，而年轻的、健康的不参保。规定以户为单位进行整体参保是必要的。按目前制度规定，居民（包括老年人）这一年参保缴费，才能在这一年获得待遇。新生儿应参加城乡居民基本医疗保险。参加职工基本医疗保险或在非户籍地参加居民基本医疗保险，就无须在户籍地参加居民基本医疗保险。

城乡居民基本医疗保险待遇规定主要涉及报销目录、门诊报销、住院报销、起付线、报销比例、封顶线、分级诊疗报销、异地报销。起付线的设计是用来提高个人享受医疗服务时的成本意识①，封顶线的设置是为了减轻保险基金对灾难性疾病医疗费用的支付负担，同时也降低了保险对参保人的价值。

（2）城乡居民大病保险制度规定

2015年《国务院办公厅关于全面实施城乡居民大病保险的意见》指出，建立大病医疗保险，防止灾难性医疗支出。大病保险基金的筹资渠道主要包括：从城乡居民基本医疗保险基金划出一定额度资金；将年度财政补助资金的一定比例纳入大病保险；参保居民为大病医疗保险缴费。

《合肥市城乡居民大病医疗保险暂行办法》规定，参保的居民（含在校大学生），全部纳入大病保险保障范围。在资金筹集上，2018年的筹资标准为60元/人。参保居民患重大疾病发生的高额医疗费用，在享受城乡居民基本医疗保险待遇后，一个保险年度个人负担的合乎规定的医疗费用累计超过大病保险起付线部分，由大病保险给予保障。大病保险起付线为1.5万元。医疗救助对象（特困供养人员、社会散居孤儿、低保对象、建档立卡的贫困人口、计划生育特殊家庭父母、低收入家庭中的老年人、未

---

① 王绍光．政策导向、汲取能力与卫生公平［J］．中国社会科学，2005（6）．

成年人、重病患者、重度残疾人）大病保险起付线为 5000 元。在支付比例上，一个年度内，个人负担的合乎规定的医疗费用累计超过大病保险起付线的部分，分段按比例报销：5 万元（含）以下的 60%，5 万元至 10 万元（含）的 70%，10 万元至 20 万元（含）的 75%，20 万元以上的 85%；医疗救助对象分段支付比例分别为 65%、75%、80%、90%。

（3）城乡居民基本医疗保险发展方向

城乡居民基本医疗保险制度统一后，由于农村医疗资源配置和医疗服务能力较差，还由于农村居民人均收入水平较低、经济支付能力较差①，农村居民医疗服务利用和费用水平均明显低于城镇居民，导致出现了农村向城市的明显逆向补贴②。中国应均衡配置城乡医疗服务资源，弥补农村医疗服务供给短板，为参保的农民利用医疗服务并获得统筹支付待遇创造条件和提供支持。

2020 年中共中央、国务院《关于深化医疗保障制度改革的意见》提出，城乡居民医保要建立以人均可支配收入为基数的费率制。现行制度规定是按人头定额缴费，不管参保者是穷还是富，缴费额均是相等的，对基金的贡献是一样的。城乡居民医保按费率制缴费，则收入高者多缴，收入低者少缴③，不仅可以建立动态调整机制，还可以实现不同收入群体的负担公平，在减轻低收入群体缴费负担的情况下可以增加总筹资，提升人均筹资水平④。采取费率制，要配套实施强制参保和缴费补助。未参加职工医保的居民，必须按规参加城乡居民医保。政府为缴费困难家庭提供财政补助。

---

① 顾雪非．基本医疗保险制度整合路径的探讨：基于公平视角［J］．卫生经济研究，2013（11）．

② 彭浩然，岳经纶．中国基本医疗保险制度整合：理论争论、实践进展与未来前景［J］．学术月刊，2020（11）．

③ 李珍．基本医疗保险参保机制改革的历史逻辑与实现路径［J］．暨南学报（哲学社会科学版），2022（11）．

④ 李珍，张楚．论城乡居民医保个人筹资从定额制到定比制的改革［J］．中国卫生政策研究，2021（7）．

国家应扩大城乡居民基本医疗保险的统筹区域，便利参保人缴费、就医治疗、报销结算，使参保人获得公正对待。

（二）基本医疗保险制度体系发展构建

中国现在的基本（社会）医疗保险实现了低水平、广覆盖、可持续，“但保障能力有限，特别是对于抗大病风险、经济灾难性的疾病风险，还是有限的”①。中国职工和城乡居民医保覆盖率稳定在95%左右，5%的人口、近7000万人未参保，漏保人口绝对数量高，存在漏保、断保问题②。城乡居民社会医保过严的统筹支付规定，限制了政策的保障功能，参保者获得感不强。职工医保和城乡居民医保发展不平衡③。

应完善强制参保规定；统一基本医疗保险制度；完善医保支付制度；提高基本医疗保险支付保障度，有效减轻民众医疗负担；还应在基本医疗保险的基础上，发展构建长期护理保险项目。

1. 完善强制参保规定

按目前政策规定，职工基本医疗保险制度规范下，用人单位职工强制参保，灵活就业人员自愿参保；城乡居民基本医疗保险制度规范下，农村户籍居民以家庭为单位（带有一定的强制性）自愿参保，城镇户籍居民以个人身份自愿参保。城乡居民医保的参保规定，给城镇户籍居民投机参保、利用缴费基金提供了机会，造成农村户籍的参保者利益受损及不公。

2020年国务院《关于深化医疗保障制度改革的指导意见》提出，发展“覆盖全民、依法参加”的基本医保制度体系。基本医疗服务是必需消费品，基本医保也是必需消费品，基本医保保费支出在家庭消费中具有优先地位，政府应改自愿参保为强制参保，以有效提升人民群众卫生服务利用

---

① 马晓伟．我国70年卫生健康事业发展历程［J］．健康中国观察，2019（10）．

② 王超群．中国基本医疗保险的实际参保率及其分布特征：基于多源数据的分析［J］．社会保障评论，2020（1）．

③ 李珍．基本医疗保险参保机制改革的历史逻辑与实现路径［J］．暨南学报（哲学社会科学版），2022（11）．

率和避免灾难性卫生支出风险①。基本医疗保险运营服务，应实施强制参保，罹患疾病风险高或低的人群都要参保，按规缴费和享受待遇；在筹资上所有参保者都要承担一定的缴费责任，政府补助低收入人群缴费；在待遇保障上，在各类参保人之间分散风险。

2. 统一基本医疗保险制度

目前职工医保和城乡居民医保制度机制差异大，制度统一的挑战大。李珍指出，职工医保实行费率制，用人单位和个人共同负担，筹资水平随工资水平增长自动调整。参保职工退休后，参保人不缴费，并且从在职人员缴费的社会统筹基金中划出部分资金为退休人员建立个人账户。城乡居民医保按人头定额缴费，财政按人头定额补贴，每年政府公布定额增长数额。城乡居民医保的参保人需要终身缴费②。城乡居民医保的参保人无个人账户。

中国基本医疗保险仍存在制度分割问题，“职工基本医疗保险制度和城乡居民基本医疗保险制度并行，中央及部分省份的机关单位仍保留着从计划经济时期延续下来的公费医疗制度”③。基本医保制度整合的目标是实现人人能够公平地享有基本医疗保障④，促进风险共担，优化运行效率⑤。如何顺利整合城乡居民和城镇职工的基本医保制度，是中国医疗保障制度改革发展的重要议题⑥。

基本医疗保险制度整合需要具备以下条件：

（1）缴费规定被各参保人群认可和执行。低收入人群参保缴费，按规

---

① 李珍．基本医疗保险参保机制改革的历史逻辑与实现路径［J］．暨南学报（哲学社会科学版），2022（11）．

② 同①.

③ 金维刚．社会保障在促进共同富裕方面的主要目标、基本路径和政策思路［J］．社会保障评论，2022（3）．

④ 申曙光．全民基本医疗保险制度整合的理论思考与路径构想［J］．学海，2014（1）．

⑤ 郑功成．中国医疗保障改革与发展战略：病有所医及其发展路径［J］．东岳论丛，2010（10）．

⑥ 彭浩然，岳经纶．中国基本医疗保险制度整合：理论争论、实践进展与未来前景［J］．学术月刊，2020（11）．

获得财政补助。“穷人应该比那些有钱的人向医疗体系支付更少的费用。”[①]要强化公共财政补助的力度，还要采取措施提高城乡参保者的缴费水平[②]。

（2）基本医疗保险基金待遇支付规则适用于所有参保人群。

（3）实现政策规定的、参保人所预期的医疗保险待遇，确保统筹基金可持续运行。

（4）在统筹区域内合理配置医疗服务设施、医生、药品，确保参保的病人能获得所需的医疗服务。

3. 完善医保支付制度

在医疗服务市场，由于医疗信息不对称，通常病人没有能力对所必需的医疗服务的品质和价格作出判断，处在被动的一面，往往接受不必要的医疗服务，存在医患双方契约失灵的问题。[③] 结果，病人医疗费用增多，医疗支付负担加重。地区医疗资源的过分集中加上公立医院的行政垄断地位，大大降低了医疗服务市场的竞争，使得医保机构对大医院的监控难上加难[④]。医保机构对医疗机构（服务提供者）的种种败德行为未进行有效监控[⑤]，对医疗机构的服务品质、医疗收费的规范和约束明显存在不足，致使医保公共基金被套用，病人权益被侵犯。

患者所获得的医保统筹支付比例越高，对医疗价格和医疗费用的敏感度越低，更易接受医生给出的更安全的、费用更高的医疗服务。在医保支付比例高而医保监管难以触及的情况下，医患利益趋向一致[⑥]，会更多地利用医疗资源，以获得更多的基金支付，造成医疗资源被浪费，医疗保险

---

① 王绍光．政策导向、汲取能力与卫生公平［J］．中国社会科学，2005（6）．

② 顾昕．走向全民医保：中国新医改的战略与战术［M］．北京：中国劳动社会保障出版社，2008（18）．

③ 顾昕，孙晓冬．全民医保的社会治理：迈向共同富裕的社会性基础设施［J］．武汉科技大学学报，2022（5）．

④ 刘军强，刘凯，曾益．医疗费用持续增长机制：基于历史数据和田野资料的分析［J］．中国社会科学，2015（8）．

⑤ 顾昕．全球性医疗体制改革的大趋势［J］．中国社会科学，2005（6）．

⑥ 同④．

基金被截取。

医疗机构应根据患者需要，开展医疗服务，拒绝患者非必要的医疗服务诉求，防止患者滥用医疗资源。医保机构对参保人就医流向进行干预，并在医疗服务价格管制的基础上通过支付制度改革，实现对医疗服务的总价格管制（区域总额预算、按病种付费）并注重调节供方（医疗机构）策略性行为①。

医保基金战略购买是一个基于经验证据对医疗服务体系的运行绩效进行动态优化的过程，对特定医疗服务和商品进行优先购买，对特定群体的医疗服务需求予以优先满足，强调医疗服务供给的公平、质量、效率以及战略购买工作的透明性和回应性。② 通过在医保支付者和医疗服务者之间建立购买医疗服务公共契约制度，在医疗服务质量得到保障的前提下控制费用增长③，发挥医疗保障对医疗服务的积极制约作用④，规约医疗服务者履行职责，激励医疗服务合作，遏制医疗机构过度医疗。各地医保机构形成大联盟，增强购买力，代表广大参保者与医疗机构谈判、协商、合作。

2009 年中共中央、国务院《关于深化医药卫生体制改革的意见》提出，强化医疗保障对医疗服务的监控作用，完善支付制度，建立激励约束机制，确保医保资金合理使用、安全可控。2011 年人力资源和社会保障部《关于进一步推进医疗保险付费方式改革的意见》提出，加强医保支付总额控制，建立和完善医疗保险经办机构与医疗机构的谈判协商机制与风险分担机制。2016 年中共中央、国务院《“健康中国 2030”规划纲要》提出，积极推进按病种付费、按人头付费、按床日付费，积极探索按疾病诊断相关分组付费（Diagnosis-Related Groups，DRGs）、按服务绩效付费，形

---

① 李珍，陈晋阳，王红波．医保基金战略购买：基本概念、国际经验与中国镜鉴［J］．中国卫生政策研究，2021（5）．

② 同①．

③ 顾昕，惠文，沈永东．社会治理与医保支付改革：理论分析与国际经验［J］．保险研究，2022（2）．

④ 顾昕．走向公共契约模式：中国新医改中的医保付费改革［J］．经济社会体制比较，2012（4）．

成总额预算管理下的复合式付费方式，健全医保经办机构与医疗机构的谈判协商与风险分担机制。2019 年国家医疗保障局与财政部、国家卫生健康委和国家中医药局确立了 30 个国家级 DRGs 试点城市。

按疾病诊断相关分组付费（DRGs）设计应符合以下要求。一是不妨碍医疗服务提供者为病人选择合适的医疗方案，不损害参保病人的权益。二是确保医疗服务提供者获得合理的医保支付收益。三是对创新性或额外的医疗服务设立附加费用。四是适时更新 DRGs 方案。

医保基金总额预付是指医保机构和医疗机构商议确定一个年度的基金支付总额，先行支付一定比例的额度（如 80%），剩下的资金待年底审查后，视情况支付。除了总额控制，医疗机构还通过细化的诊疗行为和付费标准规定，规范医疗行为，遏制过度医疗。按照医保支付协议，医疗机构必须基于病人身体状况指标，才能实施对应的医疗服务，每一类型的医疗服务所能获得的基金支付额度是有规定的。医保机构根据医保支付协议规定，监督、审查医疗机构，审核病历单、处方单、医疗费用单，核实病人真实信息。医疗机构的诊疗收费行为符合医保支付协议规定，才能获得剩余的资金。如果医疗机构年度内形成的医保统筹基金支付额度少于既定的额度，那么节约的差额资金可全部或按一定比例奖励给医疗机构。如果医疗机构违反了医保协议规定，发生套取基金行为，如伪造病历、冒名顶替，诱导增加检查和医疗技术项目，医疗机构会受到违约处罚①。

2020 年中共中央、国务院《关于深化医疗保障制度改革的意见》要求，完善医保目录、协议、结算管理，实施更有效率的医保支付，更好地保障参保人员权益，提出完善医保支付制度的方向措施。一是立足基金承受能力，适应群众基本医疗需求、临床技术进步，调整优化医保目录，将临床价值高、经济性评价优良的药品、诊疗项目、医用耗材纳入医保支付范围。二是建立医保药品、诊疗项目、医用耗材评价规则和指标体系，健

① 刘军强，刘凯，曾益．医疗费用持续增长机制：基于历史数据和田野资料的分析［J］．中国社会科学，2015（8）．

全退出机制。三是推行以按病种付费为主的多元复合式医保支付方式。四是实施跨部门协同监管，积极引入第三方监管力量，强化社会监督，坚决打击欺诈骗保、危害参保群众权益的行为。五是加强政策和管理协同，保障群众获得优质实惠的医药服务。六是推进医疗保障经办机构法人治理。医保经办机构的组织性质应是社会法人①。2021 年国务院办公厅《“十四五”全民医疗保障规划》要求持续深化医保支付方式改革。

“医保支付机制的合理设计是撬动整个医药卫生体制改革的杠杆。”②医保支付方式要适用于不同类型的医疗保健服务以及不同类型的供方，如诊所或家庭医生、日间手术中心、医院、检验中心、疗养院③。医保机构、参保者（病人）和医疗机构应形成合作互惠发展关系。

四、医疗救助制度体系构建

目前基本医疗保险和大病保险制度的支付保障度不足，尤其“对重特大疾病医药费用的保障能力太弱”④。设置医疗救助制度是为符合条件的病患提供医疗费用补助，以使其获得符合质量标准的医疗服务。医疗救助属剩余福利救助，为经济困难家庭病人提供付费支持。

2015 年国务院办公厅发布《关于进一步完善医疗救助制度 全面开展重特大疾病医疗救助工作的意见》提出，将城市医疗救助制度与农村医疗救助制度进行合并，形成城乡统一的医疗救助基金，确保城乡困难群众获取医疗救助的权利公平、机会公平、规则公平、待遇公平。

2020 年中共中央、国务院《关于深化医疗保障制度改革的意见》提

---

① 李珍，刘小青，王超群．关于“十四五”期间推进医疗保障治理现代化的思考［J］．中国医疗保险，2020（11）．

② 顾昕．走向全民医保：中国新医改的战略与战术［M］．北京：中国劳动社会保障出版社，2008：8．

③ 顾昕，惠文，沈永东．社会治理与医保支付改革：理论分析与国际经验［J］．保险研究，2022（2）．

④ 何文炯．建设适应共同富裕的社会保障制度［J］．社会保障评论，2022（1）．

出，健全统一规范的医疗救助制度，建立救助对象及时精准识别机制，增强医疗救助托底保障功能；促进医疗救助统筹层次与基本医疗保险统筹层次相协调，提高救助资金使用效率，最大限度惠及贫困群众。通过医疗救助信息联网和管理平台，提高医疗救助的精准度，防止遗漏或重复，使潜在救助对象获得公正对待。

政府要支持、规范、发展社会医疗救助，建立政府医疗救助与社会医疗救助对接机制，整合医疗救助资源。发展完善医疗救助制度体系，还要促进“医疗救助与基本医疗保险”相衔接。①

疾病应急救助是特别的医疗救助。疾病应急救助是为身份不明或无能力支付医疗费用的病人提供紧急救治服务。2013 年《国务院办公厅关于建立疾病应急救助制度的指导意见》指出，疾病应急救助制度是中国多层次医疗保障体系的重要内容。疾病应急救助的对象有两类：在中国境内发生急重危伤病，无法查明身份患者所发生的急救费用；身份明确但无力缴费的患者所拖欠的急救费用。医疗机构因紧急救治所发生的费用，可向“疾病应急救助基金”申请补助。

① 顾昕，孙晓冬．全民医保的社会治理：迈向共同富裕的社会性基础设施［J］．武汉科技大学学报，2022（5）．

第七章　教育政策制度体系发展构建

教育社会政策本质上是对教育资源的调配。教育政策应确保每一个公民获得良好教育。教育政策在社会政策投入中具有前端性作用，为政府和民众所重视。教育是富民强国的根本之策，教育公平影响人的成长起点和未来发展机会的公平，是重要的社会公平①。教育政策重视维护弱势人群的受教育权。中国教育政策的发展，从不让孩子失学到确保每个孩子接受良好教育。《中华人民共和国教育法》（2021 年修正）第四条指出，国家保障教育事业优先发展；第十一条指出，国家推动各级各类教育协调发展、衔接融通，完善现代国民教育体系。教育事业发展和教育服务供给是国家基本民生保障，是法定的政府责任，也是公民基本民生权益。

一、教育普惠性收费、教育救助与励志奖学金

中国普惠性教育是指各阶段的教育定位的公益性和非营利性。义务教育完全免除学费，已全面普及。学前教育采取普惠性幼儿园的定位，包括公办普惠性幼儿园和民办普惠性幼儿园，因政府投入而以低于市场的价格收费。中等、大学学历教育也明确为公益性服务，由政府与家庭合理分担费用②。政府和社会对困难儿童和困境家庭儿童提供教育救助，如减免学费、伙食补助、营养计划，进而将普惠性收费与教育救助相衔接，确保儿童获得教育。

---

① 华建敏．始终坚持以人为本 努力解决民生问题［J］．国家行政学院学报，2007（2）．

② 葛延风．教育公平发展亟需建构完善的社会政策体系［J］．探索与争鸣，2015（5）．

（一）基础教育普惠性收费与教育救助

1. 普惠性幼儿园：福利性收费与入园补助相配套

幼儿教育是指学龄前儿童在幼儿园所受到的保育和教育，又称学前教育。幼儿教育是儿童教育的基础环节。

普惠性幼儿园通常采取低价收费，并非完全靠福利供给，家长仍要承担一定的入园费。2018 年《江苏省幼儿园收费管理办法》规定，非营利性民办幼儿园的收费标准由幼儿园根据保育教育、住宿及服务成本、政府财政补助、家庭承受能力以及教育部门批准的幼儿园等级等因素提出建议，报设区市、县（市）价格主管部门核定。营利性民办幼儿园保教费、住宿费、服务性收费实行市场调节价。

实施学前教育扶困补助。政府对困难儿童和困境家庭儿童，如孤儿、残疾儿童、病残家庭儿童和经济困难家庭儿童，实施幼儿教育补助和救助。国家对烈士子女入园予以照顾。

2018 年《江苏省幼儿园收费管理办法》规定，（1）幼儿园应当按照国家学前教育扶困资助的有关规定，对符合条件的在园幼儿给予相应的资助；（2）对在公办幼儿园接受保育教育服务的残疾幼儿，免收保教费和住宿费。

政府对学前儿童教育补贴，可采取“学前教育券”方式，让家长选择适合的幼儿园。幼儿机构只有获得家长认可，才能获得人头教育经费。

2. 义务教育：不收学费、学杂费与助学补助

政府保障义务教育供给，家长和学生必须完成义务教育。义务教育阶段，不收学费、学杂费。政府为家庭经济困难的适龄儿童、少年提供住宿补助和生活费用补助。

为降低义务教育阶段学生学业负担，2021 年中共中央办公厅、国务院办公厅发布《关于进一步减轻义务教育阶段学生作业负担和校外培训负担的意见》。“双减”政策的目的是降低社会上家长和学生普遍的学业压力、

焦虑和过度的课业消耗。当前，“双减”政策下，家长和学生仍面临比较大的考试及升学压力。配套“双减”政策，必须改革和发展中等教育，全面提高中等教育与人才培养质量。

（二）中等教育普惠性收费、助学金与奖学金

按目前政策规定，完成初中学业、参加中考后，学生面临分流，部分升学进入高中，部分升学进入中等职业学校，部分学生会离开学校而走向大社会。提前脱离学校的未成年人多来自社会底层家庭，他们在基础教育阶段往往处于不利的位置，初中毕业后放弃学业不利于人生的发展。政府部门和社会机构应当为提前脱离学校的未成年人提供社会教育和职业培训。

国家要加大中等教育投入，使更高比例的初中毕业生进入中等教育。加大对中等职业技术学校的投入，切实提高中职教育的质量，让中职学生有好的出路，包括同等机会升学深造和良好的工作就业，使中职教育被学生、家长和社会广泛认可。

在中等职业技术教育与普通高中教育具有相对可比较的优势及地位时，中考竞争及升学压力会得到缓和，学生素质教育和全面发展会更好地得到实践。

1. 高中普惠性收费与教育补助

政府对公办高中收费规定最高限额。例如，河北省教育厅规定，设区市市区省级示范性高中（含在县镇办学的设区市直属省级示范性高中）每生每学期最高限价 1000 元，一般高中每生每学期最高限价 800 元；县镇（含农村，下同）省级示范性高中每生每学期最高限价 700 元，一般高中每生每学期最高限价 600 元。同一个城市，高中类型不同，学费标准不同。一些地方已实施公办普通高中不收学费。

政府对残疾学生、家庭经济困难学生实施学费减免和基本生活补助。普惠性民办高中应能获得政府生均经费补助，就读的困难家庭学生应能获

得政府补助。

2. 中等职业学校普惠性收费、助学金和奖学金

中等职业学校是教育系统的重要组成部分，影响职业人才培养、人口素质提升和社会和谐稳定。2017 年财政部等《中等职业学校免学费补助资金管理办法》将中等职业学校界定为，经政府有关部门依法批准设立，实施全日制中等学历教育的各类职业学校，包括公办和民办的普通中专、职业高中、技工学校和高等院校附属的中专部、中等职业学校、成人中专等。2019 年《国务院关于印发国家职业教育改革实施方案的通知》提出，进一步完善中等职业学校生均拨款制度，各地中等职业学校每生每年平均财政拨款水平可适当高于当地普通高中。

2010 年《国家中长期教育改革和发展规划纲要（2010—2020 年）》指出，逐步实行中等职业教育免费制度，完善家庭经济困难学生资助政策。2012 年财政部等《关于扩大中等职业教育免学费范围进一步完善国家助学金制度的意见》规定，从 2012 年秋季学期起，对公办中等职业学校全日制正式学籍一、二、三年级在校生中所有农村（含县镇）学生、城市涉农专业学生和家庭经济困难学生免除学费（艺术类相关表演专业学生除外）。各省级人民政府应根据实际情况，合理确定本行政区域内的家庭经济困难学生的具体比例。

对在职业教育行政管理部门依法批准、符合国家标准的民办中等职业学校就读的一、二年级、符合免除学费政策条件的学生，按照当地同类型同专业公办中等职业学校免除学费标准给予补助，如表 7-1 所示。民办中等职业学校所制定的学费标准需经批准，高于补助的部分，学校可按规定向学生收取。

表 7-1　中等职业学校免学费政策

免学费	政策对象限定
公办中等职业学校	（1）一、二、三年级全日制学生。（2）农村（含县镇）学生、城市涉农专业学生和家庭经济困难学生免除学费（艺术类相关表演专业学生除外）
民办中等职业学校	（1）一、二年级全日制学生。（2）同上

国家助学金由中央财政和地方财政按比例分担，用以满足学生基本生活需求。《中国农村扶贫开发纲要（2011—2020 年）》将六盘山区等 11 个连片特困地区和西藏、四省藏区、新疆南疆三地州中等职业学校农村学生（不含县城）全部纳入享受助学金范围。

2017 年《陕西省高中阶段教育普及攻坚计划（2017—2020 年）实施方案》规定，各地每年一次性给残疾学生补助 200 元交通费，对于家庭地处偏僻、路途较远的残疾学生，可根据财力情况，适当增加交通费补助。

2019 年《国务院关于印发国家职业教育改革实施方案的通知》提出，进一步扩大职业院校助学金覆盖面，完善补助标准动态调整机制，落实对建档立卡等家庭经济困难学生的倾斜政策；健全职业教育奖学金制度。

（三）高等教育普惠性收费、助学金、助学贷款与奖学金

公办高等学校获得财政投入，实行普惠性收费，对困难家庭学生实施学费减免。高校学生资助政策主要有国家助学金、国家助学贷款，以及国家奖学金和国家励志奖学金。

1. 国家助学金与国家助学贷款

中央与地方共同设立国家助学金，用于资助普通本科高校、高等职业学校全日制本专科在校生中家庭经济困难学生。

国家助学贷款是国家和银行向经济困难学生提供的贷款，用以解决学费问题。学生个人和家庭无须贷款担保。国家助学贷款利率执行中国人民

银行同期公布的同档次基准利率，不得上浮。借款学生在读期间的贷款利息由财政全额补贴。毕业学生确实存在困难，无法按期偿还贷款，可向经办机构提出救助申请并提供相关书面证明，经办机构核实后，可启动救助机制为其代偿应还本息①。

2. 国家奖学金与国家励志奖学金

国家奖学金用于奖励普通本科高校和高等职业学校全日制本专科在校生中特别优秀的学生。

国家励志奖学金用于奖励资助普通本科高校和高等职业学校全日制本专科在校生中品学兼优的家庭经济困难学生。如果把励志奖学金改为发放助学金，那么或者会使受助人数成倍增加；或者将助学金金额提高，资助效果会好很多。②

3. 公办大学公益性服务收费

学校引入的外部公司，基于营利目的收取住宿费和伙食费，但所定的价格和服务标准应通过校企合同作出限定，确保收费合理，防止侵犯学生权益；还要防止垄断经营。

高等学校应当执行中央和省级人民政府规定的住宿费收费标准。2012年教育部《关于深化高校后勤社会化改革的若干意见（讨论稿）》指出，保证高校后勤公益性的实现并避免垄断经营，不再实行投资商自建自营学生食堂和学生公寓，对已投入的运营且矛盾突出的，可采取回购所有权或经营管理权等措施予以解决，坚决防止影响稳定的问题发生。要切实落实政府部门和学校对后勤“公益性”服务应承担的责任，完善优惠政策，保证必要的投入，适时、合理调整后勤服务收费标准。高校后勤公益性服务有关供水、供电、供气和税收等优惠政策，按照国家有关配套文件执行。

---

① 秦苏滨．扶持弱势群体：通向高等教育公平的重要路径［J］．教育发展研究，2010(23)．

② 冯光娣．中国高等教育社会政策研究：基于公平与效率的分析［D］．天津：南开大学，2012.

二、基础教育起点公平

孩子出生及家庭教育各有差异。每个孩子都有成长、发展的潜能。应当通过基础教育均衡化分配，促进起点公平，弥补家庭教育差距。《中华人民共和国教育法》（2021 年修正）第十一条指出，国家采取措施促进教育公平，推动教育均衡发展。基础教育均衡发展，让更多的儿童获得更好学习的机会和潜能开发，有助于打破阶层人群的固化，促进社会流动发展。

基础教育起点公平是指平等的入学权利，还指可获得符合质量标准、相对均等的教育服务供给。基础教育起点公平，包含三个层面，一是确保所有的孩子有学上，二是确保基础教育符合国家教育质量标准，三是国家基础教育资源在各地区、各学校间得到相对均衡的分配，孩子所获得的基础教育具有可比性，相差不大，在可接受的范围内。

中国基础教育国家供给，已经做到“有学上”，但从起点公平看，还应当确保各地、各学校的基础教育质量达标，进一步促进基础教育资源均衡分配，使每个学生获得相对均等的基础教育，保障公平教育机会。

（一）国家基础教育资源均衡分配

国家基础教育资源均衡分配是指在各地、各公办学校间公平、公正、公开地分配国家基础教育资源，如教育设施、师资力量和教育管理人才。在全国范围内，统筹分配国家基础教育资源，促进各区域间、城乡间、同一地区校际间基础教育资源均衡分配与整体协调发展。国家基础教育资源均衡分配在社会发展中具有战略价值。

1. 学前教育公共资源均衡分配

2019 年国务院办公厅《关于开展城镇小区配套幼儿园治理工作的通知》指出，“构建以普惠性资源为主体的学前教育公共服务体系”，“小区配套幼儿园移交当地教育行政部门后，应当由教育行政部门办成公办园或委托办成普惠性民办园，不得办成营利性幼儿园”。确立小区配套园的普惠性属性，增加普惠性学前教育供给。如果小区配套园所能提供的学位不足，那么应将剩余的学生安排到附近的公办园或普惠性的民办园，政府投入的经费随人头流转。政府要将普惠性幼儿园作为经济社会发展的指标进行考核。

确保普惠性学前教育可获得，且在各地区得到公正合理的配置。2018年党中央、国务院《关于学前教育深化改革规范发展的若干意见》提出，全面普及学前三年教育，建成覆盖城乡、布局合理的学前教育公共服务体系。大力发展农村学前教育，每个乡镇原则上至少办好一所公办中心园，大村可独立建园或设分园，小村联合办园，人口分散地区根据实际情况可举办流动幼儿园、季节班等，配备专职巡回指导教师。国家学前教育投入，要重点向中西部农村地区和贫困地区倾斜。

在确保学前教育可获得的基础上，要实施学前教育质量标准化与升级管理。基于服务质量标准，优化资源配置，缩小各地、各幼儿园的教育质量差距。基于服务质量标准升级要求，整体提升学前教育质量。

2. 义务教育公共资源均衡分配

精英教育取向导致中国义务教育非均衡发展。① 城乡和区域之间、同一地区不同的学校之间，在办学条件和教育结果方面差距较大。

精英取向的义务教育资源分配，对少数人有利，却严重拉低了资源利用效率，不利于全面提升国民素质，与国家基础教育起点公平不符。

义务教育资源重点投入及学区政策，使得底层人群的孩子更少机会进入较好学区及附属的优质学校教育资源，结果孩子因出生的阶层结构而获得不同的教育机会。

根据《中华人民共和国义务教育法》（2018 年修正），国务院和县级

① 耿华萍，刘祖云．城乡义务教育非均衡发展现实归因的理论思考［J］．南京社会科学，2016（4）．

以上地方人民政府应当合理配置教育资源，促进义务教育均衡发展，促进学校均衡发展，缩小学校之间办学条件的差距，不得将学校分为重点学校和非重点学校。以标准化为基础，通过综合改革，稳步解决基础教育领域城乡之间、区域之间以及区域内办学条件差距过大问题①。

（二）基础教育均衡分配与学区制度配套发展

实施学区制度是让学生就近入学，减少路上交通成本。居住在什么小区，就可获得该小区所属学区的基础教育资源。如果各学区基础教育资源差距较大，那么就会因所居住的小区及所属的学区不同，而获得好的、一般的或差的学校资源。在学区间基础教育资源配置及供给差距较大的情况下，学区制度会诱使家长购买学区房产，居住在好学区，进而有资格进入好学区内的好学校，享受更好的学校资源。优质学区的学校凭借其优越的教学资源，在业界享有地位、声誉，再凭借其地位优势获得更多的政府投入和社会资源，其对外合作关系及资源渠道更多。中上阶层家庭的孩子能够从政府提供的教育中受惠更多②。

在基础教育资源分配失衡的情况下，实施学区制度，符合那些已经占有或有实力购买学区房产的家庭及孩子的利益，而对偏底层的家庭及孩子较不利。基础教育资源分配失衡，再加上学区制度，会加大儿童起点教育不平等，扩大公共教育资源占有的不公，不利于阶层人群融合与社会流动。校际间差距没有缩小，强推就近入学，不仅未能解决教育公平问题，而且给一些群体造成新的被剥夺感，进一步加剧了学区房问题③。因此，采取学区制度，必须推进、完善基础教育资源均衡分配和协调发展。

① 葛延风．教育公平发展亟需建构完善的社会政策体系［J］．探索与争鸣，2015（5）．

② 王雄．中国城市高中生的家庭背景调查［M］//杨东平．中国教育发展报告（2009）．北京：社会科学文献出版社，2009：30.

③ 贡森，李秉勤．新时代中国社会政策的特点与走向［J］．社会学研究，2019（4）．

（三）均等教育经费与费随人走

基础教育应当由国家统一提供，每个人无论到哪儿都能享受。① 基于基础教育资源均衡分配的准则，应实施均等教育经费与费随人走的资源配置方案。

均等教育经费是指为基础教育阶段的每位学生投入均等的教育经费。中央和地方政府按照每位学生均等教育经费为学校投入资源。如果小学阶段的均等教育经费是每生 1 万元，某学校学生数是 1000 人，那么为该校投入的资源价值总计为 1000 万元，这 1000 万元体现在该校所有类别的资产，如建筑设施、设备和折合成货币的人力资源价值。如果该校学生人数增加或减少，那么其总体的资源价值就要相应地增加或减少。中央政府应统筹基础教育的资金，确保每一个儿童都享有均等的基础教育经费。

费随人走是指在全国范围内，学生迁移到新的城市，进入新的学校，那么附着于该学生的均等教育经费亦随之转移，进入新的学校。所进入的新的学校因接收新的学生而获得附着于该生的均等教育经费。实施费随人走的制度，一定程度上能促进学校与学生的双向选择。学校必须获得所需的学生规模，才能获得附属于学生的国家教育经费。不被学生及家长认可的学校，可能面临招生人数不足，并承受相应的后果。采取均等教育经费和费随人走的资源配置制度，有助于维护外来务工人员子女获得平等受教育权。

实施均等教育经费和费随人走的制度措施，有助于促进基础教育资源公平分配和基础教育起点公平，保障公民平等教育权。

三、外来务工人员子女享有平等教育权

外来务工人员是指进城务工人员，包括外来务工的农村户籍劳动者和

---

① 刘永刚．分税制致大部分财权归中央，地方被迫靠卖地等找钱［J］．中国经济周刊，2014-08-26.

外来务工的外县（市）劳动者，主体是外来务工农民。外来务工人员子女平等教育权，不因出生地、父母职业和户籍地而受到歧视、排斥。外来务工人员进入一个城市，为这个城市的经济生产和社会繁荣投入、付出和贡献，相应地工作地政府应保障他们的孩子受到公平对待，享有平等教育权。

（一）外来务工人员子女学前教育

通常，务工父母在务工城市满足居住时间、劳动合同和缴纳社会保险等要求，就能办理居住证，孩子就能进入务工地普惠性幼儿园。地方政府通常优先安排户籍居民的孩子入园。务工地政府需要做好学前教育资源规划和投入，确保外来人员子女获得平等保教权。

（二）外来务工人员子女义务教育

在义务教育阶段，国家有责任维护并落实儿童平等教育权。国家出台了一系列政策文件，明确外来务工人员子女义务教育权，如表 7-2 所示。

表 7-2　外来务工人员子女义务教育权法定化

政策文件	政策规定
2003 年教育部等《关于进一步做好进城务工就业农民子女义务教育工作意见的通知》	流入地政府负责进城务工就业农民子女接受义务教育工作，以全日制公办中小学为主
《中华人民共和国义务教育法》（2006 年修正）	适龄儿童、少年，在其父母或者其他法定监护人工作或者居住地接受义务教育，当地人民政府应当为其提供平等接受义务教育的条件
2006 年《国务院关于解决农民工问题的若干意见》	输入地政府要承担起与农民工同住子女义务教育的责任，将农民工子女义务教育纳入当地教育发展规划；以全日制公办中小学为主；按照实际在校人数拨付学校公用经费；同等对待农民工子女，不得违规加收借读费

续表

政策文件	政策规定
2010 年《国家中长期教育改革和发展规划纲要（2010—2020 年）》	确保进城务工人员随迁子女平等接受义务教育，研究制定进城务工人员随迁子女接受义务教育后，在当地参加升学考试的办法
2012 年教育部等《关于做好进城务工人员随迁子女接受义务教育后在当地参加升学考试工作的意见》	根据进城务工人员在当地的合法稳定职业、合法稳定住所（含租赁）和按照国家规定参加社会保险年限，以及随迁子女在当地连续就学年限等情况，确定随迁子女在当地参加升学考试的具体条件，制定具体办法
2015 年中共中央办公厅、国务院办公厅《关于全面深化公安改革若干重大问题的框架意见》	将扎实推进户籍制度改革，取消暂住证制度，全面实施居住证制度，建立健全与居住年限等条件相挂钩的基本公共服务提供机制

流入地政府有责任保障外来务工人员子女教育权。流入地政府通常采取限制性进入，而非“无条件、零障碍”进入。外来务工人员必须符合所设置的条件，主要包括就业、住所和社会保险，其子女才能进入义务教育公办学校。在各地区义务教育质量有一定差距的情况下，如果基于公民身份就能“无条件、零障碍”进入务工地城市接受义务教育，那么很可能会形成义务教育质量差的地方的户籍居民涌向义务教育质量高的地方，造成流入地供给紧张与流出地招生不足的问题。

在流入地城市公办义务教育资源不足的情况下，通常优先保障户籍居民儿童入读。外来务工人员子女教育权难以得到充分保障，存在流动人口与原住民之间、流出地政府与流入地政府之间的利益矛盾。① 外来务工人员子女平等教育权有待进一步落实。

进一步保障外来务工人员子女平等教育权。一是放宽限制性条件，最大限度地去除外来务工人员子女入学的障碍，仅设置基本条件，如劳动就

① 葛延风．教育公平发展亟需建构完善的社会政策体系［J］．探索与争鸣，2015（5）．

业、居住证明，缩短对居住时间的要求。二是进一步放宽落户限制，将更多的外来务工人员纳入本地户籍人员，以获得基于户籍身份的教育权。在很多城市降低落户条件的情况下，外来的农村户籍的人员，即使符合落户的要求，也可能选择不在工作的城市落户，因为他们担心落户后，可能会失去在农村的土地权利。三是配套制度措施，严格落实外来务工人员子女平等教育权。通过教育治理改革，如义务教育资源均衡分配、均等教育经费和费随人走，使流入地政府有责任、有能力、有意愿落实政策要求。

（三）确保外来务工人员子女中考升学不受歧视

外来务工人员子女在流入地平等地获得基础教育权利是明显的进步。除此之外，外来务工人员子女在中考升学方面，应受到公正对待，不受歧视和区别对待，能够基于自己的学业成绩而在当地获得升学名额。

（四）完善异地高考制度与统筹高教资源分配

教育公平是指各阶层家庭的孩子在获取国家公共教育资源方面，不受歧视和差别对待，享有公正的入学机会和升学机会。高考录取制度必须公平公正、公开透明，使各出生地域、各阶层家庭背景的学生得到公正对待。

异地高考是指符合条件的学生跨省份、跨户籍所在地，在另一省（自治区、直辖市）参加高考。符合条件的外来务工人员子女可参加非户籍地的高考，并与当地考生获得平等的录用权利。

2012 年教育部等四部门发布《关于做好进城务工人员随迁子女接受义务教育后在当地参加升学考试工作的意见》，要求各省份出台异地高考实施办法。

《山东省普通高校考试招生制度改革实施意见》规定，从 2014 年起，凡在山东省高中段有完整的学习经历的非户籍考生均可在山东省就地报名参加高考，并与山东省考生享受同等的录取政策。

2013 年广东省教育厅等《进城务工人员随迁子女在广东省参加高校招

生考试实施办法（试行）》规定，随迁子女在广东省就读普通高中，同时符合以下条件的，2016 年起可在广东省报名参加高考，与户籍考生同等录取。

（1）父亲或母亲在我省具有合法稳定职业。

（2）父亲或母亲在我省具有合法稳定住所。

（3）父亲或母亲持有我省居住证，有效期截止到当年高考报名规定时间，已连续 3 年以上（含 3 年）。

（4）父亲或母亲在我省依法参加社会保险缴费累计 3 年以上（含 3 年）。

（5）随迁子女在我省参加中考。

（6）随迁子女在父亲或母亲就业所在地市具有高中阶段学校 3 年完整学籍。

异地高考必须符合各地所设置的限制条件。在政策执行中，如何界定父亲或母亲有合法稳定职业和合法稳定住所，需要细化规定。获得异地高考的资格身份，不应对学生父母的职业和住所提出苛刻的要求，事实上不少外来务工人员只能租住，所从事的职业并不稳定或属于灵活就业人员。

某个省的异地高考制度设计，并不能真正解决教育公平问题，需要统筹配套相关教育制度。一方面，应合理调低异地高考条件，在录取上公正地无差别对待；另一方面，异地高考政策要与高考录取名额的分配调整相配套。2012 年教育部等《关于做好进城务工人员随迁子女接受义务教育后在当地参加升学考试工作的意见》指出，“对符合在当地参加升学考试条件的随迁子女净流入数量较大的省份，教育部、发展改革委采取适当增加高校招生计划等措施，保障当地高考录取比例不因符合条件的随迁子女参加当地高考而受到影响。”

熊丙奇提出，如果北京、上海等人口流入集中的地区异地高考问题不解决，就是全国其他所有省区都实行了异地高考，也难言这一问题得到比较大程度的解决。[①] “流动人口子女在流入地的高考及录取问题应加快研究解决。与此同时，还应调整完善高校招生在不同区域的名额分配制度。”[②] 针对高考录取地域保护，应基于公正价值，打破地方特殊利益保护，在全国范围内建立公正的高考录取制度。

① 熊丙奇．山东即将实行的“异地高考”能复制吗？［J］．商周刊，2012（5）．

② 葛延风．教育公平发展亟需建构完善的社会政策体系［J］．探索与争鸣，2015（5）．

第八章　社会服务制度体系发展构建

在人的生命周期及所处情境中，人会遇到各种心理的、人格的、行为的、人际关系的问题，这些问题关系到人的生存状态、生活质量和发展空间。社会服务制度设定与制度体系发展，主要是用来支持人的全面发展和处理人的非物质方面的问题。社会服务必须处理在一些非常极端或特殊的环境下，人类的福祉问题①。

一、社会服务范畴类别

社会政策制度体系中，支持内容分为物质保障与服务支持；服务支持分为基本公共服务和重要社会服务。基本公共服务是指医疗卫生服务和教育服务。重要社会服务主要有残疾（失能）康复、护理、照护；幼儿托管；未成年人保护与关爱服务；家庭社会工作；学校社会工作服务；医务社会工作服务；就业服务；基层社会矛盾纠纷调解服务。重要社会服务供给体系的建设，关系到有关人群的生活状况。

人的处境、问题和需求的复杂，决定了社会服务类型的多样。社会服务领域主要有②：减少包括儿童虐待及配偶虐待在内的家庭暴力；为无家可归的孩子寻找家庭；为无家可归者提供适当的居住服务；为在外工作的父母提供幼儿托管服务；为身体或智力残疾的人士提供就业服务；向无技

---

① 哈特利·迪安．社会政策学十讲［M］．岳经纶，温卓毅，庄文嘉，译．上海：格致出版社，2009：68.

② 查尔斯·H. 扎斯特罗．社会工作与社会福利导论［M］．孙唐水，译．北京：中国人民大学出版社，2005：4-5.

术的失业人员提供就业训练和就业机会；为艾滋病患者提供服务。

人群服务领域分为限定性人群服务与非限定性人群服务。限定性人群服务的政策对象必须符合规定的资格条件，如艾滋孤儿和受欺凌学生；反之，则属非限定性人群服务，如就业训练。

按照人群生活的空间结构区分社会服务，包括：家庭领地（关系）中的社会服务、社区空间（关系）中的社会服务。(1）重要的家庭社会服务项目（类别)，主要有父母课堂项目、亲子关系服务、家庭暴力介入、家庭照护者支持项目、上门护理服务。在困难的情况下，由专业护理人员提供的照顾比由家庭成员提供的照顾更恰当和更安全[①]。通过社会服务政策，“更早、更全面地实行家庭干预”[②]。(2）重要的社区服务项目，主要有社区矛盾纠纷调解、社区老年人照顾项目、社区儿童发展项目。

社会服务领域分为人群服务领域和事务性管理领域，前者是直接面向人群提供服务，后者是通过事务性管理实现特定的人群福祉目标，如小区公共卫生管理、小区文明养犬管理。

二、社会服务分配制度与传递路径

社会服务的分配制度与传递路径是社会服务制度的两个层面。分配制度落地实施，要求设计服务传递路径。基于服务传递路径而将分配制度落地，进而实现政策制度的价值目标。

社会服务的分配制度，用以确定何种人群能获得什么支持内容，涉及服务的价值目标、服务对象、服务内容、预算投入。社会服务分配制度是关于资源分配的规定，资源分配的核心是决策“蛋糕如何分配”的问题，也即什么样的人群能够成为资源分配的受益者，能够获得什么服务内容。

---

① 哈特利·迪安．社会政策学十讲［M］．岳经纶，温卓毅，庄文嘉，译．上海：格致出版社，2009：67.

② 林卡，陈梦雅．社会政策的理论和研究范式［M］．北京：中国劳动社会保障出版社，2008：172.

一项服务的生产、传递，仅规定政策对象和政策目标是不够的，还必须有服务输送的路径、体系和方式，以使制度项目被有效实施、推进、完成。社会服务的传递路径是指服务管理体制和服务供给实施网络，用以规定如何将服务内容传递到服务对象，涉及服务传递的组织架构、参与主体、服务方式、实施过程和结果。

服务资源的分配制度与服务传递路径是相辅相成的两个方面。一方面，分配制度规定了什么人群能成为服务受助对象，以及服务实施网络及供给主体能够获得多少预算资金。分配制度所定的价值目标越大，所预算的资金额度越高，那么就越能为供给体系输入资金，相应地服务机构也更有动力执行制度，发展构建服务供给体系。另一方面，社会服务的传递路径与服务供给体系存在不足和问题，会直接制约分配制度的落地、兑现。因此，必须不断调整和完善服务传递路径和供给体系，比如，优化服务传递的组织体系、责任制度体系和配套责任机制，发展社会服务机构和人才队伍，提高社会服务管理水平。

三、社会服务供给体系构建

服务实施主体选定政策对象，针对其需求和问题，确定所要供给的服务内容，分工合作，将资源转化为服务内容，直至传递给服务对象。社会服务供给体系的基本（关键）要素包括：设置组织责任机制、明确服务实施主体、精准选择服务对象、明晰服务内容、优化服务方式和资金渠道。

（一）设置组织责任机制

建立健全行政与服务制度，理顺服务机构与行政主管部门的关系，依法赋权明责。① 健全社会服务供给体系，要求基于服务供给的流程脉络和

① 郑功成．共同富裕与社会保障的逻辑关系及福利中国建设实践［J］．社会保障评论，2022（1）．

任务要求，设置组织机构角色职责，再确保每一角色都有称职的实施主体在履行角色职责。

除设置服务供给的组织角色体系外，还需要设置社会服务生产的监督与问责系统。比如，基于社会服务的公共性和社会价值，建立社会监督体系，以弥补政府监督不足，形成立体的监督体系。

（二）明确服务实施主体

服务实施机构符合资格条件，才能进入服务供给体系，承担服务生产的责任并获得相应的权利。一方面，服务实施机构要遵守政策制度；另一方面，在制度执行过程中，服务实施机构享有一定的裁量权，如调整服务内容、服务水平、服务方法。服务供给体系中，要有具备资质条件、合适的服务实施机构。所选派的服务供给主体应能够胜任角色职责的要求，完成流程环节各项任务，直至将服务传递到服务对象。服务实施主体协同合作，就形成了社会服务生产的价值链的关系。任一环节的角色职责无人履行，都会造成价值链的断裂和不畅通，结果影响服务传递的成效。总之，服务岗位要有胜任的主体在切实投入、履职，这是至关重要的。

服务实施机构有公办和民营之分，相应地机构方面的政策分为公办机构政策和民营机构政策。公办机构由国家投入，国家拥有对公办机构的所有权和最高决策权。公办机构的管理层因国家机构授权而获得管理权。比如，青少年活动中心由团委主管、职工帮扶中心由工会主管、残疾人活动中心由残联主管、妇女儿童活动中心由妇联主管。

民营机构是体制外的机构，包括民营营利机构、民营非营利机构和社会企业。（1）社会企业运转所需资金主要来自机构营收；可在民政部门注册，遵守非营利准则；也可在工商部门注册，可营利，但以社会价值为首要宗旨。（2）民营营利机构在工商部门注册，在政策环境下，主要为利润目标，选择进入托儿、托幼、养老、护理等社会服务领域。（3）民营非营利机构的基本特征是公益性、非政府性和非营利性。政府应支持慈善组织、社会工作者和志愿者进入社会服务领域。政府支持民营机构发展的措施主要有：认可组织属性业务、宣传扩大影响、财政补贴、税费减免、平台搭建。

1. 慈善组织

《中华人民共和国慈善法》指出，慈善组织可以采取基金会、社会团体、社会服务机构等社会组织形式。(1) 社会服务机构在政策链的终端直接面向服务对象提供服务，又称为民办非企业单位。(2) 社会团体采取会员制，会员通常需交纳会费。一些社会团体受到政府资助。社会团体为会员提供支持，也可能选择为会员外的社会人群提供支持。(3) 一些基金会只承担慈善募捐任务；一些基金会不仅募款，还在一线直接为社会人群提供服务。

社会组织可按照政策条件，申请认定为慈善组织，再申请获得慈善募捐资格。《中华人民共和国慈善法》第九条规定，慈善组织应当符合下列条件：(1) 以开展慈善活动为宗旨；(2) 不以营利为目的；(3) 有自己的名称和住所；(4) 有组织章程；(5) 有必要的财产；(6) 有符合条件的组织机构和负责人；(7) 法律、行政法规规定的其他条件。

慈善募捐有定向募捐和公开募捐之分。根据《中华人民共和国慈善法》的有关规定，(1) 慈善组织自登记之日起，可以开展定向募捐，但要开展公开募捐，应先取得公开募捐资格证书。(2) 对社会服务机构来说，在满足一定的条件下，如依法登记满二年、内部治理结构健全、运作规范，可以向所对应的民政部门申请获得公开募捐资格证书；(3) 法律、行政法规规定自登记之日起可以公开募捐的基金会和社会团体，由民政部门直接发给公开募捐资格证书；(4) 不具有公开募捐资格的组织或者个人基于慈善目的，可以与具有公开募捐资格的慈善组织合作，由该慈善组织开展公开募捐并管理募得款物。

2. 社会工作者

社会工作者在各类社会服务机构工作，分为社会工作服务人员和社会工作管理人员两大类，提供专业服务，实施专业管理。

2006年《中共中央关于构建社会主义和谐社会若干重大问题的决定》指出，(1) 建设宏大的社会工作人才队伍；(2) 确定职业规范和从业标准；(3) 加快高等院校社会工作人才培养体系建设；(4) 完善社会工作岗位设置，通过多种渠道吸纳社会工作人才，提高专业化社会服务水平。

2012年中央组织部等《社会工作专业人才队伍建设中长期规划(2011—2020年)》提出加强社会工作岗位开发的四个措施：(1) 加快城乡社区社会工作专业岗位设置步伐；(2) 加大公益服务事业单位社会工作专业岗位开发力度；(3) 积极发展民办社会工作服务机构；(4) 加强公共服务和社会管理部门对社会工作专业人才的使用。

2014年国务院《社会救助暂行办法》提出，县级以上地方人民政府应当发挥社会工作服务机构和社会工作者作用，为社会救助对象提供社会融入、能力提升、心理疏导等专业服务。

政府应系统布局社会工作服务领域，建立健全系统的、多样的社会工作服务体系，如医院社会工作服务、护理与临终关怀社会工作服务、矫正社会工作服务和家庭社会工作服务。

3. 志愿者

志愿者服务包括志愿者个人服务与志愿者组织服务。志愿者组织有非正式组织与正式组织之分。志愿者的组织方式多样，如志愿者协会、社会服务机构直接招募志愿者、企业事业单位组织开展志愿活动。2017年国务院《志愿者服务条例》提出志愿者服务准则，主要有自愿、无偿、平等、尊重、诚信、合法。

(三) 精准选择服务对象

服务实施机构根据相关政策制度开展服务工作，履行角色职责，并获得相应的资源和权力。

服务实施机构根据服务对象的资格条件，从社会民众中精准选出服务对象，确保将服务资源传递给合适的人。

（四）明晰服务内容

服务实施机构分析受助对象的属性特点、生活状况和问题需求，确定为受助对象提供什么服务内容。受助对象所需的服务内容对机构而言是其能够供给的，对受助对象来说是其所需的。服务内容可能是单一的，也可能是多样的。有的时候，面对受助对象复杂的状况和多样的问题需求，一线服务机构可能需要链接其他的机构和资源，才能提供有针对性的、系统的服务内容。服务供给体系因参与主体增多而变得复杂。

（五）优化服务方式

服务方式是指实施主体将服务传递给政策对象的措施和方法，涉及参与主体间的沟通、互动和交易方式，以及对服务对象所采用的服务技术。

社会服务机构为所选定的服务对象提供一般服务和专业服务。专业服务由受过专业训练并达到资质要求的专业人员来传递。社会服务机构为政策人群提供支持，可能需将服务支持与现金给付、权益保护与打击犯罪相结合，以形成系统有效的支持。关联政策制度与服务项目需衔接配套，还需建立服务对象的转介机制。

（六）获得资金投入与渠道

实现社会服务供给，往往要有资金投入。比如，各级政府在资金筹集中所承担的责任。获得资金的渠道可能是财政投入、保险基金、会员缴费、慈善捐赠和经营收入。

四、社会服务供给机制

根据所选择的服务机构的性质和责任分担机制，可区分四种社会服务供给机制：政府行政机制、第三部门机制、政府购买公共服务机制和市场化机制。[①]

（一）政府行政机制

政府行政是指在党政结构体系下，采取自上而下的方式，动员、要求和督促体制内的部门和机构，按照政策要求履行职责，落实政策，完成任务目标，实现政策价值。

政府行政机制的次级类型有两种：一是仅由政府行政机构完成政策实施；二是政府行政机构与公办机构分工行政。在政府行政机构与公办机构合作实施政策的模式中，可能采取完全财政的方式，也可能采取财政投入和服务收费的方式。

（二）第三部门机制

第三部门机制是指仅由第三部门主体在制度框架下开展社会服务，实施社会治理。第三部门组织是非营利、公益性的机构，其产权属性是社会公共产权，不同于私人产权，也不属于政府公共产权。第三部门组织有自己的使命价值，有特别的社会担当，志愿进入社会服务领域，为有关社会人群提供支持。

第三部门主要依赖慈善捐赠和志愿服务运营，投入社会价值生产，但不排斥合理、规范的服务收费。第三部门机制与公民社会发展程度有关，也与国家对公民社会的价值立场有关。国家鼓励和支持第三部门组织开展政策项目活动，同时要求其遵守法律法规与伦理规范。

（三）政府购买公共服务机制

民营机构能够提供广泛的、符合服务对象需求的专业服务。[②] 政府将民营机构纳入政策实施系统，对其补助，或提供办公设施，或购买其

---

① 杨涛．社会政策：概念、理论与分析框架［M］．南京：南京大学出版社，2021：200.

② 斯蒂芬·戈德史密斯，威廉·埃格斯．网络化治理［M］．孙迎春，译．北京：北京大学出版社，2008：25.

服务。

政府向民营机构购买公共服务是公私合作的一种方式。政府按照一定的方式和程序，选择服务承接机构，将公共服务事项交由其承担，向其支付费用。政府向社会组织、企业、按事业单位分类改革应划入公益二类或转为企业的事业单位购买服务，属于公私合作福利治理范畴。

购买服务中，政府是委托方和出资方，民营机构是代理方和供给方，双方的委托代理关系依托契约而成立，通过契约来规范彼此的行为，实现共同利益。① 不同于官僚行政更偏好层级节制、稳定、服从和过程导向，政府购买公共服务强调公私主体平等、适应性、自由裁量及结果导向的价值观②。由政府保障的基本公共服务，可采取政府购买服务的方式；不适合或不具备条件购买服务的，再由政府直接提供③。

（四）市场化机制

采取市场化机制，将服务对象选择与服务机构竞争纳入社会服务供给，能破除服务供给的垄断局面；将财政投入与使用者付费相结合，能减轻政府财政投入负担，也使服务对象承担必要的支出责任，对自己的境况承担一定的责任，也使其更加珍惜所获得的服务。政府应为低收入人群获得基本公共服务或重要社会服务提供托底救助。

市场化机制中，服务机构需在竞争中得到服务对象的信赖，才能对接、完成交易，获得交换价值。实施市场化机制，要求政府为参与竞争的机构营造一个公平竞争的环境。

---

① 杨善华，苏红．从“代理型政权经营者”到“谋利型政权经营者”：向市场经济转型背景下的乡镇政权［J］．社会学研究，2002（1）．

② 欧文·E. 修斯．公共管理导论［M］．张成福，马子博，译．北京：中国人民大学出版社，2015：134.

③ 温家宝．关于发展社会事业和改善民生的几个问题［J］．求是，2010（7）．

五、社会服务国家发展定位

通过社会服务政策项目，对人类社会事务和人群福祉中重要问题进行回应。中国社会服务制度体系尚不健全，未形成完备的分配制度和供给体系。随着经济社会发展，社会服务制度体系将有大发展。中国在社会保险和经济保障得到发展和完善之后，社会政策将向“社会服务国家”① 发展。

（一）社会服务国家建设内容

对人群的物质供给是一个方面，还需在物质保障的基础上配套服务支持。社会服务国家建设内容，不仅是事务性治理服务、人群救助性服务，还必须在各方面实施发展性、投资型的社会服务国家建设；不仅为处于困境的个人、家庭提供服务，还为一般人群和普通家庭提供服务。

社会服务国家建设要求发展社会工作事业，促进社会工作服务的广泛覆盖，发挥社会工作者职能作用。社会工作服务不是单一主体的服务，而是组织化的服务供给。社会工作服务能够介入广泛的社会领域和人群福祉状况，提供广泛的服务支持。社会工作服务事业建设主要含有：儿童与青少年社会工作、妇女社会工作、家庭社会工作、老年人社会工作、残疾人社会工作和司法社会工作，还积极推动社区善治，推动社会高质量发展。社会工作服务在社会服务国家建设中有重要的地位和作用，能够带动志愿服务和慈善公益的发展，还能联动社区主体发展社区公共服务事业。

照护服务是社会人群的基本需求。社会服务国家建设中，照护服务供给体系应得到优先发展。在人类社会组织中，家庭是照护服务供给的自然主体。在家庭照护不足时，就需要发展社会照护。中国社会服务国家建设，要求发展婴幼儿照护、失能（残疾）照护。

---

① 林卡，陈梦雅．社会政策的理论和研究范式［M］．北京：中国劳动社会保障出版社，2008：3.

（二）社会服务国家建设条件

在物质需求不是主要问题时，人们普遍要求在精神生活和发展层面上得到满足。经济发展、物质供给是社会服务国家发展的必要条件。社会服务国家建设，还需要国家和社会在价值理念上重视社会服务制度体系构建，真正认识到社会服务制度对个人、家庭、社会所具有的功能作用。最后，社会服务国家建设，要求合理设置主体结构，确保资金投入到位。

六、基层社会矛盾纠纷调解服务

基层社会矛盾纠纷损害当事人生活福祉，不利于基层社会发展，与人民群众对美好生活的向往相悖。基层社会矛盾纠纷调解服务属重要社会服务范畴。①

（一）概念界定

1. 矛盾纠纷

矛盾纠纷是指不同社会主体在相互卷入的特定事务上对抗、争执、冲突的状态，体现为情绪、话语、肢体上的纠缠、伤害。矛盾纠纷的当事人在价值追求及获取结果上对立冲突。

矛盾是源头，纠纷是矛盾的显现化，纠纷可能会加剧矛盾。某一个社会主体的行为方式和做法使另一主体的价值利益受损，或彼此损害，则二者之间产生矛盾。某一主体生活追求，与另一主体产生冲突，形成矛盾关系。有矛盾并不一定会形成纠纷，若受损方未察觉到己方的利益受损及存在的矛盾关系，或认为矛盾是可接受、可忍受的，那么矛盾不会外显为纠纷。如果矛盾的当事主体，不仅认知到矛盾关系，还付诸行动，那么矛盾就外显为纠纷。矛盾外显为纠纷，长期得不到处理，那么当事主体就处于

① 2022 年无锡市司法局委托课题资助。

对峙、僵持、冲突、损耗状态。

2. 基层社会矛盾纠纷

基层社会是指城乡居民生活、学习、工作的空间场所，如家庭、小区、社区、学校、工作场所、公园、体育场、医院、商场。矛盾纠纷发生于基层社会场所，就是基层社会矛盾纠纷。

基层社会矛盾纠纷是指基层社会中社会主体间矛盾纠纷，不包括社会主体与政府机构矛盾纠纷。

3. 基层社会矛盾纠纷的类型

按照矛盾纠纷所涉及的当事社会主体，基层社会矛盾纠纷类别主要有：

（1）两个或更多个体间纠纷，如多子女赡养老人纠纷、两人或多人交通事故纠纷。

（2）邻里两户人家矛盾纠纷，如楼上户孩子跑动给楼下户生活带来干扰、房屋装修噪声、空调外机空间侵占。

（3）个人与人群间矛盾纠纷，如某居民私自搭建侵占小区公共绿化空间，某居民不文明养狗污染小区生活环境。

（4）人群间矛盾纠纷，如广场舞扰民纠纷。

（5）个体与企业、机构、组织间冲突，如某业主与物业公司间的矛盾纠纷、医疗纠纷、消费纠纷。

（6）人群与企业、机构、组织间的冲突，如小区物业管理纠纷，涉及业主、业主委员会、物业公司。

按照场景，基层社会矛盾纠纷类别有婚姻家庭矛盾纠纷、劳动场所矛盾纠纷、公共生活场所矛盾纠纷。按照纠纷内容，主要有物业管理纠纷、劳动争议纠纷、道路交通事故纠纷、医疗纠纷、旅游纠纷、合同纠纷。

按照矛盾纠纷当事人有无违法，可区分涉及违法的矛盾纠纷与未涉及违法的矛盾纠纷。

4. 基层社会矛盾纠纷调解服务

基层社会矛盾纠纷调解服务，简称“纠纷调解”“矛调”，非指当事人自行商议和达成协议，而是指第三方组织介入、调解纠纷，包括人民（社会）调解、政府（行政）调解和司法调解。通过第三方调解服务，如情绪安抚、利害后果陈述、教育劝说，促使当事人对纠纷事实及各自的价值立场、行为方式有新的认识，自愿接受调解协议。

（二）人民调解组织体系

健全人民调解委员会组织体系。在社区（村）、街道（镇）人民调解委员会的基础上，发展区（县级市）、市人民调解委员会。社区（村）、街道（镇）人民调解委员会调解不了的疑难、复杂民间纠纷和跨地区、跨单位的纠纷，宜由区（县级市）、市人民调解委员会受理调解。

重点发展交通事故、医疗纠纷和物业纠纷等行业性、专业性人民调解组织，支持企业事业单位根据需要设立人民调解组织。

支持与发展个人品牌调解室、民间特色调解组织和媒体组织调解，壮大社会调解服务力量。

成立区（县级市）、市两级“人民调解员协会”，以协会的力量加强人民调解员队伍建设，提升人民调解员业务水平。

定位于专业型、服务型、特色型调解服务，配齐配强调解队伍，切实满足调解工作需要，实现调解服务价值。

（三）人民调解工作制度

宣传人民调解服务组织的使命、性质、原则、目标，告知联系方式和地址，方便申请调解服务。

调解员要依法开展调解工作，维护当事主体的正当权益，确保调解工作公平公正。调解员与纠纷当事人存在利害关系，必须回避。

调解员要告知当事人人民调解的性质、原则和效力，以及当事人在调解活动中享有的权利和承担的义务。告知纠纷当事人必须如实陈述纠纷事实，不得提供虚假证明材料；不得恶意串通，不得损害他人合法权益和公共利益。

调解员在调解纠纷中，对有可能引起治安案件、刑事案件的纠纷，应当及时向公安机关或者其他有关部门报告。

经人民调解委员会调解达成的、有民事权利义务内容，并由双方当事人签字或者盖章的调解协议，具有民事合同性质。所达成的调解协议可依法获得司法确认。如果调解工作失败，调解员应告知当事人其他处理途径。

（四）人民调解、行政调解和司法调解

适合于人民调解或行政调解或司法调解，不应转由其他类别主体调解。为有效实现调解目标，应基于纠纷性质、内容和复杂性，选择适合的调解主体。

（1）对案例判决后损害赔偿纠纷，宜由法院先行通过调解使判决得到执行，最大限度实现胜诉当事人的合法权益；调解不成，再由法院强制执行。

（2）对因民间纠纷引起的打架斗殴或者损毁他人财物等违反治安管理行为，情节较轻的，且当事方愿意调解，公安机关可以调解处理。适合于公安机关调解的，不应转移给人民调解。

（3）轻微道路交通事故纠纷适宜由交警队调解处理。

详细规定人民调解、行政调解和司法调解的内容范围，规范调解程序。调解工作需要支持，则有关的组织和个人应提供支持。比如，法律援助组织参与支持人民调解。

完善人民调解、行政调解和司法调解（公调、检调、诉调）衔接机制，形成责任明晰、工作联动、优势互补的纠纷调解服务体系。人民调解不成的，可按规转向行政或司法调解。促进纠纷调解数据信息共建、共享、共用。

调解员对纠纷性质和内容要有准确理解。适合通过调解来处理矛盾纠纷，则积极引导，使按规获得调解服务。如果纠纷案件不适合通过调解来处理，那么应依法选择合适、有效的处理方式，如行政裁决、仲裁或诉讼。

（五）基层社会矛盾纠纷的预防

应对基层社会矛盾纠纷，除了在纠纷发生后实施介入性治理外，还要在矛盾纠纷发生的起始点和前端环节，采取措施，尽量阻断。

基层社会矛盾纠纷的发生，与基层社会治理有关。治理到位，能有效预防、减少矛盾纠纷的发生。

第一，发展社区治理规章制度。社区治理到位，应有适用的居民行为规章制度。社区居民、社区居民代表大会、社区居委会/村委会按社区议事规则，制定社区规章制度，如社区居民文明养犬行为准则、小区业主停车规范。经社区民主审议通过，上报有关政府部门，获得正式认可，再向社区居民宣告，对社区居民形成正式、合法规约。居委会/村委会应组织宣讲社区章程。社区章程对居民的思想态度和行为方式产生积极影响，防止、减少社区矛盾纠纷。即便发生矛盾纠纷，社区章程制度能为纠纷调解提供规范依据，促使违规的当事主体纠正行为。

第二，加强社区普法教育。在司法部门的支持下，社区、街道的人民调解委员会，针对基层社会矛盾纠纷的性质内容和趋势特点，系统地开展社区普法教育，如婚姻家庭物权、环境污染和生态破坏责任、饲养动物损害责任、建筑物和物件损害责任。通过提高社区居民法治素养，减少侵权行为发生，进而预防、减少基层社会矛盾纠纷。

第三，规劝、警告和惩戒。社区“两委”、业主委员会和物业公司不仅要了解社区居民（小区业主）有无违反章程制度，还要在职责内规劝、警告违规主体，不得侵犯他人或社区（小区）集体（公共）利益，进而预防、减少基层社会矛盾纠纷。例如，对社区居民违规停车，物业公司要依照小区物业章程规定进行处理，防止引发矛盾纠纷。对不听规劝的违规主体，社区“两委”、业主委员会、物业公司要依照章程制度实施惩戒。

政府职能部门要支持社区实施治理行动，预防、减少基层社会矛盾纠纷。有关政府机构对社区议事、制定章程制度进行监督和指导，承认其合法性，并支持章程制度执行。司法部门支持社区开展普法教育，支持社区管理机构按照章程制度实施惩戒。

基层政府部门应当健全分片定责、日常巡查、排查制度，做到矛盾纠纷早发现、早预警、早处置。对侵犯他人和集体的轻微违法行为，相关职能部门应依法惩处，进而预防、减少矛盾纠纷。政府部门不应忽视、姑息任何侵犯他人或集体的违法行为，要在职责范围内处理违法行为，进而减少矛盾纠纷的发生。例如，有关职能部门对企业拖欠、克扣员工工资，要严格查处，确保劳动者的权益不受侵犯；对社区违章建筑依法处理。

第三篇
重点人群社会政策制度体系

第九章　妇女权益保障制度体系发展构建

女性生育关系到“一体两命”和社会人口再生产，理应获得有效保障。在女性就业方面，加强女性孕期、产期和哺乳期雇佣保护，维护女性就业与职业发展权益。妇女权益含有生育保障权、公平就业权和劳动保护权，关涉妇女个人权益，还关涉国家人口生产和劳动经济生产。考虑到妇女在婚姻家庭中的角色地位以及相对丈夫的体格上的弱势，需要建立妇女婚姻家庭权益，并受法律保护。妇女权益保护还包括对妇女的保护和关爱支持，如打击妇女拐卖，保护受家暴妇女，提供生殖健康服务。

一、生育保险制度体系构建

生育保险制度是在生育发生期间对生育行为承担者给予收入补偿、医疗服务和生育休假的社会保险制度。① 当前中国生育保险制度的价值目标，应当为女性生育提供医疗保障与生活保障，还应当为女性就业提供保护，进而发挥生育激励、生育促进的制度效用。良好的生育保险制度应能有效维护女性生育权和就业权，在生育和就业两个方面支持女性实现价值。在生育权的端口，降低生育对女性身体造成的损害，确保母婴健康并获得生活保障；在就业权的端口，防止生育行为和生育制度损害女性就业地位，维护女性就业与职业发展权益。

① 潘锦棠．中国生育保险制度的历史与现状［J］．人口研究，2003（2）．

（一）生育保险制度的价值目标

当前中国生育保险制度的价值目标是为女职工生育期提供生育医疗保障、生育假期、工资补偿、就业与劳动保护，实现生育保障与生育激励、平等就业与劳动保护。生育保险制度是对女性生育价值的肯定，不仅是满足劳动者个人特殊时期生存发展的需求，还是对人类自身再生产活动的社会保障①。生育保险制度均衡用人单位使用女性劳动者的雇佣成本，由保险基金统筹支付女职工生育期生育医疗费和生活保障，将女职工生育成本由个人及其家庭承担转由职工、用人单位、社会和国家共同承担。生育保险制度是激励用人单位使用妇女、促进男女就业性别实质平等的有效措施②。

在中国人口发展战略调整背景下，生育保险制度的生育支持与激励应得到强化。③ 低生育率时代，生育保险制度不仅应补偿、补足女性生育损失和成本，还应提供奖励性的生育待遇，同时有效维护女性就业权。在女性生育成本能获得较好的补偿、预期就业价值受生育养育影响较小且可承受的情况下，政策制度才能发挥生育激励效用。

（二）生育保险相关法律法规

生育保险相关的法律法规主要有《中华人民共和国社会保险法》（2018 年修订）、《中华人民共和国人口与计划生育法》（2021 年修订）、《中华人民共和国妇女权益保障法》（2018 年修订）、2012 年国务院《女职工劳动保护特别规定》和 2019 年国务院《关于全面推进生育保险和职工基本医疗保险合并实施的意见》。地方政府根据高位法律法规制定辖区内

---

① 蒋永萍．社会性别视角下的生育保险制度改革与完善［J］．妇女研究论丛，2013（1）．

② 周贤日．论生育保险促进男女就业平等的功能与路径［J］．中国政法大学学报，2018（5）．

③ 贺丹．高度重视生育保险制度改革 强化其支持家庭生育的保障功能［J］．人口与健康，2021（2）．

生育保险条例。目前地方制定的生育保险条例，是生育保障制度体系的主要构成。

生育保险制度内容主要涉及：生育保险管理机构、参保对象及缴费规定、生育保险待遇规定。

1. 生育保险管理机构

生育保险由统筹区医疗保障行政部门及经办机构进行管理。2019 年生育保险与职工基本医疗保险在全国合并实施后，生育保险基金被纳入职工基本医疗保险基金，在基金待遇支出中设置生育待遇支出项目，实行统一征缴、统一定点医疗服务、统一基金支出与统一监督管理。医疗保障行政部门、财政部门、审计机关和税务部门依法对两险的收支、管理、服务和投资运营情况实施监督，并定期向社会公布基金的收入、支出、结余和收益情况，接受社会监督。

2. 生育保险制度的参保对象及缴费规定

《中华人民共和国社会保险法》（2018 年修订）第五十三条规定，“职工应当参加生育保险”。生育保险制度将参保对象定为用人单位及职工，职工为保险受益人。例如，《广东省职工生育保险规定》（2021 年修订）第三条规定，“本省行政区域内的下列单位和人员应当参加生育保险：国家机关、企业、事业单位、社会团体、民办非企业单位、基金会、律师事务所、会计师事务所等组织及其在职职工；有非军籍职工的军队、武警部队所属用人单位及其非军籍职工；有雇工的个体工商户及其雇工；法律、法规、规章规定的其他单位和人员。”按照《中华人民共和国社会保险法》（2018 年修订）和各地生育保险规定，非正式雇佣、灵活就业与未就业人员不属于生育保险的参保对象。两险合并实施后，不再单独设立生育保险基金，只有职工基本医疗保险基金，因此要参加生育保险，就必须参加职工基本医疗保险。

《中华人民共和国社会保险法》（2018 年修订）第五十三条规定，“由用人单位按照国家规定缴纳生育保险费，职工不缴纳生育保险费”。根据生育保险“以支定收，收支平衡”准则，在基金支出大于缴费收入且将出现亏空时，可适当调高生育保险费率，但最高不超过1%。政府对基金运作承担补贴责任。

3. 生育保险待遇规定

生育保险待遇主要包括生育医疗费、生育产假和生育津贴。生育医疗费包括生育的医疗费用、计划生育的医疗费用和其他项目的费用。职工享受生育津贴的假期包括生育产假、终止妊娠产假或计划生育手术休假。2012年国务院《女职工劳动保护特别规定》第七条规定，“女职工生育享受98天产假；难产的，应增加产假15天；生育多胞胎的，每多生育1个婴儿，可增加产假15天。”《中华人民共和国人口与计划生育法》（2021年修订）第二十五条规定，“符合法律、法规规定生育子女的夫妻，可以获得延长生育假期的奖励或者其他福利待遇”。但大多数地方生育保险制度未规定《中华人民共和国人口与计划生育法》（2021年修订）所定的奖励性生育假期。

生育津贴用以补偿女职工生育产假的工资收入。《中华人民共和国社会保险法》（2018年修订）第五十六条规定，“生育津贴按照职工所在用人单位上年度职工月平均工资计发”。

参保职工未就业，配偶按照国家规定享受生育医疗费用待遇。例如，《山东省企业职工生育保险规定》（2021年修订）第十四条规定，“参加生育保险男职工的未就业配偶，符合计划生育政策规定生育，未享受生育医疗费待遇的，按照女职工生育医疗费标准的50%享受生育医疗费待遇”，但不享受生育津贴待遇。

（三）生育保险制度的缺陷

当前中国生育保险制度设定难以支撑新时期生育保险制度的价值目标。

第一，生育保险制度将非正式雇佣、灵活就业与未就业人员排斥在外。2019 年两险合并实施后，生育保险与职工基本医疗保险捆绑参保，提高了用人单位职工的参保率，但生育保险的参保对象仍限制在正式雇佣的职工。市场经济下，劳动就业流动性大，非正式与灵活就业人员大量存在，仍将参保对象限制在正式雇佣职工，这极大限制了生育保险制度的保障效用。

第二，生育保险待遇享受条件规定不合理。很多地方政府将生育保险待遇享受条件规定为：（1）生育或计划生育手术时参保且连续缴费达 10 个月或 12 个月；（2）符合国家、省、市计划生育政策，持有计划生育证明。第一个条件规定对稳定就业的参保人有利，而对非稳定就业的参保人不利。未婚生育妇女符合第一个条件，但不符合计划生育政策，无法获得计生证明，难以享受生育保险待遇。从权利视角看，生育权是女性的基本权利，女性有权选择适合自己的生育模式。现代社会，女性能通过自己的努力实现经济独立，应有权利选择在婚姻外生育养育。从生育保险缴费贡献与待遇权益的对等性来看，待遇享受资格应以参保人履行缴费义务为前提，而非以婚姻状态为前提，未婚生育妇女应该和已婚妇女享受同等待遇。

第三，生育保险待遇给付与良好生育保障有一定差距。目前生育保险制度的医疗保障功能偏弱，个人自付比例过高，与有效减轻女性生育负担、保障母婴健康有一定差距。很多地区生育保险，对产检和住院分娩实行定额、限额报销，与实际发生的医疗费有较大的差距。例如，2020 年济南市医疗保障局《关于调整企业职工生育保险部分政策的通知》规定，“实际发生费用低于定额的，据实结算；超过定额的，按定额结算；顺产 2700 元，剖宫产 5500 元；产前检查费用，实行按人头定额结算，标准为 1200 元，超过 35 周岁（含 35 周岁）怀孕的增加 600 元。”实际发生的顺产医疗费普遍在 5000 元左右，剖宫产医疗费在 10000 元左右；产检费从 3000 元到 10000 元不等。高龄产妇的生育保健更复杂，医疗负担更重。

第四，生育津贴与生育假期工资收入的规定模糊、不完整，不利于维护女性生育假期经济权益。很多地方生育保险制度未明确规定“职工月平均工资”是指职工个人月平均工资，还是指全体职工月平均工资；“月平均工资”是指月平均缴费工资，还是指月平均实发工资。生育津贴规定模糊、不完整，导致对生育津贴计算公式有不同的理解和界定，使参保人很难明了并维护自己的经济权益。

根据2012年《女职工劳动保护特别规定》第五条和《中华人民共和国妇女权益保障法》（2018年修订）第二十七条，用人单位不得因女职工结婚、怀孕、生育、哺乳而降低其工资。但《中华人民共和国社会保险法（2018年修订）》和很多地方生育保险制度未载明“如果生育津贴低于女职工产假前工资，那么用人单位必须补足差额”，这导致一些用人单位女职工生育假期收入减少及权益受损，如仅获得基本工资，生育津贴被用人单位克扣。

第五，单一的生育假期及延长生育假期制度不利于女性公平就业与职业发展。2012年国务院《女职工劳动保护特别规定》第七条规定，“女职工生育享受98天产假”。新的计划生育条例规定了奖励性生育假期，实则是延长生育产假。例如，《河南省人口与计划生育条例》（2021年修订）第二十五条规定，“符合法律、法规规定生育子女的，除国家规定的产假外，增加产假三个月”。延长产假能帮助女性恢复身体机能，还能增加儿童照料的时间。然而，单一的生育假期制度却给女性就业与职业发展带来负面影响。从用人单位方面来说，女职工生育休假会造成人手不足、岗位空缺和运营不畅，增加用人单位负担和成本。从女职工自身来说，生育休假及离开工作岗位的天数越多，越有可能打乱工作节奏，弱化工作能力。用人单位对女职工的投入和期望在产假阶段无法得到回报，结果在员工招募、培养和晋升方面更倾向男性，对女性就业工作不利。

大多数省份人口与计划生育条例规定，延长生育假期的工资和福利待遇由用人单位支付。例如，《广东省人口与计划生育条例》（2021年修订）第三十条规定，“符合法律、法规规定生育子女的夫妻，女方享受八十日的奖励假，男方享受十五日的陪产假。在规定假期内照发工资，不影响福利待遇和全勤评奖。”然而，根据《广东省职工生育保险规定》（2021年修订）第十六条规定，生育津贴所对应的生育假期天数并不包含《广东省人口与计划生育条例》（2021 年修订）所规定的奖励假和陪产假。生育奖励假和配偶陪产假的用工成本，单方面由用人单位承担，会加重弱化女性就业歧视。结果，制度形式上的生育保护变成事实上的就业歧视①。

第六，目前职工生育保险缴费仅由用人单位承担，弱化了职工个人的缴费责任和权益意识。仅由用人单位缴费，对提高生育保险覆盖面不利。大量非正式雇佣、灵活就业与未就业人员无法缴费参保，被排斥在生育保险制度保障之外，而引入多方缴费模式有助于扩大生育保险的参保面。

目前生育保险制度未将婴儿纳入保障对象。生育期母婴健康与生活保障本是一体的，减轻女性生育负担，应给予婴儿医疗与生活保障。新时期生育保险制度不仅用于防范生育风险，还应发挥生育支持、生育激励效用，促进国家人口高质量发展。

（四）调整生育保险制度规定

在新时期中国人口发展战略规划下，必须积极调整生育保险制度缺陷，有效维护女性生育权和就业权。

第一，扩大生育保险制度的覆盖人群。拥有参保资格是享受保险权益的第一步。从公平公正出发，生育保险制度应让所有生育主体享有参保权，应开放生育保险参保权限。允许城镇灵活就业人员、农业自雇人员和城乡居民选择参保，真正做到应保尽保。科学设置缴费基数、缴费比例和待遇额度；缴费贡献大，则待遇额度高。在给定缴费设定与待遇权益后，除正式雇佣之外的劳动者和城乡居民都可对照制度规定选择参保。扩大生育保险制度覆盖面是“时代进步和男女平等的需要”②。

第二，调整生育保险的待遇领取条件。低生育率背景下非婚生育妇女应与已婚妇女同等享受生育保险待遇。妇女非婚生育有其特别的原因，比

---

① 刘咏芳．生育保险制度构建理念之基本取向探索［J］．东岳论丛，2013（3）．

② 庄渝霞．透析实施生育保险制度的局势［J］．人口学刊，2009（4）．

如，未达到法定结婚年龄、未遇到合适的人，但又渴望有自己的孩子。非婚生育妇女没有损害其他主体利益，履行生育保险缴费义务，就应获得保险待遇。参保的非婚生育妇女本就难获得婚姻家庭的支持，若不能获得生育保险待遇给付，则可能陷入生活困境，对母亲身体和孩子健康都不利，与妇女权益保障和生育保险价值宗旨不符。婚姻的存在是生育权得以实现的一种方式，但并不是唯一的方式，也并非前提条件①。在不损害其他主体利益的情况下，公民应可在婚姻关系中生育，也可在婚姻制度外生育，同等地获得生育保险待遇给付。生育权的主体不应该仅限于夫妻，对于一些不损及国家和社会利益、第三人权益的非婚女性的生育权也应该予以重视和保护②。

修订“生育或计划生育手术时参保且连续缴费达 10 个月或 12 个月”规定。基于生育保险的统筹共济和责权对等的准则，可将生育保险待遇领取条件调整为：（1）生育或计划生育手术时参保且连续缴费达 1 个月，或生育或计划生育手术时未参保但累计缴费达 6 个月；（2）为防止投机参保，生育或计划生育手术后，用人单位必须为员工缴费；若无用人单位，须以灵活就业人员身份参保缴费；若已累计参保缴费达 15 年，则不必以灵活就业人员身份参保缴费。

第三，提高生育保险的医疗保障度。（1）针对目前各地产检和住院分娩报销额度偏低的问题，应提高报销额度；比如，定额报销后，对余下的生育医疗费再按一定比例报销。生育保险产检报销规定应与基本公共卫生服务的产检项目配套衔接，在提升制度运作效率的同时，减轻孕妇产检负担。（2）生育保险医疗支付规定，应与基本医疗保险制度规定配套衔接，以全面提高医疗保障度，减轻生育主体医疗负担。（3）参加生育保险的男职工的未就业配偶，在未参加生育保险的情况下，若未参加职工基本医疗保险或者城乡居民基本医疗保险，那么按照女职工生育医疗费标准的 50%

① 张琼．再议生育权——从吉林省《人口与计划生育条例》谈起［J］．行政与法，2003（7）．

② 熊进光．对生育权的法律思考［J］．甘肃政法学院学报，2002（6）．

享受生育医疗费待遇；若已参加职工基本医疗保险或者城乡居民基本医疗保险，那么应按规定享受基本医疗保险待遇，同时，因其配偶参保贡献而应获得一次性生育医疗费用补偿。（4）生育保险制度应与儿童参加城乡居民医疗保险配套衔接，为婴儿提供全程医疗保障。

第四，明确规定生育津贴计算公式、生育假期工资保障和其他收入保障。生育津贴是生育保险金的主要支出部分，生育津贴的计发标准应统一、规范、明确和公平。[①] 可将生育假期收入保障设定为：（1）月生育津贴为女职工所在用人单位上年度所有员工月平均生育保险缴费工资。（2）生育假期生育津贴少于休假前工资，用人单位须补足差额；生育津贴多于休假前工资，用人单位不得克扣多出的生育津贴；（3）职工休假前工资为职工产假或者计划生育手术休假前 12 个月的月平均工资；未满 12 个月的，按实际工作的月份数计算；（4）职工享受法定生育假期；（5）生育假期用人单位不得停发工资，按员工休假前工资标准支付；医疗保障经办机构按规定将生育津贴拨付给用人单位，同时告知员工，再由用人单位按规定处理拨付的生育津贴；（6）生育保险缴费收入不仅用于支付生育医疗费用和生育假期工资补偿，还应提供一次性生育奖励金和一次性婴孩营养津贴。（7）基于灵活就业人员的参保缴费基数和缴费比例，参照职工生育津贴规定，为其设定生育假期收入保障额度。

第五，完善生育假期制度。延长产假是为女性更好地恢复身体、照护婴孩，协调生育与工作冲突。然而，单一的生育产假及延长生育产假制度，会使女性遭受就业歧视，减少女性就业与职业发展机会。《中华人民共和国人口与计划生育法》（2021 年修订）第二十六条规定，“国家保障妇女就业合法权益，为因生育影响就业的妇女提供就业服务”。为保护女性就业权，防止形成母职惩罚，可从以下四个方面完善生育假期制度。（1）明确规定由保险基金支付奖励性生育假期的工资，不使用人单位单方面承担雇佣成本。（2）协同发展女性产假与配偶护理假制度。将生育休假

① 潘锦棠．生育津贴计发标准更趋公平［J］．中国社会保障，2014（3）．

的享受主体限定为女性的做法，表面看起来是对女性的保护，实际上是强化了传统的性别分工①。发展配偶护理假，有利于两性共同承担家庭责任，也能缩小男女用工成本的差距，减少生育对女性就业的不利影响②。配偶护理假规则应包括：配偶护理假的工资由保险基金支付；延长配偶护理假天数；对生育第二个、第三个孩子的家庭提供更多的配偶护理假；配偶护理假的天数不可转让给女性，但女性可选择将生育产假的天数转让给配偶。（3）女性基于自身情况，可选择休完产假，或提前返回工作岗位；若提前返回工作岗位，则获得工资收入，且产假津贴权益不受损失。（4）女性生育产假会增加用人单位的雇佣成本，政府应为雇佣女性较多的用人单位提供一定的税收优惠或财政补贴。

第六，确保生育保险缴费收支动态平衡。“无论是扩大生育保险的覆盖面，还是不断提高生育保险待遇，都需要充足的生育保险基金作保障。”③ 在中国人口发展战略规划下，全面提高生育保险待遇，会增加基金支出负担，甚至出现亏空问题。基于“以支定收、收支平衡”准则，一方面，可动态调整缴费比例；另一方面，用人单位、职工和政府应合理分担基金投入责任。若职工月收入低于标准额度，可获得国家或用人单位提供的缴费救助。

（五）加快生育保险立法与扩大生育保险统筹层次

中国尚未对生育保险专门立法，目前生育保险制度散见于相关法律，如《中华人民共和国社会保险法》（2018 年修订）第六章的四条生育保险规定、《中华人民共和国妇女权益保障法》（2018 年修订）的四条生育保险规定、《中华人民共和国人口与计划生育法》（2021 年修订）的六条生

---

① 张永英，李线玲．新形势下进一步改革完善生育保险制度探讨［J］．妇女研究论丛，2015（6）．

② 李线玲．新形势下生育保险待遇落实探讨［J］．妇女研究论丛，2016（2）．

③ 邹艳晖．国外生育保险制度对我国的启示［J］．济南大学学报（社会科学版），2012（6）．

育保障规定。国家层次的生育保险法规条款数量少；内容规定操作性不强，缺乏具体解释规定；分散的生育保险制度配套衔接不顺。

尽管2019年生育保险与职工医疗保险在全国合并实施，但生育保险仍是独立的、基本的社会保险。国家应加快生育保险立法，形成体系完善、制度整合、条款明确的生育保险法。

《中华人民共和国社会保险法》（2018年修订）第六十四条规定："基本养老保险基金逐步实行全国统筹，其他社会保险基金逐步实行省级统筹，具体时间、步骤由国务院规定。"两险合并实施后，生育保险制度的统筹层次应尽快由地市级统筹提高到省级统筹，再提高到全国统筹。

（六）配套与生育相关的保障制度

配套与生育相关的保障制度，推进生育养育友好型社会建设。生育阶段的保障措施对生育激励是有限的，还需要在养育方面提供保障支持。

《中华人民共和国妇女权益保障法》（2018年修订）第二十九条提出，"建立健全与生育相关的其他保障制度"。

《中华人民共和国人口与计划生育法》（2021年修订）第二十七条提出，"减轻家庭生育、养育、教育负担"。

我国不仅在生育阶段，还在养育阶段，为女性母职角色提供支持。以下配套的制度措施应受到重视：发展普惠性的社会托育；实施父母育儿假；为0~3岁婴孩提供抚养津贴；反对女性就业歧视，为女性就业提供系统支持，如法律援助、职业培训、岗位开发和工作推荐。

（七）健全生育保障制度

生育保险制度是生育保障制度的重要构成。发展完善生育保险制度是一个层面的制度建设，发展构建生育保障制度是更高层面的制度建设。

针对生育风险，职工通过参加生育保险方式获得保障，但以农民为主体的其他社会成员就基本上没有对应的保障项目。[①] 大量未参保的女性需要获得制度保障。应把占女性就业人口一半以上的非正规就业女性和从事农业生产的女性纳入保护之中，建立健全针对所有女性的生育保障制度[②]。

二、生育假制度体系构建

生育假制度对促进中国人口与社会可持续发展具有重要作用。在“二孩”“三孩”政策背景下，国家扩展了生育产假制度范畴，提出生育奖励假，支持发展父母育儿假。中国生育假制度体系中，相关概念范畴主要有生育产假、生育奖励假（延长生育产假和配偶陪产假）、哺乳时间、哺乳假和父母育儿假，这些概念之间存在联系。发展生育假制度，须清晰界定生育假制度的概念范畴，进而发展构建生育假制度体系。

广义生育假制度包括生育产假、配偶陪产假、哺乳时间、哺乳假和父母育儿假。生育假制度的价值理念是促进性别实质平等，保护母亲和新生儿健康，减轻家庭生育养育的负担。发展构建生育假制度体系，要求平衡职工、用人单位和国家之间的责任关系；将延长的生育产假和配偶陪产假纳入生育保险生育津贴的覆盖范围；未婚生育妇女应与已婚妇女同等享受产假津贴；将女职工必休产假与灵活产假相结合；全面发展父母育儿假制度；还应将法定生育假与协商休假相结合。

（一）生育假制度的范畴

生育假是国家法定的假期权益。目前生育假的享受主体是负有生育养育责任的在职父母。随着经济社会发展，生育假制度类型增多，比如，由生育产假发展到生育奖励假。狭义生育假制度包括生育产假和配偶陪产

① 何文炯，杨一心，王璐莎，徐琳．中国生育保障制度改革研究［J］．浙江大学学报（人文社会科学版），2014（4）．

② 马春华．完善中国亲职假政策：支持生育的有效政策工具［J］．妇女研究论丛，2021（4）．

假，陪产假又称护理假；广义生育假制度还包括哺乳时间、哺乳假和父母育儿假，旨在实现生育保护与养育支持无缝对接。各类别的生育假不是孤立的，而是相互作用和影响，如配偶陪产假、协同生育产假对女职工生育和就业提供保护和支持。

生育产假是指女职工在产前、分娩和产后的一段时间内依法享有的有工作保障的休假，由新生儿母亲专属享有，其目的是保护母亲和新生儿健康。[①] 通过生育产假，让孕、产期妇女有可支配时间恢复身心健康，照护新生儿，适应新身份。根据 2012 年国务院《女职工劳动保护特别规定》和地方生育保险制度规定，（1）女职工生育或流产，享受生育产假；女职工生育享受 98 天产假；生育难产的，增加产假；生育多胞胎的，每多生育一个婴儿，增加产假；怀孕流产的，按规定享受产假。（2）女职工参加生育保险，符合保险待遇领取条件，则产假工资由生育保险生育津贴补偿；未参加生育保险的，产假工资由用人单位支付。

相比较《女职工劳动保护特别规定》所定的生育产假，《中华人民共和国人口与计划生育法》（2021 年修订）所定的生育奖励假，包括延长的生育产假和配偶陪产假。只有符合计划生育规定，合法登记，才能享受生育奖励假权益。例如，《河南省人口与计划生育条例》（2021 年修订）第二十五条规定，“符合法律、法规规定生育子女的，除国家规定的产假外，增加产假 3 个月，给予其配偶护理假 1 个月，视为出勤”。《广东省人口与计划生育条例》（2021 年修订）第三十条规定，“符合法律、法规规定生育子女的夫妻，女方享受 80 日的奖励假，男方享受 15 日的陪产假。在规定假期内照发工资”。通过配偶陪产假，让男性配偶在女性生育期间可以照顾产妇和婴儿，分担家庭生育义务，促进男女平等[②]。

在 98 天生育产假、延长生育产假和配偶陪产假之后，国家实施哺乳时间和哺乳假制度。《女职工劳动保护特别规定》第九条规定，“用人单位应

---

① 李西霞．生育产假制度发展的国外经验及其启示意义［J］．北京联合大学学报（人文社会科学版），2016（1）．

② 邱玉梅，田蒙蒙．陪产假制度研究［J］．时代法学，2014（3）．

当在每天的劳动时间内为哺乳期女职工安排 1 小时哺乳时间”。哺乳假是指女职工在产假期满后因抚育婴儿有特殊困难，由本人申请，经用人单位批准后所享受的假期①。例如，《江苏省女职工劳动保护特别规定》第十七条规定：“经本人申请，用人单位批准，女职工可以休不超过 6 个月的哺乳假，待遇不得低于当地最低工资标准的 80%，超过 6 个月的，待遇由双方协商确定。”

国家实施支持推行父母育儿假。《中华人民共和国人口与计划生育法》（2021 年修订）第二十五条指出，“国家支持有条件的地方设立父母育儿假”。例如，广东、河南的人口与计划生育条例都规定，符合法律、法规规定生育子女的，在子女 3 周岁以内，在职父母每年都可享受 10 日的育儿假，视为出勤。

（二）目前生育假制度存在缺陷

对延长生育产假，社会争议大，制度落实效果差。另外，配偶陪产假和父母育儿假的制度规则模糊、不完整，制度的权威性、强制性和操作性不足。最后，生育假制度分散在不同的法律法规之中，制度配套衔接不畅，影响制度落地执行。目前生育假制度存在以下缺陷：

1. 延长生育产假对女性就业工作带来负面影响

延长生育产假能帮助女性恢复身体机能，还能增加儿童照料的时间。在“二孩”“三孩”政策下，延长生育产假，强化女性母职角色，但给女性职业发展带来负面影响，加重就业性别歧视。延长生育产假而没有相应的反歧视保护措施，会加重女性就业歧视。从女职工自身来说，因延长生育产假离开工作岗位越久，“原有职业技能停滞或下降概率越大，再就业后的职业地位和薪水就可能越低”②。有研究显示，女性在经历较长时间的

---

① 林燕玲，王春光．工作场所产假和哺乳期女职工权益保护研究［J］．中国劳动关系学院学报，2021（6）．

② 黄桂霞，姜大伟，刘中华．挑战与应对：“全面二孩”政策下的女性就业权保障［J］．中国劳动关系学院学报，2017（5）．

产假后，有职业中断或转移到非正规就业的现象[①]。

2. 延长生育产假的产假津贴由用人单位买单

有企业称，延长生育产假是“政府做好事、企业来买单”，自己成了“冤大头”[②]。目前各地生育保险生育津贴都覆盖98天生育产假和因特殊情况增加的产假，但大多数地方生育保险生育津贴未覆盖计生条例所定的延长生育产假。延长生育产假的工资和社保缴费由用人单位承担，会加重用人单位负担。有调查发现，延长产假后半数以上企业克扣产假天数、降低津贴标准，35.77%的企业在产假超过98天后不予发放生育津贴[③]。

实际上，“延长产假在不同群体中落实状况差距较大，加剧不同性质的用人单位女职工生育福利的差距，造成更严重的不公平。民营企业普遍难以负担假期延长的成本，延长假期难以落实，政府责任缺失”[④]。

3. 配偶陪产假天数相对偏少

配偶陪产假使男职工更多地参与家庭生育活动，有助于减轻女性生育负担，还有助于缩小男女职工在用人单位的成本与效益差距。然而，各地98天生育产假加上延长生育产假后，产假天数普遍在150天左右，而各地配偶陪产假天数普遍在15天左右，二者相差甚大。配偶陪产假天数偏少，仅能够解决生产时的陪护问题[⑤]，难以有效分担女性生育成本。

4. 配偶陪产假使用不足

地方计生条例普遍规定，配偶陪产假的工资和社保缴费由用人单位承

---

① 庄渝霞．母职惩罚理论及其对女性职业地位的解释：理论进展、路径后果及制度安排［J］．国外社会科学，2020（5）．

② 胡兆舜．浅议延长60天生育假是否应支付生育津贴的问题［J］．四川劳动保障，2016（9）．

③ 吴秀凤．浅析县域企业落实女职工产假存在的问题及建议：以邵武市为例［J］．就业与保障，2017（8）．

④ 林燕玲，王春光．工作场所产假和哺乳期女职工权益保护研究［J］．中国劳动关系学院学报，2021（6）．

⑤ 张永英．从性别与发展视角看实施全面两孩政策的顶层设计［J］．妇女研究论丛，2016（2）．

担。用人单位基于经营成本与效益计算，不愿执行制度，结果配偶陪产假的使用不足。

5. 父母育儿假立法模糊

实施父母育儿假，有助于减轻家庭养育负担，缓和在职父母育儿与工作冲突。然而，目前父母育儿假制度未受足够重视，国家立法模糊，已然滞后于社会需要。地方法规未提及父母育儿假，或笼统提出实施父母育儿假，缺乏执行细则。

（三）发展构建生育假制度体系

发展完善生育假制度，必须符合经济社会高质量发展理念。一是生育假制度要促进性别平等，不能损害女性劳动力市场参与。二是生育假制度分担女性生育成本，保护母亲和新生儿健康。三是生育假制度要减轻家庭生育养育负担，保证儿童健康成长。发展构建生育假制度体系，要求确定“制度覆盖的人群、假期的长度、假期使用方式、假期津贴与假期津贴的筹资来源”①。

生育假制度构建，要平衡雇员与雇主利益关系②，不使任何一方正当利益受损。职工和用人单位可基于法律法规，商议具体的休假方式，如一次性休完假期或分段休假、基本假期全额工资、超期降薪休假。职工计划离岗休假，应顾及用人单位经营秩序，提前告知、申请。可从以下方面发展构建生育假制度体系。

1. 生育保险的生育津贴应覆盖生育奖励假

国家在98天产假的基础上推行生育奖励假，但生育奖励假的工资由用人单位承担，会增加用人单位经营负担。这种情况下，延长生育产假天数越多，女性就业歧视越严重。人口与计划生育条例所定的生育奖励假，应

① 马春华．完善中国亲职假政策：支持生育的有效政策工具［J］．妇女研究论丛，2021（4）．

② 龚曦．德国“父母生育假”概况及分析［J］．中国社会保障，2021（11）．

与生育保险制度配套衔接，规定生育保险的生育津贴覆盖生育奖励假，以补偿职工生育奖励假的工资。国家应立法统一生育奖励假的基本构成，如假期主体、假期天数、假期工资标准和筹资渠道。

扩大生育保险生育津贴的覆盖范围，要防止投机参保谋取利益，还要有充足的生育保险缴费收入。基于“以支定收、收支平衡”准则，一方面，动态调整生育保险缴费费率，最高不超过1%；另一方面，用人单位、职工和政府应合理分担生育保险投入责任，防止任何一方缴费负担过重。政府对生育保险运作承担监管、补贴和风险兜底的责任。

2. 女职工必休产假与灵活产假制度

女职工享受98天产假和延长生育产假，可将部分产假规定为必休产假，对余下的产假期采取灵活休假制度。比如，规定98天产假为女职工必休产假，而对奖励性生育产假采取灵活休假。女职工基于自身情况，可休完奖励性生育产假，或提前返回工作岗位；若提前返回工作岗位，获得工资收入，且剩余假期的产假津贴权益不受损失。采取灵活的产假制度，可以降低持续产假对女性的冲击，增加其工作选择，更好地保障女性的就业权利①。

3. 完善配偶陪产假制度

目前生育保险法规没有充分体现男性的生育责任与权利。② 将生育休假的享受主体限定为女性的做法，表面看起来是对女性的保护，实际上是强化了传统的性别分工③。完善配偶陪产假制度，有利于两性共同承担家庭责任④，也能缩小男女职工在用人单位的成本与效益的差距，这有助于提高女职工劳动生产地位，防止女性就业歧视。配偶陪产假制度条款应包括：

（1）适当增加配偶陪产假的天数；

---

① 黄桂霞，姜大伟，刘中华．挑战与应对：“全面二孩”政策下的女性就业权保障［J］．中国劳动关系学院学报，2017（5）．

② 黄桂霞．政府、雇主和家庭共担生育责任的探讨［J］．人口与社会，2017（2）．

③ 张永英，李线玲．新形势下进一步改革完善生育保险制度探讨［J］．妇女研究论丛，2015（6）．

④ 李线玲．新形势下生育保险待遇落实探讨［J］．妇女研究论丛，2016（2）．

（2）配偶陪产假是男职工必休的生育假；

（3）男职工所享受的配偶陪产假的天数不可转让给女性，但女职工可选择将生育产假的天数转让给男性；

（4）人口与计生条例所定的配偶陪产假应与生育保险制度配套衔接，规定生育保险的生育津贴覆盖配偶陪产假，以补偿配偶陪产假的工资。

4. 全面发展父母育儿假制度

为减轻家庭育儿负担，平衡男女职工对家庭的照护责任和工作投入，应全面发展父母育儿假制度。目前父母育儿假制度规定不完整，制度强制性不足，制度推广使用少。父母育儿假制度条款应包括：

（1）国家应规定基本天数的父母育儿假，比如，规定3岁以内婴幼儿的在职父母每年各享受7天育儿假，地方政府视情况增加本地父母育儿假天数。随着中国经济社会发展，父母育儿假应扩展至6岁以内婴幼儿的在职父母。

（2）男女职工享受同等天数的父母育儿假；父母育儿假是男女职工必休的生育假，不可相互转让。

（3）父亲和母亲可选择一同休假，也可选择错开休假；可选择一次性休假或分段休假。

（4）可规定7天父母育儿假的工资由用人单位承担，体现其关爱员工与履行社会责任；7天之外的父母育儿假的工资由政府公共福利承担，不使用人单位经营负担过重。

（5）可规定7天父母育儿假的工资100%支付；7天之外的父母育儿假的工资按80%或更低比例支付。

（6）职工必须在用人单位连续工作达一定期限，才能获得父母育儿假待遇。

5. 补偿用人单位保护女职工的经营损失

女职工生育期会给用人单位带来经营负担，比如，女职工孕期检查请假时间和哺乳时间视为工作时间；女职工生育产假的社保缴费仍由单位承担；女职工生育离岗期间，用人单位要承受岗位人员调整和临时雇佣的成本。国家应通过税收优惠和财政补贴等措施，补偿用人单位这方面的经营损失，且不以用人单位女职工人数为依据，而应基于年度内女职工生育次数与全体员工人数的比值进行补偿。

三、女性平等就业制度体系构建

女职工劳动保护政策下，用人单位“三期”女职工的雇佣成本与效益比值相对较高。用人单位基于经营计算实施女性就业歧视。促进女性平等就业，要求完善女职工生育成本分担制度，不使用人单位负担过重，相对缩小男女职工雇佣成本与效益比值的差距；还应从立法、司法、行政、社会的层面，完善女性平等就业的制度机制。在政策制度与用人单位经营章程公正的情况下，女职工参与劳动市场竞争，获得相应的价值分配。

（一）女性就业歧视的构成要件

在招工与应聘环节，用人单位基于岗位生产要求，差别对待女性，则不构成女性就业歧视；反之，就构成女性就业歧视。比如，用人单位要求应聘者身高在1.7米以上，身高规定与工作岗位胜任力无关，就构成对女性就业歧视。

“女性就业歧视是指用人单位或者对就业机会有决定影响的单位和个人基于就业者的性别在就业中做出不合理的区别对待，从而取消或者损害女性劳动就业权利的行为。”① 女性就业歧视发生在劳动市场招工与求职环节，歧视的主体是对就业机会有决定影响的单位和个人，被歧视主体是求职的女性劳动者。用人单位不是根据岗位要求，而是基于性别因素差别对待女性求职者，或明或暗拒绝录用、提高录用标准、压低录用、无正当理

① 唐芳．对妇女的就业性别歧视界定与《妇女权益保障法》相关立法完善［J］．中华女子学院学报，2021（6）．

由试用期辞退。压低录用是指无正当理由，仅基于性别因素，将女性求职者分配到低级或非正式岗位。比如，“将相同或者相似岗位划分为不同的岗位，将男女雇员分开招聘，女性岗位的薪酬和待遇要低于男性”①。用人单位性别歧视的动因可能是女性角色刻板印象，也可能是雇佣成本与效益计算的逻辑。

女性就业歧视，符合用人单位和男性求职者的利益，但损害女性平等就业权益，不利于社会系统良性运作。当今社会，女性普遍看重劳动经济价值，而女性遭受就业歧视，使其就业机会、岗位地位和经济收益受损。“越来越多的女性将就业和财务安全当作生育的前提条件”②，而女性就业歧视损害其就业和财务安全。女性就业歧视限制劳动力市场公平竞争。

（二）女性就业歧视的结构因素

女性就业歧视的发生不仅是某个方面、某个主体的问题，还是社会结构系统中多个主体互动作用的结果。从结构系统分析女性就业歧视的发生逻辑，涉及用人单位女职工劳动保护的成本负担和经营计算的逻辑，而不仅仅是维权保护不力。

1. 用人单位“三期”女职工雇佣成本与效益的比值

女性生育不仅是个人、家庭的福祉，还是国家和社会的福祉。用人单位要按照法律规定，对“孕期、产期和哺乳期”女职工实施劳动保护。比如，用人单位不得因女职工怀孕、生育、哺乳而降低其工资、予以辞退、与其解除劳动或者聘用合同。

根据《中华人民共和国人口与计划生育法》（2021 年修订）、《中华人民共和国社会保险法》和 2012 年国务院《女职工劳动保护特别规定》，用人单位因对“三期”女职工劳动保护而形成的成本支出和效益损失，主要

---

① 唐芳．对妇女的就业性别歧视界定与《妇女权益保障法》相关立法完善［J］．中华女子学院学报，2021（6）.

② 庄渝霞．母职惩罚理论及其对女性职业地位的解释：理论进展、路径后果及制度安排［J］．国外社会科学，2020（5）.

包括以下方面：

（1）怀孕女职工在劳动时间内进行产前检查，所需时间计入劳动时间。

（2）女职工在孕期不能适应原劳动的，用人单位应根据医疗机构的证明，予以减轻劳动量或者安排其他能够适应的劳动。

（3）对未参加生育保险的女职工，其产假津贴、生育或流产医疗费用，由用人单位支付。

（4）很多地方生育保险制度所规定的生育产假并不包括生育奖励假，结果，生育奖励假的工资由用人单位承担。

（5）生育产假及延长生育产假期间的社会保险单位缴费部分，仍由用人单位承担。

（6）女职工生育产假离开工作岗位，会给用人单位带来成本负担，如岗位协调成本、临时雇佣成本。用人单位对女职工的前期投入因产假而无法得到回报。一些女职工“带孕”求职，合法地隐藏已怀孕的事实；有的入职后就怀孕；有的产假结束就离职，这些都会给用人单位带来成本负担。

（7）对哺乳未满 1 周岁婴儿的女职工，用人单位不得延长劳动时间或者安排夜班劳动；用人单位应当在每天的劳动时间内为哺乳期女职工安排 1 小时哺乳时间。

用人单位要对女职工生育承担劳动保护的责任，支付用工成本，承受经营效益损失。结果，用人单位女职工雇佣成本与效益的比值较高，进而影响利润和竞争力，于是用人单位偏好男职工，在招聘环节倾向于拒绝女性劳动者。

2. 用人单位对女职工劳动保护的成本分担过重

女职工劳动保护是让女职工不因生育事件而受到身体上、经济上和工作上的损害。然而，女职工劳动保护的成本分担不合理，用人单位分担较重，造成女职工雇佣成本与效益比值相对较高，结果用人单位基于经营计算，差别对待女性求职者，将女职工劳动保护所要求的成本付出再转嫁给女性。

用人单位就业性别歧视的深层逻辑是国家和社会对女职工劳动保护的成本分担不足，而用人单位分担过重。在国家和社会未增加资源投入的情况下，女职工劳动保护要求越高，用人单位付出越多，女职工雇佣成本与效益比值越高。结果，出现“保护越多，女性就业越难”的状况[①]。“公共生育福利制度的缺失导致企业负担过重，奖励性生育产假待遇落实情况不尽如人意，还进一步加剧性别就业歧视。”[②]在生育保险保障不足、国家投入偏少的情况下，用人单位责任负担较重，且女职工生育次数越多，责任负担越重，经营利润和市场竞争力越受影响。结果，用人单位基于经营逻辑偏向实施就业性别歧视。女职工劳动保护政策是正当的，但国家将保护“三期”女职工的成本过多地转嫁给用人单位，则会造成用人单位策略性排斥女性劳动者。

（三）维权保护不力

2019 年人力资源和社会保障部等九部门《关于进一步规范招聘行为促进妇女就业的通知》规定：（1）用人单位在录用职工时，除国家规定的不适合妇女的工种或者岗位外，不得以性别为由限制妇女求职就业、拒绝录用妇女或者提高对妇女的录用标准；（2）不得询问妇女婚育情况；（3）不得将妊娠测试作为入职体检项目；（4）不得将限制生育作为录用条件，不得在劳动合同中规定限制女职工结婚、生育的内容。国家反对任何形式的女性就业歧视。但现实中女性就业歧视普遍，违法主体很少受到法律惩处。针对女性就业歧视，所实施的维权保护不力。

第一，用人单位策略性地实施就业性别歧视，如利用算法决策[③]，使受歧视女性很难获得维权证据。雇主隐瞒自己对女性劳动者进行就业性别歧视的真实目的，以员工能力不合适、工作表现不好或采取间接的雇佣标

① 余秀兰．女性就业：政策保护与现实歧视的困境及出路［J］．山东社会科学，2014（3）．

② 刘琦．职工生育假制度的反思与重构［J］．理论界，2019（5）．

③ 阎天．女性就业中的算法歧视：缘起、挑战与应对［J］．妇女研究论丛，2021（5）．

准①，拒绝录用、压低录用或试用期辞退。

第二，遭受就业歧视的女性劳动者力量弱小②，维权所需的时间、精力和经济支持往往不足，维权成本较高。“尽管发生很多女性就业歧视，无论女性是遭遇拒录或被安排到次要岗位，其反抗招聘歧视行为的可能性都比较小。”③

第三，针对女性就业歧视，有关的法律规则不完善。比如，未明确说明女性就业歧视的构成要件和例外情况。劳动监察事项未包括就业歧视。“谁主张，谁举证”的规定对受歧视的女性不利。“没有对就业性别歧视行为的具体罚则”④，用人单位违法的法律责任方式少⑤。针对女性就业歧视，司法援助不足，公益诉讼发展滞后。

第四，一些人持“男主外、女主内”的社会性别刻板印象，将女性就业歧视正当化。

（四）女性平等就业的制度构建

反女性就业歧视，就是让女性与男性有平等的就业机会。唯有平等地进入用人单位，才有机会在劳动力市场公平竞争，发挥潜能价值，获得分配价值。

1. 用人单位女职工劳动保护的责任分担

女性的生育价值不仅是个体、家庭层面的价值，还具有社会层面的价值。女职工生育，需要劳动保护；劳动保护的成本应在国家、用人单位、女性劳动者及其伴侣之间公平分配⑥。

---

① 章伟平．我国女性就业性别歧视法律问题研究［D］．南昌：江西财经大学，2020.

② 胡桑，申纯．女性就业歧视公益诉讼制度法律机理研究［J］．中国劳动关系学院学报，2018（3）.

③ 余秀兰．女性就业歧视发生的机会结构［J］．甘肃社会科学，2014（6）.

④ 刘明辉．就业性别歧视的法律根源及对策［N］．中国妇女报，2012-08-28.

⑤ 王婷．我国女性就业性别歧视案例评析［D］．长沙：湖南大学，2019.

⑥ 李静雅．已育一孩职业女性的二孩生育意愿研究：基于生育效用感和再生育成本的实证分析［J］．妇女研究论丛，2017（3）.

促进女性平等就业，要求顾及用人单位合理的利益诉求，不使用人单位分担过重。通过司法手段反女性就业歧视，不能以向用人单位转移社会成本为代价，而是需要兼听用人单位的诉求和声音①。“三期”女职工劳动保护的成本分担制度构建应包括以下方面：

第一，增强生育保险对女职工的保障效用，如生育医疗费支付保障和产假津贴权益，相应地用人单位对女职工生育的支付负担会减轻。按照“应保尽保”准则，提高生育保险覆盖率，通过保险共济功能分散用人单位女职工生育成本。人口与计划生育条例所规定的生育奖励假，应与生育保险制度配套衔接，规定生育保险的生育津贴覆盖生育奖励假，以补偿职工生育奖励假的工资，不使用人单位为生育奖励假买单。女职工能获得生育保险的良好保障，有助于减轻用人单位的生育保护负担。

第二，补偿用人单位因保护“三期”女职工而形成的经营损失。“三期”女职工劳动产出降低，工资和福利不减少，这对用人单位不利。国家应适当、合理补偿用人单位的经营损失。

第三，发展配偶陪产假制度，以使男职工更多地参与家庭育儿，女职工更多地投入岗位工作，缩小男女职工雇佣成本与效益的比值差距。男职工更多地参与家庭育儿，女职工母职角色压力会减轻，就有更多的精力投入岗位工作，用人单位基于经营计算的用人歧视会减少。

2. 加强维权保障

第一，从立法源头上对歧视女性就业的行为进行规制。② 明确女性就业歧视的构成要件和例外情况。将女性就业歧视纳入劳动监察事项。由于女性就业歧视的诉讼双方事实上的不对等地位，应采用“举证责任倒置”的原则③。明确将惩罚性赔偿、精神损害赔偿纳入女性就业歧视的赔偿范

① 王理万．就业性别歧视案件的司法审查基准重构［J］．妇女研究论丛，2019（2）．

② 高媛．职场女性生育成本分担模式的重构：从二孩引发的就业歧视问题着眼［J］．中国劳动关系学院学报，2016（3）．

③ 刘明辉．首例就业机会性别歧视案折射的立法缺失［J］．妇女研究论丛，2014（2）．

围。[①] 用人单位违反女性平等就业法则，要承担民事侵权责任，还应视情况受到行政处罚和刑事处罚[②]，增加违法成本。

第二，加强司法保障。在当下制度语境中，司法保障作为性别平等制度的末端机制，要发挥司法对就业平等的促进和保障功能。[③] 对遭受就业歧视的女性提供司法援助，实施劳动公益诉讼[④]。

第三，完善行政监管机制。教育并要求用人单位遵守就业平等法规，加强人力资源市场监管和女性平等就业劳动监察，健全就业性别歧视举报投诉与约谈机制。消除就业性别歧视是一项复杂的系统工程，需要加强各部门之间的协调配合[⑤]。

第四，加强社会宣传、教育和倡导。2019 年人力资源和社会保障部等九部门《关于进一步规范招聘行为促进妇女就业的通知》规定，国有企事业单位、公共就业人才服务机构及各部门所属人力资源服务机构要带头遵法守法，坚决禁止就业性别歧视行为。妇联组织要会同有关方面组织开展相关评选表彰，加强宣传引导。人民法院要积极发布典型案例、指导性案例，充分发挥规范、引导作用。

用人单位必须遵守女职工劳动保护法律法规，承担女职工劳动保护责任。对“三期”女职工的劳动保护是正当的，但将女职工劳动保护的成本过度地转嫁给用人单位或过度干预企业经营自主权，则会提高用人单位女职工雇佣成本与效益的比值，结果用人单位偏好男职工，在招聘环节歧视女性就业。促进女性平等就业，要求回应用人单位的利益诉求，化解深层矛盾。应通过生育保险制度和国家公共福利介入，分担用人单位对“三期”女职工劳动保护的成本。促进女性平等就业，要求标本兼治，既要调

---

① 谢增毅．就业平等权受害人的实体法律救济［J］．社会科学战线，2016（7）．

② 孙伟．完善妇女劳动权益保障的立法构想［J］．宜宾学院学报，2010（4）．

③ 王理万．就业性别歧视案件的司法审查基准重构［J］．妇女研究论丛，2019（2）．

④ 王兰玉．劳动公益诉讼：劳动公益权保护困境的出路［J］．河南财经政法大学学报，2012（6）．

⑤ 田路．就业性别歧视法律制度研究［J］．政法论丛，2013（5）．

整用人单位的经营雇佣逻辑，又要完善维权保护机制。

从女职工自身来说，要均衡家庭照护与岗位任务。用人单位在确立劳动者绩效考核指标时，应充分考虑到性别因素对劳动者绩效的影响，保证算法决策的透明度和结果公平公正。①“三期”女职工受劳动保护，用人单位不应按照常规考核制度对待之；在“三期”之外，女职工要接受用人单位绩效考核的结果。

四、家庭主妇权益保障制度体系构建

在家庭分工中，家庭主妇主要照护家庭、养育孩子，丈夫工作赚钱。婚姻存续期间，丈夫有责任支持作为家庭主妇的妻子参加社会保险。政策法规应明确规定家庭主妇参加社会保险的权利。

家庭主妇的婚姻家庭权益受法律保护。根据《中华人民共和国妇女权益保障法》（2018 年修正），家庭主妇对依照法律规定的夫妻共同财产享有与其配偶平等的占有、使用、收益和处分的权利，不受双方收入状况的影响。如果夫妻曾书面约定婚姻关系存续期间所得的财产归各自所有，那么在离婚时，考虑到家庭主妇在抚育子女、协助男方工作等方面承担较多义务，她们有权在离婚时要求男方予以补偿。家庭劳务补偿额度要结合从事家庭主妇角色的时间、工作时间、劳务价值以及丈夫工作收入情况进行公正合理的计算。

家庭主妇较长时间离开劳动力市场，这会弱化工作就业能力，再步入工作环境会面临一些困难。考虑到她们的就业工作弱势及作出的社会贡献，政府应实施家庭主妇就业支持项目，包括就业培训、就业咨询、就业岗位推荐。习近平总书记在 2015 年全球妇女峰会上提出，“要创新政策手段，激发妇女潜力，推动广大妇女参与经济社会发展”。政府和社会要为家庭主妇劳动就业提供支持。

---

① 张凌寒 . 算法自动化决策中的女性劳动者权益保障［J］. 妇女研究论丛，2022（1）.

第十章　儿童权益保障制度体系发展构建

儿童权益保障包括儿童监护保护、儿童生存权和儿童发展权。发展儿童福利制度体系在国家经济社会发展中具有重要战略价值。发展儿童福利制度体系，有助于儿童保护、社会参与和儿童全面发展；弥补家庭育儿不足，减轻家庭抚养负担；缩小儿童出生与家庭养育的不平等，促进起点公平。"以儿童为中心"的社会投资战略还是一项面向未来的人力资本建设和经济增长保障①。发展儿童社会照护政策，有助于女性处理家庭照顾和工作就业冲突②。

国家通过儿童社会政策维护儿童各方面权益，保障儿童健康成长。创新构建儿童权益保障制度体系，要求整合发展儿童福利、儿童家庭福利与儿童母亲权益保障。

一、儿童福利制度四项内容

儿童福利是指国家、社会为0～18岁未成年人提供救助、保护和成长支持。《美国社会工作年鉴》指出："儿童福利旨在谋求儿童愉快生活、健全发展，并有效地发掘其潜能，它包括了对儿童提供直接福利服务，以及促进儿童健全发展有关的家庭和社区的福利服务。"儿童福利有直接对儿童的供给支持，也有通过对儿童父母、家庭及生活的社区提供支持和投

---

① 刘云香，朱亚鹏．向儿童投资：福利国家社会政策的新转向［J］．中国行政管理，2017（6）．

② 李向梅，万国威．育儿责任、性别角色与福利提供：中国儿童照顾政策的展望［J］．中国行政管理，2019（4）．

入，进而对儿童提供关爱保护与成长支持。

儿童福利制度是指国家和社会对未成年人提供直接供给和间接支持的各种制度措施。国家儿童福利有剩余性与普惠性之分。根据儿童福利制度的供给内容，可将儿童福利制度区分为经济支持、儿童医疗、儿童教育、儿童社会服务。四类儿童福利制度组合配套，就形成了儿童福利制度体系。也就是说，儿童福利制度体系包括儿童监护制度措施及生活保障、儿童医疗保障、儿童平等教育权、儿童关爱保护及成长支持。

1. 儿童监护制度措施及生活保障

确保儿童获得监护保护及生活保障，主要有孤儿、事实无人抚养儿童在福利院得到监护安置、寄养、领养和社会散居救助；为流浪乞讨未成年人提供安置救助；为残疾儿童和罹患恶疾儿童提供生活补助；为贫困家庭儿童提供生活救助。

目前中国儿童福利制度能够为困难儿童和困境家庭儿童提供安置保障、经济救助或补助支持。只有当儿童失去家庭或家庭无能为力时才提供有限的救济①，普惠性儿童福利津贴发展滞后。事实上多数普通家庭生养孩子都面临较重的经济负担。

2. 儿童医疗保障

儿童医疗卫生服务政策主要包括儿童公共卫生项目、儿童参加城乡居民医疗保险、儿童医疗救助。目前，一类疫苗可获得免费接种，二类疫苗需要自费接种。按政策规定，父母为儿童缴费、参加城乡居民医疗保险。由于医疗救助制度尚不健全，罹患重病的儿童有可能获得医疗救助。实际上，不是所有病患严重的儿童都能获得医疗救助。

3. 儿童平等教育权

儿童教育包括基础教育和中等教育；基础教育包括学前教育和义务教

① 乔东平，谢倩雯．西方儿童福利理念和政策演变及对中国的启示［J］．东岳论丛，2014（11）．

育；中等教育分为高中教育和中等职业技术教育。3~6岁的孩子在幼儿园所接受的照护和教育属于学前教育。幼儿学前教育已经“由家庭和个人的私人事务演化成为社会公共事务”[①]。目前中国普惠性幼儿园得到广泛的发展。较营利性幼儿园，普惠性幼儿园因得到政府投入和社会公益投入而收费较低。义务教育学费全免，公办高中因政府投入而学费较低，中职教育的学生符合政策条件可获得学费补助。儿童教育体系健全，已实现儿童教育的可获得性，但存在不足。比如，基础教育资源配置不均衡；中等职业教育人才培养多有不足。

4. 儿童关爱保护及成长支持

为儿童提供关爱、保护与成长支持。2020年民政部办公厅、司法部办公厅《关于做好服刑在押和强制隔离戒毒人员事实无人抚养未成年子女关爱保障工作的通知》提出，开展“关爱服刑和戒毒人员子女，精准保障事实无人抚养儿童”专项行动。

关爱、保护和支持未成年人健康成长，要求防止未成年人沉陷网络虚拟。2019年国家新闻出版署发布《关于防止未成年人沉迷网络游戏的通知》，提出六项措施：实行网络游戏账号实名注册制度；严格控制未成年人使用网络游戏时段时长；规范向未成年人提供付费服务；探索实施适龄提示制度；切实加强行业监管；积极引导家长、学校等社会各界力量履行未成年人监护守护责任，帮助未成年人树立正确的网络游戏消费观念和行为习惯。

儿童社会服务还包括：为3岁以下孩子提供托育照护；为农村留守儿童、流浪儿童、罹患艾滋病儿童提供关爱服务。目前儿童服务机构和专业人才发展不足。

① 林卡，张佳华．社会政策与社会建设［M］．北京：中国人民大学出版社，2015：127.

二、儿童福利制度体系发展构建

关爱、保护和支持儿童健康成长是系统的社会工程。基于社会需求及当前儿童福利制度体系存在的不足，设置相应的发展措施。对照儿童福利制度体系的四个领域，发展构建儿童福利制度体系。

1. 发展儿童经济补助政策体系

对儿童的经济补助不应仅限于孤儿、事实孤儿等困难儿童和困境家庭儿童。儿童经济补助福利制度的发展方向是结合经济社会发展水平和国家财政投入能力，逐渐扩大儿童经济补助的面；基于分类与分段救助、补助标准，由孤儿、失去家庭依靠儿童、父母病残或服刑等困境家庭儿童、贫困家庭儿童的经济救助发展到贫困边缘家庭的儿童经济救助，再逐步向低收入家庭儿童发展，最后面向普通家庭儿童提供津贴。通过发展儿童经济补助政策体系，将更多的需要救助、补助的儿童纳入保障对象；既要扩大受助面，又要结合经济社会发展水平，适时适度提高救助、补助的水平。

优先对孤儿及贫困与低收入家庭儿童提供经济补助。家庭困境度越高、儿童弱势度越高，那么其所获得补助额度越高。比如，“低保家庭”儿童所获得经济救助额度应高于“贫困边缘家庭”儿童。儿童家庭属于困境家庭且儿童自身罹患疾病或身残，则优先得到救助，且相较单个弱势，应获得附加的、更高额度的救助。

在底线福利和非底线福利两个层面①，为儿童发展提供经济支持、物质保障。在经济发展和国家财力投入可行的情况下，基于儿童全面发展，应实施儿童发展储蓄（投资）项目。儿童发展储蓄项目是对贫困和低收入家庭的儿童提供储蓄、投资；为项目儿童设置储蓄账号；家庭、政府和社会慈善配套投入；规定账户资金用途，如高等教育、工作培训、结婚等。儿童发展储蓄项目有助于儿童发展起点公平；激励父母为儿童发展储蓄资

① 景天魁，毕天云．建设具有中国特色的福利社会［J］．人民论坛，2009（20）．

金，对儿童成长有积极的规划和预期。

2. 提高儿童医疗服务保障度

通过儿童医疗卫生保障的政策改革，确保患病儿童能够获得所需的医疗服务，提高儿童医疗服务的质量；有效减轻儿童家庭尤其是罹患恶疾儿童的家庭的医疗负担。在现有医疗救助政策的基础上，扩大儿童医疗救助的覆盖范围，提高医疗救助的额度。2017 年国务院办公厅《关于进一步加强疫苗流通和预防接种管理工作的意见》提出，“逐步推动将安全、有效、财政可负担的第二类疫苗纳入国家免疫规划”。最后，国家应优先发展儿童公费医疗福利制度。

3. 发展基础教育和中等教育政策制度

发展普惠性幼儿园，提高幼儿教育质量；规范入园收费，减轻家庭入园负担；对贫困家庭孩子入园提供经济救助。2021 年 7 月《浙江高质量发展建设共同富裕示范区实施方案（2021—2025 年）》提出，实施学前教育发展三年行动计划，建立完善学前教育成本分担机制，推动普惠性幼儿园扩容工程和农村幼儿园补短提升工程，全面建成覆盖城乡、布局合理、质量保证的学前教育公共服务体系，实现学前教育普及、普惠。

促进基础教育资源均衡化配置，维护外来务工人员子女和残疾儿童的教育权。提高中等职业教育质量。完善中高考录取制度。对困难儿童和困境家庭儿童提供教育救助。儿童自由而全面的发展，要求减轻过度课业负担，完善课后服务和寒暑假托管服务。

4. 发展儿童保护与成长支持服务体系

发展儿童社会服务制度体系，为 3 岁以下儿童提供公共托育，为各类别的儿童提供系统化、多层次的关爱、保护与成长支持服务。政府应优先发展 2~3 岁儿童公共托育服务。在父母普遍就业、单亲家庭增多的情况下，一家就近的、平价的、时间弹性强和有品质保证的公共托育机构，能获得家长的信赖。① 儿童社会服务制度项目还包括：防止儿童辍学；为初中毕业后未升学少年提供培训项目；为留守儿童、流浪儿童提供保护与成长支持；为被监护人忽视、受家庭暴力、学校欺凌的儿童提供保护；发展儿童司法社会工作服务；发展儿童心理咨询服务、儿童精神健康服务和儿童素质拓展服务项目。

2019 年民政部单独设立儿童福利司，要求在基层设置儿童督导、儿童主任，建立专业化的儿童服务机构。发展儿童保护与成长支持制度体系，关键是在行政高层有领导机构，在基层社会有儿童服务机构与专业队伍，形成社区儿童关爱服务体系。

儿童健康成长植根于亲情，补足在社区，落实于社会，社会的所有成员和机构都负有保护儿童健康成长的责任。②营造良好的儿童生活与成长的社区、社会环境，人人都是儿童保护的有力参与者、保护者③，形成多层次、系统化的儿童关爱、保护与成长支持体系。

三、儿童家庭福利制度体系构建

家庭生活系统对儿童成长具有不可替代的作用。当今社会家庭面临各种风险和压力，这增加了家庭儿童面临的各种风险。④ 需要通过儿童家庭福利政策，支持、协同、增强家庭的养育能力。促进儿童家庭福利制度体系发展，应将儿童家庭经济补助、父母育儿带薪假与儿童家庭社会服务相配套。

---

① 刘云香，朱亚鹏．向儿童投资：福利国家社会政策的新转向［J］．中国行政管理，2017（6）.

② 陆士桢，常晶晶．简论儿童福利和儿童福利政策［J］．中国青年政治学院学报，2003（1）.

③ 乔东平，黄冠．从“适度普惠”到“部分普惠”：后 2020 时代普惠性儿童福利服务的政策构想［J］．社会保障评论，2021（3）.

④ 熊跃根．福利国家儿童保护与社会政策的经验比较分析及启示［J］．江海学刊，2014（3）.

（一）完善儿童家庭经济补助、住房保障与家庭税收优惠政策

对孤儿、事实孤儿、困难儿童和困境家庭儿童直接提供经济补助是一个方面，以儿童家庭为单位提供整体性经济补助是另一个方面。

儿童生活保障与儿童家庭经济状况直接关联。对儿童家庭的整体补助，可提高家庭经济能力，进而使得儿童在家庭生活系统中获得生活保障。比如，为低收入家庭提供经济补助，提高家庭经济能力，再使儿童在家庭系统中获得生活保障。通过将育儿费用纳入个人所得税专项附加扣除，为育儿家庭提供经济支持。最后，政府应优先为有孩子的困难家庭提供住房保障。

（二）发展困境家庭3岁以下婴幼儿照护补助制度

若母亲或父亲在家全职照护3岁以下婴幼儿，且家庭经济状况符合一定的标准，则应对母亲或父亲照护提供补助。若父母为双职工家庭，由（外）祖父母照护孩子，且家庭经济状况符合一定的标准，则应对（外）祖父母提供照护补助。对母亲或父亲照护的补助应高于对（外）祖父母照护的补助，以鼓励母亲或父亲承担养育责任。

若父母将3岁以下婴幼儿交由私人托育机构，且家庭经济状况符合一定的标准，则应获得家庭照护补助，以弥补入托的费用。如果低收入家庭婴幼儿进入普惠性的托育机构，即已享受政府投入或社会公益投入的资源，那么应取消家庭照护补助。困难家庭3岁以下婴幼儿照护补助应与普惠性托育照护相排斥。

当今社会面对家庭生养的高负担以及父母工作与照护冲突，有必要分阶段推进家庭3岁以下婴幼儿照护补助政策，应优先对困难家庭婴幼儿照护提供补助，再逐渐推广至普通家庭。困难家庭婴幼儿照护补助与最低生活保障制度并不排斥，在基本生活保障的基础上，分担家庭照护成本，以使其获得良好保障。

（三）发展父母带薪育儿假

2021年第十三届全国人大常委会提出，国家支持有条件的地方设立父母育儿假。2021年国务院《中国儿童发展纲要（2021—2030年）》提出，探索实施父母育儿假。雇佣职工应享有父母育儿假。

实施父母育儿假，意在支持在职的父母多陪伴孩子，尤其是3岁以下婴幼儿。如果孩子是由母亲照护，那么实施父母育儿假，能让工作的父亲分担母亲照护的压力；如果孩子是由老人照护，那么实施父母育儿假，能让工作的父母亲分担老人照护的压力，以此避免父母一方或双方育儿缺席。即便父母选择社会托育，也应多关爱、陪伴孩子。

（四）发展儿童家庭社会服务

家庭是儿童首要的照护场所，福利项目应该不遗余力地提高父母能力，强化家庭养育功能。[①] 通过对儿童家庭提供社会服务，支持儿童家庭结构功能处于良好状态，让家庭能够更好地养育、照护儿童，同时预防、处理家庭系统对儿童造成伤害。

儿童家庭社会服务主要有：督促父母履行监护、抚养责任；提供产妇心理健康服务和夫妻关系咨询服务；实施父母课堂和亲子服务项目；离异家庭中儿童的抚养费受法律保护并强制执行；对家庭暴力进行干预。政府应注重发展社区家庭服务支持体系，将关联服务机构和主体连接起来，形成整合化的服务网络，为困境儿童家庭和普通儿童家庭提供系统的服务支持。

① 乔东平，谢倩雯．西方儿童福利理念和政策演变及对中国的启示［J］．东岳论丛，2014（11）．

四、儿童母亲权益保障制度体系构建

儿童母亲权益保障状况与儿童成长发展是息息相关的。因此，应完善儿童母亲权益保障，支持母亲照护、养育好孩子。

（一）完善妇女生育权益保障

生育阶段的准妈妈与孩子本就是一体的，孩子的生命质量与健康成长，直接依托母亲身体与生活状态。

第一，妇女基本孕产检项目应获得支付保障。目前妇女孕产检支付保障，因地区、所属社会保险系统的不同而存在差异。大多数地方城乡居民医疗保险对孕产检费用不提供支付保障，职工生育保险提供一定的支付保障。受访的孕产妇说："我们这里，做羊水穿刺或无创，要好几千，又不能报销，还有医院开的什么钙片、维生素，都不能报销，这样下来，还没生就小一万了。"

考虑到孕产检的重要性，国家应将 NT 检查、唐氏筛查、四维彩超、糖尿病筛查等必查项目纳入制度保障，确保所有孕产妇都能享有基于底线公平的制度保障。政府部门和社会机构应加强政策宣讲，确保政策实施公开透明、公平公正，有效落实孕产检保障制度。

第二，完善住院分娩支付保障。根据 2010 年《中华人民共和国社会保险法》和 2016 年国务院《关于整合城乡居民基本医疗保险制的意见》规定，孕妇住院分娩或者因生育而引起的流产、引产，所发生的符合政策规定的医疗费用，可获得职工生育保险或城乡居民医疗保险的支付保障。

国家应进一步提高住院分娩保障额度，尤其应提高城乡居民基本医疗保险住院分娩项目的支付额度，减轻孕妇家庭自付负担。外来务工妇女在户籍地参加城乡居民基本医疗保险，应能选择在务工地待产、分娩并同等地获得保险待遇。

第三，发展妇女生育补助制度。当前城镇非正规就业的妇女和从事农业生产劳动的妇女，在职工生育保险保障之外，通常享受不到产假生育津贴①。基于底线公平准则②，应建立妇女生育补助基金，为职工生育保险之外的妇女提供生育补助，优先为困境家庭妇女提供生育补助。妇女生育补助“专为没有资格领取法定产假津贴的孕妇而设立”③。

（二）倡导全职妈妈家庭生活权益

全职妈妈与工作养家的丈夫为家庭创造不同的价值，共同投入孩子成长。全职妈妈所创造的家庭价值为丈夫所享有，丈夫的工作收入亦为全职妈妈所享有。一些全职妈妈得到丈夫的尊重和爱护。某全职妈妈说：“家庭主妇 14 年了，没上过班，孩子他爹一直以来都说我对他和孩子们是无价的，所以选择一个有责任和爱护自己的人很重要。”一些全职妈妈看丈夫脸色，没有家庭地位。某全职妈妈说：“带着小孩在家的我，被老公说好吃懒做，吃他的，喝他的。这些话，我从他妈嘴里也听过。成了母亲之后，就慢慢变成了弱势群体。”“自从结婚，就在家带娃，靠老公养，其中的心酸只有自己知道。”

全职妈妈对家庭的付出应当得到丈夫的承认，对夫妻共同财产享有平等的权利。在家庭经济可支撑的情况下，丈夫应为全职妈妈参加社会保险提供缴费支持。如果全职妈妈选择工作就业，丈夫应支持并分担家庭养育工作。

五、农村留守儿童关爱制度体系构建

在城市化进程中，大批农村留守儿童成为社会转型的受害者，他们在

① 马春华．儿童照顾政策模式的形塑：性别和福利国家体制［J］．妇女研究论丛，2020（5）．

② 景天魁．底线公平与社会保障的柔性调节［J］．社会学研究，2004（6）；王思斌．我国适度普惠型社会福利制度的建构［J］．北京大学学报（哲学社会科学版），2009（3）．

③ 刘能．迈向证据为基础的社会政策研究［J］．学海，2019（3）．

成长过程中遭遇更多的困境、难题和障碍。随着户籍及农民工公共福利权的落实，很多农村父母将孩子带在身边，在务工城市上学和生活，这使农村留守儿童的比例有所降低，但农村留守儿童的总体数量仍庞大，仍有必要创新治理农村留守儿童问题。针对农村留守儿童生活处境及成长问题，政府和社会要发展创新关爱制度体系，协同家庭，支持儿童健康成长。

目前农村留守儿童关爱政策存在不足。关爱政策项目少，关爱服务供给体系不健全，儿童服务机构和专业队伍建设不足，角色职责履行不到位甚至缺位；关爱服务内容与农村留守儿童需求契合度不足，服务方式偏活动化、节日化、宣传化，服务供给呈碎片化。面对农村留守儿童成长问题及现有关爱政策问题，可从关爱政策的项目体系和供给体系两个方面，发展构建关爱制度体系。发展供给体系，要求在行政高层有领导机构，在社区有儿童服务机构和专业队伍，健全互动合作机制，落实农村留守儿童救助、保护与关爱责任。发展项目体系，包括直接介入福利项目和家庭政策项目。

（一）农村留守儿童成长问题

城市化背景下，农村青壮年普遍选择外出务工。一些务工父母不得已将孩子留守农村。农村留守儿童是指父母中至少有一方外出、被留在农村半年及以上、户籍在农村的未成年人。农村留守儿童因与父母或父母一方分离而更可能面临风险因素，出现成长问题。

由于父母不在身边，对其心理与行为问题、遭遇的社会事件很难及时发现和处理；而问题得不到及时处理，可能会触发其他问题而使问题累积、复杂化，这对留守儿童健康成长极为不利。

一些农村留守儿童孤单、害怕，不自信，缺乏安全感。有农村留守儿童说："有时候看到别人炫耀爸爸妈妈带他去哪里玩，真的好羡慕。别的小孩，下雨有人接，我却只能自己淋湿跑回家。感觉家里冰冷。有时晚上怕得睡不着，只能睁眼到天亮。"一些留守儿童被孤立、受欺负。有农村留守儿童说："爸妈生了弟弟，我还得带弟弟，奶奶去世过后，我俩就住亲戚家，不敢闹。学校根本不知道我爸妈是谁，打电话他们只会说自己辛苦！不会讲话，不懂和人相处，被别人说成哑巴，被别人嘲笑、欺负。有时晚上一个人偷偷掉眼泪。”一些农村留守儿童被嘲笑“没有父母要”。农村留守儿童思念、盼望爸妈回来，逢年过节的时候思念更甚。但真的和爸妈团聚在一起时，可能又很难亲密，显得陌生而无聊。有留守孩子说：“爷爷奶奶都教我，说爸爸妈妈是爱我的，他们在外面打工赚钱不容易。我有时不接他们电话，奶奶都会说我。一直都想着爸爸妈妈多好多好，可现在妈妈回来了，她接受不了我的性格，我也试探着靠近，然而并没有什么用。”长时间分离使留守孩子与父母感情不深。

调查发现，孩子母亲外出会给留守儿童的健康以及卫生服务利用带来更少的收入效应，以及更大的负面作用。① 与兄弟姐妹生活在一起的留守儿童，其心理健康状况明显好于没有与兄弟姐妹生活在一起的留守儿童②。父母外出的留守儿童多由祖辈照料。很多隔代照料留守儿童的祖父母教育水平低，他们还需自食其力。在这种情况下，祖辈对留守儿童的生活、健康和学习，很难照顾周全，很少能顾及留守孙辈的学习、品德、心理③。农村留守儿童健康成长存在较多的风险。农村留守儿童问题主要不是物质匮乏，而是如何获得保护与成长支持④。

（二）农村留守儿童关爱制度现状

农村留守儿童身处弱势，不仅是由于其家庭结构不完整，还在于各种不利的结构的交织及可获得资源的匮乏。⑤ 面对农村留守儿童成长问题，

---

① 宋月萍，张耀光．农村留守儿童的健康以及卫生服务利用状况的影响因素分析［J］．人口研究，2009（6）．

② 王东宇，王丽芬．影响中学留守孩心理健康的家庭因素研究［J］．心理科学，2005（2）．

③ 段成荣，吕利丹，郭静，王宗萍．我国农村留守儿童生存和发展基本状况：基于第六次人口普查数据的分析［J］．人口学刊，2013（3）；张学浪．创新社会治理体制下的农村留守儿童关爱服务体系构建［J］．农村经济，2018（2）．

④ 杨涛．农村留守儿童福利支持中政府责任及其落实［J］．重庆城市管理职业学院学报，2017（3）．

⑤ 谭深．中国农村留守儿童研究述评［J］．中国社会科学，2011（1）．

国家和社会要提供关爱保护与成长支持。也就是说，在当下还不能彻底消除留守状态的情况下，必须采取关爱制度项目和措施，为留守儿童提供保护和成长支持。

农村留守儿童关爱制度分为关爱制度项目和关爱供给体系，前者规定关爱资源的分配，后者规定关爱传递的结构。关爱制度项目在价值源头上促使关爱服务供给体系的形成。关爱制度项目依托供给体系，将服务资源转化为服务内容，并传递给服务对象。

目前农村留守儿童关爱制度项目主要有：农村留守儿童学校寄宿；留守儿童关爱结对帮扶；农村儿童活动中心。关爱供给体系主要有：农村学校教师提供关爱服务，爱心人士提供关爱服务，农村基层组织开展关爱服务。

（三）农村留守儿童关爱制度存在不足

农村留守儿童关爱制度项目问题主要有：关爱制度项目偏少，对关爱制度项目的投入不足，项目服务内容的契合度不足，未形成系统的关爱制度项目体系。

农村留守儿童关爱服务供给缺乏专职、专业的儿童服务机构，直接影响关爱工作的常态化和长效化。农村教师专注教学工作，很难有精力投入留守儿童关爱服务。寄宿制学校存在“寄而难育”问题①。农村儿童活动中心或乡村少年宫往往缺乏专职、专业人员，经费保障不足。关爱服务偏活动化、节日化、宣传化、表面化和宽泛化。很少针对留守儿童需求提供个性化、系统化的服务支持。

（四）完善农村留守儿童关爱服务供给体系

第一，设置农村留守儿童关爱领导机构，统筹规划关爱服务事业，协

---

① 王学男，吴霓．后撤并时代寄宿制学校对农村留守儿童关爱与教育的挑战与可能［J］．湖南师范大学教育科学学报，2019（1）．

调关联利益主体。乡镇政府、村委和儿童服务机构等应参与成立关爱治理委员会，该委员会履行领导职能，将乡镇儿童督导、村社儿童主任、儿童服务机构、学校、志愿者等纳入关爱服务组织网络。

第二，每一乡镇建立或引入一家儿童保护机构，成为关爱工作的前沿阵地。可将农村儿童服务机构设置为公益事业单位，隶属于民政系统儿童福利处，由政府承担财政投入责任。还可将机构设置为民营社会机构，主要由政府提供运营资金。同时，还应加强农村基层儿童工作队伍建设。

第三，构建农村留守儿童社区关爱服务体系。社区关爱服务体系由若干个次级联动服务所构成，如儿童服务机构与幼儿园、学校、寄宿中心联动服务；儿童服务机构与儿童福利院联动服务；儿童服务机构与社区内外的志愿者、慈善组织和爱心企业联动服务。

（五）发展农村留守儿童关爱制度项目

发展农村留守儿童关爱制度项目，以使供给体系中关爱服务机构有项目和资金进入服务生产路径。关爱制度项目分为：对留守儿童直接支持与家庭价值视角下关爱支持。

1. 家庭价值视角下关爱支持项目

父母及家庭在孩子成长中有着不可替代的作用。在家庭结构功能出现裂痕且难以自行恢复时，应通过家庭社会政策介入家庭系统，修复并夯实家庭对留守儿童的监护和教养功能。也就是说，通过对家庭系统提供支持，再通过家庭系统为留守儿童提供抚养保护。

政府和社会应积极联系孩子父母，提供家庭教育指导，强化外出务工父母的监护职责，同时预防、处理不负责任的委托监护及事实无人监护问题。家庭视角下关爱制度项目主要有：

（1）倡导外出务工父母多回家看望孩子，支持务工父母与留守孩子在寒暑假团聚；

（2）实施外出务工父母育儿假；

（3）通过父母课堂项目，提升父母及委托监护人的教养能力；

（4）开展亲子项目活动；

（5）提供儿童教育和家庭问题咨询与指导服务；

（6）为困境农村留守儿童家庭提供生活保障和专项救助。

2. 直接面向农村留守儿童的关爱制度项目

直接面向农村留守儿童的关爱制度项目主要有：（1）为残疾、罹患重病等农村留守儿童提供经济补助。（2）通过制度项目，辅导完成学业。（3）发展失学留守儿童就业培训项目。

第十一章　失业保障制度体系发展构建

失业引发生活风险。失业后，没有积蓄或失业一段时间后用完积蓄，又没有其他资产和生活来源，失业者将处于基本生活没有着落的艰难处境。对失业者的保障主要包括基本生活保障、就业培训、就业岗位推荐。针对失业者状况，应设置系统性的失业保障与就业支持制度体系。

一、失业保险制度发展

失业保险制度具有保生活、防失业、促就业功能。① 失业保险制度不仅关系到失业者的生活保障，而且关系着宏观经济和社会形势的稳定②。根据目前失业保险制度规定，用人单位职工纳入参保对象，公务员未纳入。参保的失业人员符合下列条件，才能领取失业保险金：

（1）失业前用人单位和本人已经缴纳失业保险费满一年。《失业保险条例》第六条规定，“城镇企业事业单位按照本单位工资总额的2%缴纳失业保险费。职工按照本人工资的1%缴纳失业保险费”。

（2）非因本人意愿中断就业。“非因参保人意愿而中断就业”包括以下情形：“因双方签订的劳动合同期满，用人单位被依法宣告破产或者被吊销营业执照、责令关闭、撤销或用人单位决定提前解散，导致劳动合同

---

① 桂桢．积极的失业保险制度建设迈出坚实步伐［J］．中国人力资源社会保障，2022（10）．

② 刘军强．政策的漂移、转化和重叠：中国失业保险结余形成机制研究［J］．管理世界，2022（6）．

终止；被用人单位解除劳动合同或者开除、除名以及辞退等情形的。”①

（3）已经进行失业登记，并有求职要求。

基于缴费贡献，确定领取期限，最长不超过24个月。所领取的失业保险金不低于当地最低生活保障标准。

失业保险为参保职工提供失业后的保障支持。2020年人力资源和社会保障部等《关于扩大失业保险保障范围的通知》规定，对符合领取失业保险金条件的参保失业人员，应及时足额发放失业保险金，代缴基本医疗保险费，按规定发放价格临时补贴（临时物价补贴）、丧葬补助金和抚恤金。

在重大疫情冲击下，政府放宽失业保险待遇条件，扩大失业保险的受益面。2020年人社部等《关于扩大失业保险保障范围的通知》规定，2020年3月至12月，领取失业保险金期满仍未就业的失业人员、不符合领取失业保险金条件的参保失业人员，可以申领6个月的失业补助金，标准不超过当地失业保险金的80%。疫情时期，参保缴费不足1年或参保缴费满1年但因本人原因解除劳动合同的参保失业人员，可领取失业补助金。重大疫情冲击下，通过失业保险的失业补助金规定，延长失业保险金的领取时间和扩大受益人群，更好发挥失业保险政策对参保失业者的保障效能。

（一）失业保险制度保障存在问题

目前失业保险参保率和受益率双低②，政策的社会效能不足。2017年中国失业保险参保人数为1.88亿，和城镇就业人员相比，参保率仅为40%左右；其中，农民工参保人数为4897万，占农民工总人数比例为17.1%③。根据2019年度《人力资源和社会保障事业发展统计公报》数据，2019年中国城镇就业人口4.42亿，参加失业保险人数为2.05亿。

---

① 冯伟．公务员是否需要纳入“失业”保障［J］．人力资源，2022（8）．

② 孙守纪，方黎明．新就业形态下构建多层次失业保障制度研究［J］．中国特色社会主义研究，2020（5）．

③ 田大洲，梁敏．积极的失业保险政策研究：实施广覆盖的参保政策［J］．中国劳动，2018（9）．

“失业保险主要覆盖了工作稳定、能持续缴费的工作人群，却无法覆盖高风险人群。”① 灵活就业的、存在高失业风险的劳动者在失业保险保障之外。

目前失业保险待遇获取条件相对严苛②，如果不符合“非因本人意愿中断就业”的规定，则不能获得待遇；如果参保职工就业中断，不符合缴费满 1 年的规定，则不能获得待遇。在经济不稳定情况下，失业人数增多，而失业保险领取人数未明显增多，失业保险在应对危机时存在一定程度的失灵③。

中国失业保险制度与劳动力市场日益脱节④，且制度执行价值目标偏离严重。例如，用人单位为了安抚失业者，通常会遂其所愿开具“非自愿失业”的解除劳动合同证明，即使是主动辞职，也不符合领取失业金条件⑤。严重的信息不对称，使失业保险的监督成本很高⑥。

（二）失业保险制度改革

习近平总书记对失业保险制度发展，提出“扩大失业保险覆盖范围”，“推动失业保险省级统筹”，“抓好失业保险稳岗返还、稳岗培训政策落地”。可从以下方面发展失业保险制度：

（1）扩大失业保险覆盖面，推动流动性较大的劳动者参保，如农民工、中小微企业职工。

（2）完善失业保险基金对在职员工和失业人员的技能培训支持。例如，2021 年，齐齐哈尔市有 1070 名在职职工通过多种方式主动提升岗位

---

① 李珍，王怡欢，张楚．中国失业保险制度改革方向［J］．社会保障研究，2020（2）．

② 孙守纪．构建新时代中国特色失业保障制度［J］．中国劳动，2022（2）．

③ 董保华，孔令明．经济补偿与失业保险之制度重塑［J］．学术界，2017（1）．

④ 刘军强．政策的漂移、转化和重叠：中国失业保险结余形成机制研究［J］．管理世界，2022（6）．

⑤ 肖进．论我国失业保险制度中的道德陷阱［J］．新西部，2014（8）．

⑥ 陈耀庭，戴俊玉．失业保险制度中被保险人欺诈行为研究——以 Z 市为例［J］．中国人力资源开发，2015（4）．

技能或转岗能力，取得了职业资格证书或技能等级证书，享受了相应的技能提升补贴待遇。失业保险技能提升补贴政策受到企业和职工欢迎，不仅提高职工就业能力，预防了失业，还提升了企业竞争力，促进企业发展①。

（3）发展完善失业保险基金稳岗返还措施。例如，在疫情冲击下中小微企业生产经营持续承压，通过稳岗返还措施，及时输血供氧，从源头上稳住岗位、稳住就业②。当上市公司、私营企业或非营利组织因暂时的不可控因素使得业务量下降一定百分比时，参保雇员在协议约定时间内减少工作时间和工资收入，通过失业保险基金为工资收入减少的参保雇员提供临时收入补助，目的是保留熟练员工，降低失业率，促使经济恢复③。

（4）推动失业保险省级统筹。2019 年人力资源和社会保障部、财政部、国家税务总局《关于失业保险基金省级统筹的指导意见》提出，建立健全规范、高效的失业保险基金省级统筹管理体系。“十四五”期间，把加速推进失业保险基金省级统筹作为一项重要工作，从根本上解决失业保险基金统筹层次相对较低、个别地区支撑能力偏弱的问题④。例如，《山东省人民政府关于失业保险省级统筹的实施意见》规定，全省统一参保单位及其职工的缴费费率和缴费基数核定办法，统一失业保险基金支出项目和失业保险相关待遇领取政策。通过省级统筹，实现政策办法、基金收支、预算管理、经办服务、信息系统“五统一”，进一步增强制度活力、提升基金效能、强化互助共济。⑤

（5）区别对待自愿离职的参保职工。如果自愿离职的参保人员能够证明自己的离职理由具有正当性，如遭受了职场性骚扰、雇主违反法律⑥，

---

① 丛威．保障失业人员生活 稳定企业就业岗位［J］．中国人力资源社会保障，2022（2）．

② 俞家栋．失业保险基金稳岗位提技能防失业［J］．中国人力资源社会保障，2022（6）．

③ 费平，刘欣．加拿大失业保险逆周期调节机制研究［J］．中国劳动，2022（2）．

④ 桂桢．构建具有中国特色积极的失业保险制度［J］．中国社会保障，2022（5）．

⑤ 桂桢．以党的二十大精神为指引 推动失业保险事业高质量发展［J］．中国社会保障，2022（11）．

⑥ 同③．

那么不因此失去领取失业保险金的资格。

（6）对因非职业病、非工伤事故而身残、被迫离职的职工，应根据缴费贡献，给予一定额度和期限的失业保险金待遇。

（7）加强失业保险经办服务标准化建设。建立“互联网+失业保险”服务平台，提高服务的准确性和有效性。① 开展虚构劳动关系骗取失业保险待遇问题专项整治行动，完善待遇申领信息比对核查系统，严厉打击骗保、套保、挪用贪占等各类违法行为②。

目前中国失业保险的领取条件、领取期限和领取金额相对固定，限制了逆周期调节功能的发挥。③ 发展完善失业保险制度，应建立领取条件、领取期限和领取金额与失业率相关联的长效机制，在经济下行期间，适当放宽领取条件，延长领取期限，提高待遇水平④。还需在基金利用方面，完善失业保险制度，包括“提高农民工失业者的补助水平和受益面”，“优先保障现金支持，减少低效的培训项目”⑤。

修订1999年《失业保险条例》，严格依据《中华人民共和国社会保险法》，在全国范围内推进公务员依法参加失业保险，既有利于统筹推进国家失业保险体系建设，扩大筹集失业保险基金的范围，增强社会公平，又有利于促进人力资源合理流动和优化配置，还有利于机关单位分类改革；同时，删除《中华人民共和国公务员法》第九十条“被辞退的公务员，可以领取辞退费”规定⑥。

---

① 刘雅涵．盖州市失业保障问题与对策研究［J］．黑龙江人力资源和社会保障，2021（3）．

② 桂桢．构建具有中国特色积极的失业保险制度［J］．中国社会保障，2022（5）．

③ 殷俊，陈天红．美国失业保险待遇调整机制分析及对中国的启示［J］．新疆大学学报（哲学·人文社会科学版），2015（4）．

④ 费平，刘欣．加拿大失业保险逆周期调节机制研究［J］．中国劳动，2022（2）．

⑤ 刘军强．政策的漂移、转化和重叠：中国失业保险结余形成机制研究［J］．管理世界，2022（6）．

⑥ 冯伟．公务员是否需要纳入“失业”保障［J］．人力资源，2022（8）．

二、失业保险金、最低生活保障与失业临时救济配套发展

目前失业者生活保障制度有职工失业保险金待遇、失业者家庭“低保”救助、失业临时救济。失业者参加职工失业保险，可按规定享受失业保险金待遇；在享受失业保险金的情况下，符合“低保”救助的条件，可进一步获得“低保”救助。

失业者未参加失业保险或不符合领取失业保险金的条件或超过失业保险金领取期限，那么，若符合“低保”救助条件，可获得“低保”救助。

失业者既不能获得失业保险金，又不符合“低保”救助，家庭生活确有困难，那么可申请失业临时救济，以获得帮助，渡过难关。建立、完善失业临时救济制度，要求合理规定救济对象的资格条件、救济水平、救济期限和责任关系。失业临时救济制度规定应清晰明确。

失业保障制度包含失业保险、失业救济，衔接低保救助。发展、完善失业保障，不仅要发展缴费型的失业保险制度，还要建立健全非缴费型的失业救济机制；与之不同的发展方向是，取消目前失业保险制度，发展贫困失业者救济政策。

除按规获得生活保障外，失业者还可按规申请专项救助。《失业保险条例》第十九条规定，失业人员在领取失业保险金期间患病就医，可以按照规定向社会保险经办机构申请领取医疗补助金。

三、取消失业保险与发展失业救助

在失业保障改革方向上，有研究者提出“取消失业保险制度”①。建立健全贫困失业者救济（救助）政策。将失业保险纳入失业救助体系，无论

① 李珍，王怡欢，张楚．中国失业保险制度改革方向［J］．社会保障研究，2020（2）．

是从提升资金使用效率，还是提高社会保护覆盖面，抑或是从适应劳动力市场新的变化来看，这未尝不是一个可以考虑的方向①。失业保险制度是以保险的缴费义务与待遇权利为原则，失业救助制度是以民生保障权为原则。“以再分配效果而言，福利原则建立的失业救济较好，因为它可以涵盖诸多就业不稳定人群，从而实现较好的减贫作用。”②

以基本民生保障权和社会公平为价值导向，可将目前失业保险基金纳入失业救济基金，专门用于贫困失业者经济救济和特殊劳动群体就业援助服务。失业救济制度的资金来源于国家税收，待遇标准统一，救助对象经家计调查筛选而确定。在取消失业保险缴费之后，可将失业保险缴费转变为失业救助缴税，形成国家失业救助基金，以财政专款方式投入失业人群救助。那些已经履行失业保险缴费的职工，可以按照老办法获得失业保险待遇。

四、失业者就业促进“一揽子”计划

除了对失业者提供基本生活保障外，还应当对其社会劳动就业提供支持。失业者就业促进是指为具备劳动能力的失业者提供工作咨询、就业支持，以使其获得工作岗位、劳动收入和社会参与的价值。失业者就业促进项目不应排斥农村户籍劳动者，他们同等地享有公共就业服务。

失业者不宜长期脱离工作环境，应提供工作机会，包括但不限于社区工作和志愿服务，以使其与工作保持联结，这在经济停滞和高失业率时期尤其适用。③ 失业者就业促进“一揽子”计划包括就业能力提升、就业支持项目和就业经济刺激。

---

① 刘军强．政策的漂移、转化和重叠：中国失业保险结余形成机制研究［J］．管理世界，2022（6）．

② 同①．

③ GILBERLN，TERRELL P. 社会福利政策引论［M］．沈黎，主译．上海：华东理工大学出版社，2013：298-325.

（一）失业者就业经济刺激

如果失业者所获得救助金额及其他捆绑福利，与工作收入相差不多，那么其就会缺乏动力参与劳动就业。为使受助的失业者有动力就业，而非被动地接受救助，可实施就业经济刺激，以使领取福利的失业者投入劳动就业。

（1）受助的失业者按照政策要求接受培训，并积极就业；否则，会受到相应的经济惩罚。将福利救助与工作责任相捆绑，带有一定的强制性。2014 年国务院《社会救助暂行办法》规定，“最低生活保障家庭中有劳动能力但未就业的成员，应当接受人力资源社会保障等有关部门介绍的工作；无正当理由，连续 3 次拒绝接受介绍的与其健康状况、劳动能力等相适应的工作的，县级人民政府民政部门应当决定减发或者停发其本人的最低生活保障金。”在经济不景气、就业机会少时，对实施福利惩罚应慎重，以免形成二次伤害。

（2）受助的失业者获得工作，如果其工作收入低于一定标准，那么应保留一定比例的救助金。福利受助者就业后，其工作收入或工作收入加上保留的各项救助金，应高于就业前各项救助金，以激励福利受助者投入劳动。福利接受者获得工作，应有条件地保留其已获得的专项救助。

（二）失业者就业能力提升

失业者就业能力提升是指通过就业培训与教育项目，提升失业者技术能力、知识结构和综合素质，以提升其就业能力和自我效能感。比如，为未上学、未工作的 16~18 岁的未成年人提供教育培训和实习计划；为中年失业人员提供再就业所需的技能培训。失业者能力素质获得提升，就更能适应劳动力市场，获得更高的薪资，更倚重工作岗位并获取价值。

失业者就业能力提升项目应适合失业者，契合社会人才需求结构。就业帮扶要切实针对失业人员的真实需求展开培训，加强培训的实用性、针对性、有效性；掌握最新的劳动力市场人力资源信息，更好地将培训和就业相结合①。有深度地、结构性提升一个国家或地区的各类失业人群的能力与素质结构，不仅能支持失业者再就业，降低失业率，减少福利依赖人数，而且能满足劳动力市场需求，促进经济发展。

（三）失业者就业支持项目

通过就业支持项目，增加就业机会。常见的就业支持项目包括就业咨询与指导、实习计划、就业推荐、就业平台服务、创业支持项目。综合运用财税政策，对失业人员创业提供税收减免和补贴。②

对失业人员进行就业帮扶，应了解失业人员真实诉求，帮助实现就地、就近培训和就业，吸引社会中介机构参与失业人员就业帮扶。③ 就业中心向就业困难人群提供公共岗位、社区工作和福利企业工作。政府实施就业保障计划，承担起直接创造就业的责任，为那些有准备、有意愿且有能力工作但无法从市场中获得就业机会的人群提供公共就业岗位④。

---

① 刘雅涵．盖州市失业保障问题与对策研究［J］．黑龙江人力资源和社会保障，2021（3）.

② 孙守纪，方黎明．新就业形态下构建多层次失业保障制度研究［J］．中国特色社会主义研究，2020（5）.

③ 同①.

④ 刘新华，彭文君，贾根良．从“失业池”到“就业池”：实现充分就业的理论反思及对策［J］．福建论坛（人文社会科学版），2022（7）.

第十二章　残疾人保障制度体系发展构建

残疾人福利制度体系包括残疾人收入保障与残疾人服务。残疾人享有平等教育权。基于差别正义，就残疾人身体特点提供差异化的教育支持。残疾人医疗、康复、护理应能获得支付保障。国家和社会应为残疾人参与社会劳动就业提供支持。

一、因工伤残制度规定

根据 1978 年《国务院关于工人退休、退职的暂行办法》规定，全民所有制企业、事业单位和党政机关、群众团体的工人，因工致残，由医院证明，并经劳动鉴定委员会确认，完全丧失劳动能力，则应该退休。(1) 饮食起居需要人扶助，则按本人标准工资的 90%发给，根据实际情况发给一定数额的护理费，护理费标准一般不得超过一个普通工人的工资；(2) 饮食起居不需要人扶助，则按本人标准工资的 80%发给，如表 12-1 所整理。

表 12-1　计划经济时期因工伤残之待遇规定

<table>
<tr><th colspan="2">因工伤残</th><th>待遇</th></tr>
<tr><td rowspan="2">适用于全民所有制企业、事业单位和党政机关、群众团体的工人</td><td>需要人扶助</td><td>(1) 本人标准工资的 90%（退休待遇）
(2) 安家补助费
(3) 继续享受公费医疗待遇
(4) 护理费</td></tr>
<tr><td>不需要人扶助</td><td>(1) 本人标准工资的 80%（退休待遇）
(2) 安家补助费
(3) 继续享受公费医疗待遇</td></tr>
</table>

计划经济时期，全民所有制企业、事业单位和党政机关、群众团体的工人，受到国家和政府重视，能够获得因工伤残待遇之保障。计划经济时期因工伤残政策，经过改革，分化为机关工作人员因工伤残待遇保障与企业职工因工伤残待遇保障。

（一）企业职工因工伤残

经过20世纪90年代国企改革，企业职工被纳入社会保险，包括职工工伤保险，因工伤残企业职工待遇保障按照《工伤保险条例》规定执行。

根据2010年国务院修订的《工伤保险条例》规定，职工因工作遭受事故伤害或者罹患职业病需要暂停工作接受工伤医疗，在停工留薪期内，原工资福利待遇不变，由所在单位按月支付。工伤职工评定伤残等级后，停发原来的待遇，按照有关政策规定享受伤残待遇。工伤职工在停工留薪期满后，仍需治疗工伤，则继续享受工伤医疗待遇。

表12-2 企业职工因工伤残之待遇规定

因工伤残	待遇
停工留薪期间	1. 工资福利待遇不变，由雇佣单位支付； 2. 护理费用，由雇佣单位负责； 3. 工伤治疗相关费用，由工伤保险基金支付。
被鉴定为一级至四级伤残的职工，保留劳动关系，退出工作岗位，单位不再支付工资	1. 工伤保险基金支付以下待遇： （1）一次性伤残补助金； （2）按月支付伤残津贴； （3）按月支付护理补助； （4）工伤治疗费用。 2. 雇佣单位和职工个人以伤残津贴为基数，缴纳基本医疗、基本养老保险费。 3. 扣除职工个人缴纳的基本医疗、基本养老保险费后，伤残津贴实际金额低于当地最低工资标准的，由工伤保险基金补足差额。 4. 非工伤疾病治疗费用，由医疗保险支付。
到退休年龄	停发伤残津贴，享受基本养老保险待遇。基本养老保险待遇低于伤残津贴，则由工伤保险基金补足差额。

伤残待遇包括伤残津贴和护理补助。生活不能自理的工伤职工在停工留薪期需要护理，则由所在单位负责。工伤职工已经评定伤残等级并经劳动能力鉴定委员会确认需要生活护理的，则从工伤保险基金按月支付生活护理费。因工致残被鉴定为一级至四级伤残的职工，保留劳动关系，退出工作岗位，单位不再支付工资，从工伤保险基金按伤残等级支付一次性伤残补助金、从工伤保险基金按月支付伤残津贴，且不低于当地最低工资标准。由于伤残职工与雇佣单位保留劳动关系，雇佣单位按政策规定为伤残职工缴纳养老保险费、医疗保险费。

比如，《湖北省工伤保险实施办法》第三十五条规定，一级至四级工伤职工领取伤残津贴期间，由用人单位和职工个人以伤残津贴为基数，缴纳基本医疗、基本养老保险费。扣除职工个人缴纳的基本医疗、基本养老保险费后，伤残津贴实际金额低于当地最低工资标准的，由工伤保险基金补足差额。

工伤职工达到退休年龄，办理退休手续后，停发伤残津贴，按照国家有关规定享受基本养老保险待遇。基本养老保险待遇低于伤残津贴，则由工伤保险基金补足差额。

目前工伤保险制度仅覆盖部分劳动人群。“任何劳动者都有职业伤害风险，因而需要改革现行工伤保险制度，建立适用于正规就业、非正规就业者的职业伤害保障制度，将包括农民在内的各类劳动者纳入职业伤害风险保障体系。”①

（二）机关工作人员因工伤残

《工伤保险条例》（2011 年修订）第六十五条规定，“公务员和参照公务员法管理的事业单位、社会团体的工作人员因工作遭受事故伤害或者患职业病，由所在单位支付费用。具体办法由国务院社会保险行政部门会同国务院财政部门规定。”

---

① 何文炯．建设适应共同富裕的社会保障制度［J］．社会保障评论，2022（1）．

2012年人力资源和社会保障部等《关于进一步做好事业单位等参加工伤保险工作有关问题的通知》规定，事业单位正式参加工伤保险；参照公务员法管理的事业单位、社会团体工作人员因工作遭受事故伤害或者患职业病的，按照《工伤保险条例》第六十五条的规定执行。

《中华人民共和国公务员法》（2018年修订）第八十三条规定，“公务员依法参加社会保险，按照国家规定享受保险待遇”。《中华人民共和国公务员法》（2018年修订）2019年6月正式施行后，工伤保险将逐步覆盖全部公务员群体①，机关工作人员与企业职工因工伤残待遇将逐步统一。

二、非因工伤残制度规定

非因工伤残是指由工作之外的因素导致伤残，如非上班时间发生事故导致伤残，罹患疾病导致伤残。

（一）用人单位非因工伤残责任规定

用人单位非因工伤残待遇保障指的是，企业职工、公务员、参照公务员管理的工作人员，发生非因工伤残，根据政策规定，可获得用人单位的待遇保障，分为“医疗期内用人单位待遇规定”和“医疗期满后用人单位待遇规定”，如表12-3所示。

表12-3 用人单位非因工伤残待遇规定

非因工伤残	分段	待遇
企业职工、公务员、参照公务员管理的工作人员	停工治疗期（3～24个月）	（1）不得解除劳动合同，足额缴纳社会保险。 （2）6个月内，发给病假工资。 （3）超过6个月，发给疾病救济费。

① 胡晓义．新中国社会保障发展史［M］．北京：中国劳动社会保障出版社，2019：471.

续表

非因工伤残	分段	待遇
企业职工、公务员、参照公务员管理的工作人员	医疗期满后，不能工作	（1）经济补偿金：每满一年发给一个月工资。 （2）不低于6个月工资的医疗补助费。 （3）患重病，则增加部分不低于医疗补助费的50%；患绝症，增加部分不低于医疗补助费的100%。

医疗期内用人单位待遇规定。根据《中华人民共和国劳动法》，职工患病、负伤，在规定的医疗期内，不得解除劳动合同。劳动者享受的社会保险金必须按时足额支付。《关于贯彻执行〈中华人民共和国劳动法〉若干问题的意见》规定，职工患病或非因工负伤治疗期间，在规定的医疗期间内，由企业按有关规定支付其病假工资或疾病救济费，病假工资或疾病救济费不得低于当地最低工资标准的80%。职工疾病或非因工负伤连续休假在6个月以内，企业支付病假工资；超过6个月，由企业支付疾病救济费。根据1995年《企业职工患病或非因工负伤医疗期规定》，企业职工因患病或非因工负伤，需要停止工作医疗时，根据本人实际参加工作年限和在本单位工作年限，给予三个月到二十四个月的医疗期。

医疗期满后用人单位待遇规定。根据《中华人民共和国劳动法》，劳动者患病或者非因工负伤，医疗期满后，不能从事原工作，也不能从事由用人单位另行安排的工作，则应当依照国家有关规定给予经济补偿。《违反和解除劳动合同的经济补偿办法》规定，“用人单位应按劳动者在本单位的工作年限，每满一年发给一个月工资的经济补偿金，同时还应发给不低于六个月工资的医疗补助费。患重病和绝症，则应增加医疗补助费；患重病，增加部分不低于医疗补助费的50%；患绝症，增加部分不低于医疗补助费的100%。”

非因工伤残医疗期满，用人单位给出经济补偿金和医疗补助费，将不再承担待遇保障的责任。

（二）职工基本养老保险非因工伤残待遇给付规定

社会主义市场经济改革前，全民所有制企业、事业单位和党政机关、群众团体的工人，非因工伤残，经鉴定完全丧失劳动能力，可获得病退或退职待遇；改革后，取消企业工人该待遇，对接职工基本养老保险，按规获得保障。

2001 年劳动和社会保障部《关于完善城镇职工基本养老保险政策有关问题的通知》规定，对于因病、非因工致残，经当地劳动能力鉴定机构认定完全丧失劳动能力，并与用人单位终止劳动关系的职工，由本人申请，社会保险经办机构审核，经地级劳动保障部门批准，可以办理退职，领取病退待遇。病退待遇标准根据职工缴费年限和缴费工资水平确定，具体办法和标准按省级政府规定执行。

（1）病退待遇。按照政策规定，非因工致残、经鉴定完全丧失劳动能力的企业职工，同时符合以下两项条件，可对接职工养老保险，获得病退待遇。一是参加基本养老保险且缴费年限和视同缴费年限满 15 年。二是达到规定年龄，男年满 50 周岁、女年满 45 周岁。领取病退待遇后，若生活贫困，可按规申请低保；还可按规申请困难残疾人生活补贴、重度残疾护理补贴。

（2）病残津贴。非因工伤残、完全丧失劳动能力的职工，缴费年限和视同缴费年限满 15 年，但未达到病退年龄（男年满 50 周岁、女年满 45 周岁）的职工，可按程序申报病残津贴，由养老保险经办机构按月发放。领取病残津贴后，若生活贫困，可按规申请低保；还可按规申请困难残疾人生活补贴、重度残疾护理补贴。

比如，2018 年宁夏回族自治区人社厅等部门《关于参加企业职工基本养老保险人员领取病残津贴有关问题的通知》规定，参保人员同时具备以下条件者，可领取病残津贴：（1）依法参加我区企业职工基本养老保险；（2）本人累计缴费年限（含视同缴费年限）满 15 年及以上；（3）在未达到退休条件前，因病或非因工致残，经地级市以上劳动能力鉴定委员会依照有关规定和程序鉴定为完全丧失劳动能力。病残津贴标准实行与参保人员缴费年限挂钩：缴费年限满 15 年，则每月计发 600 元；在此基础上，缴费年限每增加 1 年（不满 1 年的按 1 年计算），再加发 10 元，缴费年限满 25 年及以上的均按 25 年计算。参加我区企业职工基本养老保险人员领取病残津贴所需资金从基本养老保险基金中支付。待达到退休年龄时，按累计缴费年限核定退休待遇，停发病残津贴。

2016 年四川省人力资源和社会保障厅《关于病残津贴有关问题的通知》规定，病残津贴按上年度全省城镇居民月人均可支配收入的 25% 计发。

非因工伤残职工，既不能领取病退待遇，也不能领取病残津贴，若生活困难，可申请低保；还可按规申请困难残疾人生活补贴、残疾人护理补贴、重度残疾护理补贴。

三、无雇佣单位劳动者伤残保障制度

无雇佣单位的劳动者，发生事故或罹患疾病而致残，丧失劳动能力，无法获得用人单位之福利保障；若事故或疾病与其他主体存在关联，则可依法获得赔偿。

无雇佣单位的劳动者，参加职工基本养老保险，那么可按规获得病退待遇或病残津贴。符合政策规定，可申请获得最低生活保障、困难残疾人生活补贴。

四、残疾人基本生活保障与专项救助

如果未成年残疾人的家庭有经济能力承担抚养的责任，那么家庭承担抚养责任。无依无靠的残疾人可获得政府集中供养。政府集中供养与低保救助相排斥。

（一）残疾人低保与困难残疾人生活补贴

未成年残疾人的家庭，符合低保资格条件，那么可申请获得低保救助。

成年残疾人可与父母分户，符合低保资格条件，那么可申请获得低保待遇。

困难残疾人获得低保待遇，还可按规获得困难残疾人生活补贴。根据2018年《中华人民共和国残疾人保障法》，获得低保救助的残疾人家庭，非重度残疾人按照当地低保标准25%发放生活补贴，重度残疾人按照当地低保标准35%发放生活补贴。例如，2022年东营市为具有东营市户籍且享受最低生活保障待遇或建档立卡身份，持有残疾人证的残疾人提供困难残疾人生活补贴，一级每月218元；二级每月192元；三级和四级每月152元。

残疾人参加养老保险，达到退休年龄，获得养老金。如果养老金高于低保标准，那么就撤销低保救助；如果养老金低于低保标准，那么继续按规获得低保救助。

（二）残疾人专项救助

残疾人专项救助是在基本生活保障之外提供救助，包括教育救助、医疗救助，还包括社会保险缴费救助、住房救助和辅助器具配置。目前残疾人专项救助制度多是剩余性的救助制度，针对经济困难家庭的残疾人实施专项救助。

五、残疾人护理保障制度体系构建

重度残疾护理补贴，已在各地得到普遍实施。《中华人民共和国残疾人保障法》规定，对生活不能自理的残疾人，地方各级人民政府应当根据情况给予护理补贴。例如，2022年东营市为一、二级的残疾人提供重度残疾护理补贴，一级每月 170 元，二级每月 146 元。

除一、二级重度残疾护理补贴，还应按照剩余福利模型，为生活不能自理、非重度残疾人提供护理经济救助或护理服务救助。

长期护理保险是社会保险的一种类型。参保人履行缴费义务，在发生残疾、失能时，按规获得保险支付待遇。应发展完善长期护理保险，将生活照料费用、基础护理、康复治疗服务和辅助器具纳入护理保险支付目录，进而与医疗保险和养老保险相配套，形成系统的、完整的保障体系。长期护理保险支付保障，适用于适龄劳动者伤残失能，还适用于参保的失能老人。

长期护理保险制度可单独设计，也可在职工基本医疗保险基础上，设置职工护理保险项目。可从基本医疗保险基金划出一定额度的资金，或从缴费资金划出一定比例的资金，专门用于职工护理报销。如果基本医疗保险基金不足以给付护理费的报销支出，那么参保职工应缴纳护理保险费。

六、残疾人教育保障制度体系构建

残疾是由于残疾人生理缺陷和外部环境障碍相互作用导致的结果。[①]“对残疾人权利的倾斜性保护，既符合对最少受惠者给予补偿的原理，也和现代法治注重实质平等的发展趋势相一致，体现了更高层次的平等观和现代法律对实质正义的追求。”[②]

1989 年联合国《儿童权利公约》第 23 条规定，（1）缔约国确认，对身心有残疾的儿童，应确保其尊严、促进其自立，支持其积极参与社会生活且享有充实而适当的生活；（2）残疾儿童有接受特别照顾的权利，应鼓励并确保在现有资源范围内，依据申请斟酌儿童的情况和儿童的父母或其他照料人的情况，为其提供援助；（3）确保残疾儿童能有效地获得和接受

① OLIVER M. Understanding Disability：From Theory to Practice［M］. New York：Palgrave Macmillan，1976：16.

② 杨思斌．残疾人权利保障的法理分析与机制构建［J］．社会保障研究，2007（2）.

教育、培训、保健服务、康复服务、就业准备和娱乐机会。

2008年联合国《残疾人权利公约》第24条提出，残疾人享有参与普通教育、接受终身教育的权利。①

残疾人接受教育是增强其生存能力、参与社会生活的重要途径，使之公平平等地获得接受教育的机会是他们的基本权利，也是政府和社会的责任。② 残疾人教育是中国教育政策的重要构成。各级人民政府要发展特殊教育，健全学前至高等特殊教育体系，为残疾人接受教育创造有利条件③。

政府保障残疾人享有平等接受教育的权利，支持完成义务教育。2017年国务院《残疾人教育条例》规定："县级人民政府教育行政部门应当会同卫生行政部门、民政部门、残疾人联合会，根据新生儿疾病筛查和学龄前儿童残疾筛查、残疾人统计等信息，对义务教育适龄残疾儿童、少年进行入学前登记，全面掌握本行政区域内义务教育适龄残疾儿童、少年的数量和残疾情况。"所有类型和程度的残疾儿童，都有接受义务教育的权利④。

2017年国务院《残疾人教育条例》规定，（1）适龄残疾儿童、少年的父母或者其他监护人，应当依法保障其子女或者被监护人入学接受并完成义务教育。（2）对残疾幼儿的学前教育要实行与保育、康复相结合的制度；学前教育机构要配备必要的康复设施、设备和专业康复人员，而具备条件的残疾儿童康复机构也可以作为学前教育机构，参与实施学前教育。（3）在保障义务教育的基础上，向学前教育、中等教育、高等教育、终身教育延伸，支持获得全过程教育。

---

① 丁相顺．"残疾人权利公约"与中国残疾人融合教育的发展［J］．中国特殊教育，2017（6）．

② 于景辉．谈社会公正观视域下的我国残疾人教育［J］．教育探索，2013（9）．

③ 许巧仙，詹鹏．公平正义与弱有所扶：残疾人教育结构性困境及服务提升研究［J］．中国行政管理，2018（11）．

④ 彭霞光．保障所有残疾儿童的义务教育权利［J］．中国特殊教育，2017（6）．

（一）普通教育方式与特殊教育方式

普通学校应当接收具有接受普通教育能力的残疾适龄儿童、少年随班就读，并为其学习、康复提供帮助。特殊教育学校（班）应当具备适应残疾儿童、少年学习、康复、生活特点的场所和设施。

1. 普通教育方式

2017年国务院《残疾人教育条例》指出，“残疾人教育应当提高教育质量，积极推进融合教育，根据残疾人的残疾类别和接受能力，采取普通教育方式或者特殊教育方式，优先采取普通教育方式。”教育部政策法规司副司长王大泉指出，“将残疾人学生全面纳入普通学校，更有利于残疾人全面发展、融入社会，有利于促进教育公平。”① 普通幼儿园应当接收能适应的残疾幼儿，普通教育机构应当接收能适应的残疾学生，提供便利和帮助。

2017年国务院《残疾人教育条例》规定，“严格限定普通学校拒绝残疾儿童入学情形”。通过立法保障普通学校主动适应残疾人受教育的需求，尽最大可能避免将残疾人排除在普通教育之外②。

2. 特殊教育方式

2017年国务院《残疾人教育条例》规定，政府和教育行政部门不仅要建设特殊教育学校，更要在普通学校建立特殊教育资源教室，为残疾儿童入学提供条件保障。

2017年教育部等七部门《第二期特殊教育提升计划（2017—2020年）》提出，以区县为单位，对不能到校就读、需要专人护理的适龄残疾儿童少年，采取送教进社区、儿童福利机构、家庭的方式实施教育。

残疾幼儿教育机构、普通幼儿教育机构附设的残疾儿童班、特殊教育机构的学前班、残疾儿童福利机构，对残疾儿童实施学前教育。

初级中等以下特殊教育机构和普通教育机构附设的特殊教育班，对不

① 王大泉．新修订“残疾人教育条例”的理念与制度创新［J］．中国特殊教育，2017（6）．

② 王家勤．“残疾人教育条例”的修订：理念创新与制度完善［J］．人权，2018（2）．

具有接受普通教育能力的残疾儿童、少年实施义务教育。高级中等以上特殊教育机构、普通教育机构附设的特殊教育班和残疾人职业教育机构，对符合条件的残疾人实施高级中等以上文化教育、职业教育。提供特殊教育的机构应当具备适合残疾人学习、康复、生活特点的场所和设施。县级以上人民政府应当根据残疾人的数量、分布状况和残疾类别，合理设置残疾人教育机构，并鼓励社会力量办学、捐资助学。

（二）残疾学生经济救助

对接受义务教育的残疾学生，按照规定提供免费教科书，并给予寄宿生活费等费用补助。对接受义务教育以外其他教育的残疾学生，按照政策规定给予资助。坚持普惠加特惠，特教特办，给予残疾学生特别扶助和优先保障。

2017 年江苏省教育厅等《江苏省第二期特殊教育提升计划（2017—2020 年）》提出，实施残疾学生从学前到大学全过程免费教育。建立完善残疾学生特殊学习用品、教育训练费、伙食费、交通费等补助政策。

（三）进一步发展残疾人教育制度体系

加强特殊教育学校标准化建设，提升特殊教育师资专业水平，提高特殊教育服务质量。① 政府在加大对残疾教育的经费投入的同时，还应重视残疾人教育资源在地区之间和城乡之间的合理配置，以促进残疾人教育公平②。“补齐短板”促进残疾人教育均衡发展③，“对农村地区残疾人在教育上实行更多的政策倾斜”④。残疾人教育政策应注重残疾人赋权与增能，使其成为积极的参与主体、合约主体和权利主体。

---

① 丁勇．让每一个残疾孩子都能接受合适教育［J］．现代特殊教育（高教版），2015（1）.

② 于景辉．谈社会公正观视域下的我国残疾人教育［J］．教育探索，2013（9）.

③ 许巧仙，詹鹏．公平正义与弱有所扶：残疾人教育结构性困境及服务提升研究［J］．中国行政管理，2018（11）.

④ 廖艳．残疾人受教育权保障的国际标准与中国实践［J］．西部法学评论，2013（4）.

七、残疾人就业服务制度体系构建

残疾人就业服务是指支持和促进具备劳动能力的残疾人参加劳动就业。《中华人民共和国宪法》第四十五条规定，国家和社会帮助安排盲、聋、哑和其他有残疾的公民的劳动、生活和教育。《中华人民共和国就业促进法》（2015 年修正）第二十九条规定，国家保障残疾人的劳动权利。

（一）残疾人就业服务制度体系的构成

2007 年国务院《残疾人就业条例》第十五条规定："地方各级人民政府应当开发适合残疾人就业的公益性岗位。县级以上地方人民政府发展社区服务事业，应当优先考虑残疾人就业。"政府通过购买服务的方式，委托社会机构承接残疾人就业培训。

中国残疾人联合会举办的残疾人就业服务机构，应当发布残疾人就业信息，组织开展免费的职业指导、职业介绍和职业培训，为残疾人就业和用人单位招用残疾人提供服务和帮助。

残疾人劳动就业分为集中安置就业、按比例分散就业、灵活就业、自主创业。

（1）集中安置就业。《中华人民共和国残疾人保障法》（2018 年修正）第三十二条规定，"政府和社会举办残疾人福利企业、盲人按摩机构和其他福利性单位，集中安排残疾人就业。"用人单位雇佣较多的残疾人，达到规定的比例标准，被认定为社会福利企业或"集中使用残疾人的用人单位"，可按规享受一定的政策优惠。根据 2007 年国务院《残疾人就业条例》第十一条的规定，如果用人单位中从事全日制工作的残疾人职工占本单位在职职工总数的 25%以上，那么该用人单位被认定为"集中使用残疾人的用人单位"。

（2）按比例分散就业。《中华人民共和国残疾人保障法》（2018 年修正）第二十三条规定："国家机关、社会团体、企业事业单位、民办非企业单位应当按照规定的比例安排残疾人就业，并为其选择适当的工种和岗位。”2007 年国务院《残疾人就业条例》第八、九条规定：“用人单位安排残疾人就业的比例不得低于本单位在职职工总数的 1.5%，具体比例由省、自治区、直辖市人民政府根据本地区的实际情况规定。用人单位安排残疾人就业达不到其所在地省、自治区、直辖市人民政府规定比例的，应当缴纳残疾人就业保障金。”根据《残疾人就业保障金征收使用管理办法》第二十一条的规定，残疾人就业保障金纳入地方一般公共预算统筹安排，主要用于支持残疾人生活、康复、教育、培训就业。用人单位吸纳残疾人就业，可获得政策支持，如残疾人岗位补贴、残疾人社会保险补贴。

（3）残疾人灵活就业。残疾人灵活就业岗位应符合残疾人特点。从不同类型的残疾人的特质与优势出发，寻找适合残障者从事的就业岗位，挖掘残疾人自身资源。比如，心智障碍者虽然行为刻板，但常具有认真而一丝不苟的工作态度；肢体障碍者虽然行动不便，但也更愿意从事长期伏案的工作；听力障碍者更能适应有噪声的工作环境①。用人单位应开发适合残疾人身心特点的灵活就业岗位，发挥残疾人特长。

（4）残疾人自主创业。残疾人可根据自己的志向、资源和能力，选择自主创业。他们应能获得政府和社会的支持。

（二）进一步发展残疾人就业服务制度体系

目前残疾人就业服务制度体系存在的问题主要有：残疾人就业培训质量较差，残疾人就业能力提升受限、受阻；残疾人劳动就业安置不足；关联的制度措施配套协同不足。

基于残疾人劳动就业意愿和劳动权益保障，需要以制度体系的结构化思维，配套、发展相关制度措施。残疾人就业服务制度体系发展应包括以下方面。

第一，残疾人康复、教育、就业培训和就业岗位安排配套发展。根据

---

① 周沛．社会投资：残疾人辅助性就业服务的逻辑与效用［J］．社会科学辑刊，2020（2）．

国务院《残疾预防和残疾人康复条例》（2018 年修正）第十七条的规定，应建立和完善以社区康复为基础、康复机构为骨干、残疾人家庭为依托的残疾人康复服务体系。对低收入家庭残疾人提供康复护理救助和医疗救助。通过残疾人康复和辅助设备，最大限度地提高其身体能力和行动空间，再结合残疾人身体特点，发展残疾人学历教育，实施就业培训项目，增强其就业素质和技能，更好地适应劳动就业市场。经康复训练、辅助设备和培训提升，减少残疾障碍，全面提高工作岗位胜任力；通过就业信息平台和工作岗位介绍，为残疾人提供可选择的工作岗位。政府应主导建立或支持社会机构建立残疾人就业信息平台。

第二，发展残疾人就业培训项目，如社会机构培训、学校培训、用人单位培训。获得补助的培训主体，必须对培训质量负责。

第三，多渠道开发残疾人工作就业岗位。残疾人就业岗位设置上，应开发社会公益岗位、社区服务岗位、国家公共机构残疾人岗位。支持用人单位雇佣残疾人。一些用人单位雇佣了残疾人，却未真实地安排工作就业，用以规避残疾人就业保障金，还能因“雇佣”残疾人获得有关政策待遇。政府应加强行政管理，确保残疾人工作就业信息登记与工作活动轨迹相符合，惩处用人单位残疾人雇佣弄虚作假。

第四，残疾人就业促进与劳动权益保障配套发展。残疾人在工作中更有可能遭受侵权。国家应加强残疾人劳动权益保障，对劳动过程中权益受损的残疾人提供司法援助。

第五，残疾人就业权利的保障，还需配套发展无障碍设施建设和人文环境建设。用人单位负责本单位内无障碍设施建设，对残疾人工作就业提供辅助性支持和融合性工作环境。除用人单位之外，政府部门和社会民众应为残疾人工作创设良好环境，对残疾人走出家门、工作就业给予更多的理解和人文关怀，消除对残疾人的歧视。

第十三章　老年人保障制度体系发展构建

人的生命周期中，老年时会变得衰弱、失能。老年人需要外部支持。老年人保障制度体系包括收入与服务保障。“养老金和养老服务体系的综合保障才能全面满足老年人的生活需求，确保老年人体面、有尊严的生活。”①

一、托底养老、基本养老保险与多层次养老保险

当今时代人的寿命较长，老年人口占比较高，家庭养老功能弱化，这就要求发展多层次养老保障制度，还要实现国家托底性养老救助与多层次养老保险制度相配套。发展、完善多层次养老保险制度，有助于减轻财政托底保障的负担。

（一）托底养老保障

“三无老人”和低收入家庭老人可获得托底经济保障，属于剩余性国家福利供给。

1. “三无”老人国家供养制度或最低生活保障救助

“三无”老人是指“无劳动能力、无经济来源和无法定赡养人或法定赡养人没有赡养能力”的老人。“三无”老人能在政府投入的养老机构获得“吃、穿、住、医、葬”五保供养。“三无”老人可选择集中供养或散居供养。政府对“三无”老人的供养保障与低保救助相排斥。

---

① 本刊评论员．维护尊严 老有所养［J］．中国工人，2014（5）．

2. 经济困难老人基本生活保障

子女有赡养老人的能力，按规履行赡养义务。国家采取制度措施支持子女承担赡养责任，将子女赡养老人的投入纳入个人所得税专项附加扣除。

子女赡养老人，优先于国家福利救助。子女有赡养义务且具有赡养能力，那么经济困难老人就不符合低保救助条件。经济困难老人有子女，但子女不具有赡养能力，那么可申请低保。很多地方高龄老人可获得高龄老人津贴。

除低保救助外，困难老人可按规申请专项救助，如住房救助、护理救助、基本医疗保险缴费救助、医疗救助等。

（二）基本养老保险制度解析

基本养老保险限定于“保基本”且覆盖全体人员。[①] 通过基本养老保险制度，确保参保的老年人获得基本的经济保障。

目前中国基本养老保险制度分为职工基本养老保险和城乡居民基本养老保险。职工基本养老保险的保障度尚可，而以农村老人为主体的城乡居民基本养老保险待遇给付过低，远不足以实现基本生活保障。

1. 职工基本养老保险制度发展

1997 年国务院印发了《关于建立统一的企业职工基本养老保险制度的决定》。

2015 年《国务院关于机关事业单位工作人员养老保险制度改革的决定》将机关事业单位工作人员养老纳入企业职工养老保险政策，目的是要扩大职工养老保险的统筹面，使得机关事业单位工作人员与企业职工在同一政策下，同样地履行缴费义务并获得权益待遇。

---

① 何文炯．论社会保障的互助共济性［J］．社会保障评论，2017（1）．

（1）个人账户与统筹账户的设置

根据制度规定，职工基本养老保险采取个人账户与统筹账户的设置。职工个人缴费纳入个人账户，形成个人账户基金；用人单位缴费纳入统筹账户，形成统筹账户基金。职工养老保险缴费基数为本人工资，最高不超过当地上年度职工月平均工资的300%，最低不低于当地上年度职工月平均工资的60%。参保职工达到退休年龄且按规定履行了缴费责任，就能从个人账户和统筹账户领取养老金。职工养老保险待遇由个人账户养老金和基础养老金构成。个人账户养老金=个人账户储存额÷计发月数；基础养老金=（统筹地区上年度在岗职工月平均工资+本人指数化月平均缴费工资）÷2×缴费年限×1%。

职工基本养老保险的个人账户资金采取累积制，不纳入统筹调剂。参保人每月缴费越多，缴纳年限越长，则退休后每月可领取的个人账户养老金越多。基本养老保险个人账户的存储额领取完毕时，可按规从统筹账户基金支取。比如，从统筹账户基金，按照一个固定额度继续支取个人账户养老金。

用人单位基于员工工资基数按一定比例缴费，基数越大，缴费年限越长，则缴费数额越大，则退休后从统筹账户基金每月领取的基础养老金越多，但缴费数额与领取数额并不完全对等，因为统筹账户基金被调节、均衡分配，这对统筹账户缴费较少的参保人是有利的。职工基本养老保险制度发展的一个难题是，如何在激励与统筹、效益与平等之间取得平衡。

职工基本养老保险的统筹账户资金采取现收现付。现收现付是指正在工作的人上缴的保险费被用来支付已经退休的人养老保险金。[1] 也就是说，在职人员缴纳的保险金用于支付上一代职工的退休金，而他们的退休金将由下一代职工来支付[2]。国家通过法定制度，“在代际劳动者之间达成协

① 杨伟民．社会政策导论：第三版［M］．北京：中国人民大学出版社，2019：292.

② 林卡，侯百谦．基于价值理念对社会政策项目的讨论和评估：由退休人员医保缴费的论争说起［J］．浙江大学学报，2016（6）.

议，以工作的一代人创造财富来供养退休的一代"[①]，国家应提供信用，确保代际互利。工作的一代人上缴的保险金被已退休的一代人领取，关键是领取多少退休金；领取过多或过少都会造成代际公平性问题。

职工基本养老保险制度施行后，已经退休的职工，未对基金缴费，却获得基金支付，这给基金支付造成压力。政府动用职工基本养老保险的资金，用于支付未参保、未缴费的退休职工的养老待遇，可将该做法理解为"借用"；既然是"借用"，就需在适当的时候"归还"，以使基金支付正常运转，公正对待那些诚实参保、尽责缴费的职工。如果基金没有获得国家资金补入，或所获得的国家资金补入不足，那么，就会造成中人、新人在退休后所获得养老金比应得的要少。国家对制度运转承担兜底责任，维护每一代参保人的正当权益。职工基本养老保险制度运转必须可持续、公正、公开、透明和可查，主动、全面接受参保人、民众和社会机构的监督。

（2）延迟退休与提前退休

当前中国人口老龄化下，延迟退休被提上议事日程。延迟退休制度设定，应考虑社会参保人群的不同处境，比如，对过早消耗、平均寿命相对较短的劳动人群，不能搞一刀切。

提前退休是指在法定退休年龄前获准退休并获得养老金待遇。一些用人单位热衷于为职工办理提前退休，将对员工的责任转移给社会[②]；比如，用提前退休的办法来安置下岗职工[③]；弄虚作假办理特殊工种提前退休。不正当提前退休，会减少缴费人数，增加基金支出压力，还造成社会不公。

国家应严格规定提前退休条件，堵住制度漏洞，防止恶意提前退休。对于提前退休者要合理扣减其养老金待遇，使其收入水平与继续工作的人

---

① 胡晓义．应高度重视养老金缺口问题但不能夸大危机［Z］．证券日报网，2020-10-09.

② 史柏年．退休年龄与养老金支付［J］．人口与经济，2001（2）.

③ 左学金．面临人口老龄化的中国养老保障挑战与政策选择［J］．中国人口科学，2001（3）.

员相比，有明显的差距；不应把提前退休作为解决失业问题的政策措施加以推行；对鼓励在职人员提前退休以保护地方或单位利益的不负责任行为加大惩戒力度。①

（3）改制职工基本养老保险的统账设置

有研究者提出，对职工基本养老保险实行“统筹账户与个人账户相分离”的改革，使其回归保基本。② 对个人账户与统筹账户进行剥离，将统筹账户转化为现收现付的全民基础养老金，实行全国统筹，覆盖全民。③建立国家转移支付的基础养老保障，国家提供基础养老金④。“建成普惠式的全民基础养老金，无差异地覆盖全体城乡居民和职工。”⑤全民基础养老金制度是国家公共养老保障项目。推行全民基础养老金制度，不仅要求职工和用人单位履行缴费义务，还要求其他劳动者履行缴费义务。充实全民基础养老金，需要将政府投入城乡居民基本养老保险的基础养老金并入全民基础养老金。全民基础养老金实行专款专用、以收定支，确保所有城乡居民在年老时都可获得同等额度的基础养老金，用于基本生活保障，承担第一层次的养老保障作用。

应强化个人账户制度效用。养老保险缴费基数、缴费比例、缴费期限，与退休收益直接挂钩、完全对等，并通过税收优惠和良好的投资收益，激励参保缴费。按此制度设定，延迟退休人员因更长缴费而领取更多养老金。允许各工作类型的参保人根据自己的收入情况参保缴费，多缴多得，少缴少得。

2. 城乡居民基本养老保险制度发展

2009 年国务院颁布《国务院关于开展新型农村社会养老保险试点的指

① 史柏年．退休年龄与养老金支付［J］．人口与经济，2001（2）.

② 何文炯．增强社会保障的互助共济性和收入再分配功能［J］．社会保障评论，2021（2）.

③ 林闽钢．以“美好生活”为核心的新时代社会保障论纲［J］．内蒙古社会科学（汉文版），2019（3）.

④ 杨团，孙炳耀．资产社会政策与中国社会保障体系重构［J］．江苏社会科学，2005（2）.

⑤ 朱勤．实现城乡基本养老保障均等化的改革路径［J］．人民论坛，2020，9（上）.

导意见》。2014 年国务院《关于建立统一的城乡居民基本养老保险制度的意见》提出，全面建成统一的城乡居民基本养老保险制度。

根据制度规定，年满 16 周岁（不含在校学生），非国家机关和事业单位工作人员及不属于职工基本养老保险制度覆盖范围的城乡居民，可以在户籍地参加城乡居民养老保险。参保人所缴费用纳入个人账户，无统筹账户设置。各地多设置每年 100~2000 元 12 个缴费档次，省级政府可以根据实际情况增设缴费档次，供参保人选择。政府对参保人缴费进行补贴。对选择较高档次标准缴费的人员适当增加补贴金额。

城乡居民基本养老保险制度是个人缴费储蓄与国家补贴的结合。国家补贴包括对个人账户缴费的财政补贴和基础养老金发放。参保居民到退休年龄，就能领取个人账户的养老金和基础养老金。个人账户的养老金=（个人缴费总额+政府补贴总额+账户利息）÷139。基础养老金在政策刚实施时，由中央确定为每月 55 元，经济发达地区的政府在中央标准基础上增加基础养老金标准。根据人力资源和社会保障部《关于 2018 年提高全国城乡居民基本养老保险基础养老金最低标准的通知》，全国城乡居民基本养老保险基础养老金最低标准，从 2009 年每人每月 55 元提高至 2018 年 88 元。城乡居民基本养老保险制度框架是统一的，但基础养老金水平在地区之间有巨大的差异，高的有 1100 元，低的仅有 103 元，这种差距远非“地区之间生活成本差异”可以解释的①。上海、北京等少数地区基础养老金较高，大多数地区仅 100 多元。

目前城乡居民基本养老保险制度的一个突出问题是保障度过低，远低于贫困线标准。何文炯指出，“近 10 多年中，每年退休职工平均养老金增量部分，基本上高于老年农民的平均养老金总量。国家财政用于职工基本养老保险制度的补助量，无论从总量还是人均看，都显著高于对城乡居民基本养老保险制度的补助”②。应当基于基本生活保障和底线公正的价值理

① 何文炯．基于共同富裕的社会保障制度深化改革［J］．江淮论坛，2021（3）．

② 何文炯．中国社会保障：从快速扩展到高质量发展［J］．中国人口科学，2019（1）．

念，加大财政投入，提高农村老年人基础养老金待遇，尤其应增加高龄老人基础养老金待遇。如果经济困难老人能够领取不低于贫困线标准的养老金待遇，那么就不需要被迫依赖子女，也不需要低保救助。

（三）发展完善多层次养老保险制度

多层次养老保险制度面向一般老年人提供保障。目前基本养老保险制度发挥第一支柱的作用。用人单位补充养老保险和个人商业养老保险是另外的保障支柱，发挥补充性作用。“通过多支柱功能定位和分工配合，达到不同群体的养老收入保障要求”①。目前多层次养老保险制度存在很大的不足。比如，城乡居民基本养老保险的保障度过低。身份地位的不同带来国家养老金待遇的巨大差距。目前机关事业单位职业年金已基本实现全覆盖，而建立企业年金的企业很少②。改革建议包括以下方面：

第一，将基本养老保险制度改制为全民基础养老金制度和基本养老保险个人账户制度。全民基础养老金是指国家养老金计划，给予全国所有老人同等的养老金，促进养老金待遇公平。

第二，支持用人单位为员工参保“用人单位补充养老保险”。

第三，支持个人缴费参保“个人商业养老保险”。

二、养老服务制度体系发展

发展完善养老服务制度体系，为老年人提供基本和重要社会服务，满足老年人多样的服务需求。

---

① 董克用，孙博．从多层次到多支柱：养老保障体系改革再思考［J］．公共管理学报，2011（1）．

② 金维刚．社会保障在促进共同富裕方面的主要目标、基本路径和政策思路［J］．社会保障评论，2022（3）．

（一）养老服务内容

1. 老年人医疗与护理服务

通常老年人逐渐面临疾病和失能的困扰，需要有医疗和护理服务支持。应均衡发展城乡医疗与护理服务体系；加强基层医疗卫生保健与康复护理服务；建立健全家庭病床和家庭医生制度。

中国进入深度老龄化，失能失智老人增多。家庭结构小型化、女性参加劳动就业，使得家庭照看、护理功能弱化。① 城市和农村的失能老人，在生命的最后如何有尊严地活着，考验整个社会与国家的治理能力。要明确公民基本照护权益，建立覆盖全民的长期照护保障制度和相关服务制度。② 国家应重视发展养老护理服务，包括住院护理、机构护理、上门护理、社区日间护理。例如，苏州福星护理院是民办非营利机构，主要收治中风后遗症、残疾人、癌症晚期、植物人、老年痴呆、各类大手术后需要长期卧床康复以及其他生活不能自理的人员。福星护理院设有完善的医疗护理制度。每个病区配备必需的设施设备，形成大综合、小专科的发展特色。为防范意外伤害风险，福星护理院建立起一套严密的评估和防范机制③。

失能失智老人需要特别的关爱和支持。基于底线公正，维护老年人基本生命权益。国家需要加快发展照护服务业，建立面向全民、城乡一体的长期照护保障制度，使失能失智者能够得到基本的照护服务④。比如，发展长期护理保险制度；按照剩余性、补缺性福利模式，完善经济困难家庭失能失智老人护理救助制度，为重度失能（残疾）老人提供护理补贴。

---

① 张奇林，刘二鹏．面向家庭的照料社会政策建构：范式、因应与路径［J］．青海社会科学，2019（2）．

② 何文炯．增强社会保障的互助共济性和收入再分配功能［J］．社会保障评论，2021（2）．

③ 董莉．福利多元视角下的医养结合养老服务保障政策研究：以苏州为例［D］．苏州：苏州大学，2016．

④ 何文炯．建设适应共同富裕的社会保障制度［J］．社会保障评论，2022（1）．

2. 老年人交际活动与文化体育服务

老年人收入保障及医疗、护理服务供给是满足基本需求，而老年人社会交际及文化体育生活是较高层次的需求，是“老有所乐”的重要保障。政策制度倡导子女多看望、陪伴老人，关爱老人精神心理健康。政府应支持建立社区老年活动中心。社区应为老人聚会交际提供支持，组织爱心人士关心、看望独居老人。社会工作者应组织开展老年人小组活动。

发展老年人社会教育，丰富老年生活。《中华人民共和国老年人权益保障法》（2018 年修订）指出，老年人有继续受教育的权利；国家发展老年教育，把老年教育纳入终身教育体系，鼓励社会办好各类老年学校。

3. 老年人劳动就业与参加公益活动

不同时代对老年人和老年人劳动有不同的理解。老年人界定以及老年人工作选择，受多个因素影响，如人口寿命的提高、人体机能的改善、社会劳动人口不足、延迟退休规定、养老金替代率下降和参与劳动工作的愿望。

“把老龄人口真正当做社会的资源，而不是社会的负担，推动适老经济和助老社会的互动发展。”① 已经到退休年龄，如果身体状况允许，也有意愿再参与社会就业，那么老年人劳动就业受法律保护。老年人就业支持政策主要有老年人就业培训、开发适合老年人就业的工作岗位、工作推荐。如果老年人有意愿参与公益活动，那么政府和社会要提供渠道和支持。

4. 关爱困境老人

独居老人往往面临孤独、发生意外不被发现的问题。政府和社会应为独居老人提供精神情感慰藉、身体健康监测、紧急呼叫服务、志愿者上门看望、上门医疗、生活照料、文娱活动。除独居老人外，政府和社会还应关注高龄空巢老人、失独老人等困境老人的生活状态，提供关爱服务支持。

---

① 周弘．不断提升社会保障发展质量［J］．社会保障评论，2021（2）．

（二）健全养老服务供给体系

社区服务设施规划和社区空间构成对老年人的生活感受起到重要作用。依托社区将相关服务主体联合起来，投入社区养老服务设施和社区“适老化”改造，优化配置社区养老服务资源，形成系统化的养老服务体系。社区养老服务体系通常含有社区日间照料中心、社区康复活动中心、社区老年人活动中心、社区老年人用餐中心。可通过发展社区志愿服务制度，如时间银行制度，激励志愿者参与关爱社区老人。农村幸福互助院有多方面的养老功能，包括志愿养老、集体养老、互助养老、机构养老。政府和村委会应对各类型、规模和组织方式的互助性的、集体性和公益性的幸福互助院提供支持，如公建民营公助、民建民营公助。

养老服务体系应以老人自我养老及家庭养老、自我养老及老人集体养老和互助养老为基础，将居家养老与外在的养老服务力量相结合，还将互助养老与公益院舍照护相结合，将公益养老与资本养老相结合，将社会力量与政府公共养老相结合，形成系统化的社会养老服务体系。积极利用养老服务信息系统，不仅有助于观测、联系、沟通受助的老人，还有助于服务主体沟通合作，提升养老服务系统的结构功能、行动能力和服务能力。

政府可通过购买居家援助服务的方式，为困难老人提供关爱服务支持。例如，2019 年无锡市民政局、财政局《无锡市市区居家养老援助服务实施办法》规定，援助服务机构按合同为特定居家老年人提供养老服务，主要包括生活照料、康复护理、精神慰藉。

根据《中华人民共和国老年人权益保障法》（2018 年修订），老年人可以与基层群众性自治组织、养老机构等组织或者个人签订遗赠扶养协议或者其他扶助协议；负有扶养义务的组织或者个人按照遗赠扶养协议，承担该老年人生养死葬的义务，享有受遗赠的权利。

国家支持发展老龄产业和生产服务企业。《中华人民共和国老年人权益保障法》（2018 年修订）指出，国家采取措施发展老龄产业，将老龄产业列入国家扶持行业目录。

三、农村失能老人照护服务体系发展构建

农村失能老人普遍经济不宽裕，处于老残双重弱势境地，需要获得照护支持。农村人口外流、家庭结构小型化，使得子女照看、护理功能弱化。① 农村失能老人照护问题不仅是老人及家庭的问题，还溢出、蔓延而成为社会问题。

（一）农村失能老人照护服务供给不足

农村失能老人很难获得亲缘、邻里非正式照护。农村社区很少有公益组织提供照护服务。农村基层医疗卫生机构普遍未开展失能老人照护服务。农村养老机构的护理人员普遍文化水平低，未接受护理训练，护理素养、技能不足。政府购买公共服务，很少将农村失能老人规定为受助对象。

（二）政府保障责任

“随着21世纪的到来，各国已逐渐认识到，随着老弱人口的增加，必须解决护理问题。”②确保农村失能老人获得照护服务支持是政府应承担的责任。鉴于中国农村老人在整个现代化、城镇化过程中所承受的发展代价及其重要“生产性”贡献③，应当对农村养老服务进行反哺，优先为农村失能老人提供照护支持。公正对待农村失能老人，应加大政策投入，缩小城乡照护服务供给差距。围绕农村失能老人照护需求，应发展多层次的照护服务体系。

---

① 何文炯．老年照护服务：扩大资源并优化配置［J］．学海，2015（1）.

② ALCOCK P，MAY M，ROWLINGSON K. 解析社会政策（上）：福利提供与福利治理［M］. 彭华民，主译．上海：华东理工大学出版社，2017：172.

③ 许慧娇，贺聪志．“孝而难养”：重思农村留守老人的养老困境［J］．中国农业大学学报（社会科学版），2020（4）.

（三）农村失能老人照护服务体系构建

基于既有的非正式与正式的照护资源，要健全农村失能老人照护服务体系。在照护供给主体方面，协同发展家庭照护、邻里照护、老年互助照护、社区日间护理、公益组织照护、养老机构照护、农村基层医疗卫生机构照护。在照护费用支付方面，应配套发展长期护理保险支付和国家护理救助。

家庭为老人提供经济支持、生活照料和精神慰藉。应充分发挥家庭养老的优势，通过政策制度支持子女照护失能老人。对家庭照护者提供支持，以便更好地照护失能老人。应发展家庭照护者支持项目，比如，家庭照护者喘息服务项目、家庭照护者技能培训项目。

发展农村失能老人照护服务体系，需积极引入外部照护资源，纳入乡村既有的资源，弥补不足，优化配置而形成良好的照护体系。比如，通过政府购买公共服务的方式，将农村社区外的机构和专业人员纳入乡村社区，为失能老人提供照护服务。政府支持、监督公益性机构和营利性机构进入乡村，为失能老人提供照护服务。

结 论

社会政策制度体系发展构建，应遵循公平公正、共享发展的价值理念。在底线保障的基础上，基于共享发展理念，提高基本生活保障水平，分享经济社会发展的成果。民生保障权理论主张，通过法律法规明确公民的民生保障权和国家民生保障义务。发展构建社会政策制度体系，用以促进社会良性运作，反对社会排斥，维护妇女、儿童、失业人员、残疾人和老年人的合法权益，保护所有公民的生命健康不受侵犯。

现有的社会政策制度体系不够完善，国家民生保障不充分，公共福利分配不均衡。第一，社会保险统筹互济效用不足。比如，城乡居民养老保险和医疗保险的统筹层次低，保障待遇低。第二，社会救助的托底保障不健全。比如，医疗救助制度、失能老人照护救助制度不健全，难以承担托底责任。第三，适度普惠性福利津贴和重要社会服务的发展严重滞后。第四，基本养老保障人群分等、制度分设、待遇悬殊，存在逆向调节、差距扩大问题。第五，城乡社会保障发展不平衡。比如，农村老年人所获的经济保障水平、医疗卫生服务和社会照护服务，较之于城市老年人都存在很大差距。第六，国家基本民生保障制度分割运行，制度统一性、规范性、透明性和问责性不足。

社会政策制度体系发展构建，必须坚持公平公正价值，要补齐民生短板，确立国家基本民生保障项目，还要抑峰填谷，均衡阶层人群保障待遇水平，逐步实现国家“保基本”的发展目标。在社会人群覆盖和保障水平方面，发展全国统一的基本民生保障项目，如基本养老保障、基本医疗保障、基本公共卫生项目、基本失能照护保障、基础教育资源均衡化分配、基本妇女生育保障、基本儿童福利、基本生活保障。既要完善社会救助托底保障，又要统筹推进社会保险发展改革，还要建立健全普惠性福利津贴。

分类发展构建社会政策制度体系。

一是社会救助与劳动就业。（1）社会救助托底保障是公民的基本生存保障。社会救助制度体系包括低保救助、临时救助和专项救助。发展构建社会救助制度体系，需要合理确定救助项目和所覆盖的人群，满足基本生存与发展需要。要将社会保险的待遇保障与社会救助的托底保障相配套，还要协同发展剩余性社会救助与普惠性福利津贴。社会保险支付保障与基本生活保障制度存在负相关关系：社会保险支付保障越是到位，保险的保障度越高，就越能应对生活风险，就越少需要剩余性的救助制度。获得社会保险支付保障后，若仍面临生活困境，可对接社会救助制度。为受助对象提供系统、有效的救助保障，要求发展社会救助行政网络，促进跨部门合作，将社会力量纳入社会救助治理系统。发展社会救助制度体系与实施积极的劳动就业政策并行不悖。（2）劳动就业政策主张，劳动生产价值应得到合理的报酬，优化劳动就业结构，保障重点人群劳动就业，切实保护劳动者权益。劳动者权益保障包括平等就业、选择职业、劳动报酬和同等待遇、社会保险和福利、劳动时间、休息休假、安全卫生条件、职业培训、工会组织、劳动争议处理和三方谈判、职业安全、女职工特殊劳动保护、未成年人特殊劳动保护。确立和维护劳动者的权益，使得广大劳动者在工作就业方面能自由流动和选择工作，不受歧视和排斥，在劳动环境中人身安全得到保障，在劳动关系中人格尊严不受侵犯，能获得适当的报酬待遇。优化劳动就业结构，就是追求劳动人口在数量和质量上满足社会生产需要；另外，劳动人口超过就业岗位，就要发展和增加就业岗位，追求劳动人口充分就业。政府应为低学历、低技能青少年提供培训和就业支持。为防止劳动力市场“穷忙族”放弃就业、成为福利领取者，应为他们提供工作补贴。

二是基本公共服务与重要社会服务。（1）医疗卫生制度体系构建，用以解决疾病预防、医治和费用支付问题，维护人民生命健康。医疗卫生系统的核心是医疗服务供给和医疗支付保障。优化基本公共卫生服务项目；促进城乡居民享有均等化的基本公共卫生服务；加强公共卫生服务体系建设。中国公立医院在国家医疗服务供给中占有重要地位，基层医疗机构在国家医疗服务供给中具有广泛性和基础性作用。如果病人在社区就可以获得良好的医疗服务，满足疾病医治的需要，就无须花费时间精力挤进高级别的医院。实现分级诊疗体系的功能价值，要求加大基层医疗机构建设，提升基层医疗服务水平。实行医疗服务市场化，必须寻求国家和社会治理介入，完善公平竞争制度，加强和完善医疗服务监督，要求医疗服务信息公开，保护病人合法权益。医疗卫生服务供给的“效率”与“公平”张力考验着改革者的智慧。医疗支付保障是基本民生保障，应当基于公民身份发展构建统一的基本医疗保险制度。去除城乡、工作身份、地域的区隔，在同一个制度内容下只要履行缴费义务，就可享受基本医疗保险的支付保障。医疗救助包括国家医疗救助和社会医疗救助，要合理设置医疗救助的条件和水平。（2）发展构建教育政策制度体系，要求确保教育资源均衡化分配和教育机会公正，将普惠性教育收费、教育救助与励志奖学金相配套。特别关注基础教育起点公平，基于公民身份获得平等教育权。（3）社会服务制度是有关社会服务资源分配与供给体系的规定。服务分配制度用以确定对何种人群提供服务支持，而供给体系用以规定如何将服务传递到服务对象。供给体系存在缺陷，会制约服务分配制度的落地兑现。供给体系的关键构成包括：目标确定、主体选择、责任设置、资金投入与渠道、服务周期与服务行动空间、监督评估。实施社会服务国家发展战略，要求建立健全社会服务制度体系。

三是妇女与儿童权益保障。（1）维护妇女生育权与就业权，防止母职惩罚。反女性就业歧视，要完善女职工生育成本分担制度，不使用人单位负担过重，缩小男女职工雇佣成本与效益比值的差距。（2）面对家庭生养负担偏重，由为困难儿童和困境家庭儿童扩大到为低保边缘家庭和低收入家庭儿童提供经济补助，再到面向普通家庭儿童提供津贴，最终建立覆盖全体儿童的普惠福利制度。发展构建儿童福利制度体系，应与儿童家庭福利、儿童母亲权益保障相衔接。

四是失业保障制度体系构建。失业者未参加失业保险或不符合领取失业保险金的条件，那么，若符合“低保”救助条件，可获得“低保”救助；如果不符合“低保”救助，家庭生活确有困难，可申请失业临时救济，以渡过难关。完善失业临时救济制度，要求合理设置救济资格条件、救济水平、救济期限和责任义务。

五是残疾人保障制度体系构建。残疾人保障制度体系包括残疾人收入保障与残疾人服务保障。应扩大工伤保险的覆盖面，将各类劳动者纳入工伤风险保障。用人单位员工发生非因工伤残，可获得用人单位的待遇保障，分为“医疗期内用人单位待遇规定”和“医疗期满后用人单位待遇规定”。非因工伤残者可按制度条件申请职工基本养老保险待遇，还可按规申请基本生活保障和护理补助。残疾人服务保障的重点是残疾人教育保障和残疾人就业支持。

六是老年人保障制度体系构建。在年老时人会变得衰弱、失能，因而需要获得收入与服务保障。国家应基于底线公正，实施全国统一的公民基础养老金制度，可以领取均等的基础养老金。基础养老金制度可由职工基本养老保险统筹账户转制而形成。基础养老金作为第一层次的养老金，职工基本养老保险的个人账户资金为第二层次的养老金，用人单位养老年金制度是另一层次的养老保障，个人商业养老保险是再一层次的养老保障。经济困难的老人还可申请获得基本生活保障。老人可获得的基本生活保障应明显低于基于缴费义务的公民基础养老金，目的是激励各类劳动者参保缴费。也就是说，托底性救助保障水平应明显低于缴费性的社会保险待遇水平。应特别重视农村失能失智老人照护服务供给。

参考文献

译　著

［1］阿马蒂亚·森．以自由看待发展［M］．任赜，于真，译．北京：中国人民大学出版社，2002.

［2］安东尼·吉登斯．第三条道路：社会民主主义的复兴［M］．郑戈，译．北京：生活·读书·新知三联书店，2000.

［3］查尔斯·H. 扎斯特罗．社会工作与社会福利导论［M］．孙唐水，主译．北京：中国人民大学出版社，2005.

［4］大卫·休谟．人性论［M］．关文运，译．北京：商务印书馆，2016.

［5］哈特利·迪安．社会政策学十讲［M］．岳经纶，温卓毅，庄文嘉，译．上海：格致出版社，2009.

［6］考斯塔·艾斯平-安德森．福利资本主义的三个世界［M］．郑秉文，译．北京：法律出版社，2003.

［7］肯·布莱克莫尔，路易丝·沃里克-布思．社会福利政策导论：第四版［M］．岳经纶，主译．上海：格致出版社，2019.

［8］莱昂·狄骥．公法的变迁［M］．郑戈，译．北京：商务印书馆，2013.

［9］理查德·蒂特马斯．蒂特马斯社会政策十讲［M］．江绍康，译．长春：吉林出版集团有限公司，2011.

［10］迈克尔·沃尔泽．正义诸领域：为多元主义与平等一辩［M］．褚松燕，译．南京：译林出版社，2002.

[11] GILBERT N, TERRELL P. 社会福利政策引论 [M]. 沈黎，主译. 上海：华东理工大学出版社，2013.

[12] 欧文·E. 修斯. 公共管理导论 [M]. 张成福，马子博，主译. 北京：中国人民大学出版社，2015.

[13] ALCOCK P, MAY M, ROWLINGSON K. 解析社会政策（上）：福利提供与福利治理 [M]. 彭华民，主译. 上海：华东理工大学出版社，2017.

[14] ALCOCK P, MAY M, ROWLINGSON K. 解析社会政策（下）：福利提供与福利治理 [M]. 彭华民，主译. 上海：华东理工大学出版社，2017.

[15] 斯蒂芬·戈德史密斯，威廉·埃格斯. 网络化治理 [M]. 孙迎春，译. 北京：北京大学出版社，2008.

[16] 詹姆斯·米奇利. 社会发展：社会福利视角下的发展观 [M]. 苗正民，译. 上海：上海人民出版社，2009.

专著、编著、教材

[17] 中共中央马克思恩格斯列宁斯大林著作编译局. 马克思恩格斯选集：第1卷 [M]. 北京：人民出版社，1972.

[18] 中共中央马克思恩格斯列宁斯大林著作编译局. 马克思恩格斯全集：第3卷 [M]. 北京：人民出版社，1960.

[19] 中共中央马克思恩格斯列宁斯大林著作编译局. 马克思恩格斯全集：第42卷 [M]. 北京：人民出版社，1979.

[20] 中共中央马克思恩格斯列宁斯大林著作编译局. 马克思恩格斯全集：第1卷 [M]. 北京：人民出版社，1956.

[21] 马克思. 资本论：第1卷 [M]. 北京：人民出版社，1975.

[22] 毛泽东. 毛泽东选集：第一卷 [M]. 北京：人民出版社，1991.

[23] 中共中央文献研究室. 邓小平年谱（1975—1997）：下 [M].

北京：中央文献出版社，2004.

［24］邓小平．邓小平文选：第二卷［M］．北京：人民出版社，1994.

［25］邓小平．邓小平文选：第三卷［M］．北京：人民出版社，1994.

［26］江泽民．江泽民文选：第二卷［M］．北京：人民出版社，2006.

［27］江泽民．江泽民文选：第三卷［M］．北京：人民出版社，2006.

［28］中共中央文献研究室．十八大以来重要文献选编：上［M］．北京：中央文献出版社，2014.

［29］中共中央文献研究室．十八大以来重要文献选编：中［M］．北京：中央文献出版社，2016.

［30］中国社会科学院近代史研究所．孙中山全集［M］．北京：中华书局，1981.

［31］孙中山．三民主义［M］．长沙：岳麓书社，2000.

［32］中共中央文献研究室．习近平关于全面深化改革论述摘编［M］．北京：中央文献出版社，2014.

［33］国务院新闻办公室，中共中央文献研究室，中国外文局．习近平谈治国理政［M］．北京：外文出版社，2014.

［34］中央宣传部，中央文献研究室，中国外文局．习近平谈治国理政：第2卷［M］．北京：外文出版社，2017.

［35］习近平．决胜全面建成小康社会夺取新时代中国特色社会主义伟大胜利：在中国共产党第十九次全国代表大会上的报告［M］．北京：人民出版社，2017.

［36］习近平．之江新语［M］．杭州：浙江人民出版社，2007.

［37］中共中央文献研究室．习近平关于社会主义社会建设论述摘编［M］．北京：中央文献出版社，2017.

［38］常凯．劳动关系劳动者劳权：当代中国的劳动问题［M］．北京：中国劳动出版社，1995.

［39］丁建定．社会保障概论［M］．上海：华东师范大学出版社，2006.

［40］顾昕．走向全民医保：中国新医改的战略与战术［M］．北京：中国劳动社会保障出版社，2008.

［41］胡晓义．新中国社会保障发展史［M］．北京：中国劳动社会保障出版社，2019.

［42］黄越钦．劳动法新论［M］．北京：中国政法大学出版社，2003.

［43］林卡，陈梦雅．社会政策的理论和研究范式［M］．北京：中国劳动社会保障出版社，2008.

［44］林卡，张佳华．社会政策与社会建设［M］．北京：中国人民大学出版社，2015.

［45］陆学艺．当代中国社会结构［M］．北京：社会科学文献出版社，2018.

［46］莫道明，祁冬涛，刘骥．社会发展与社会政策：国际经验与中国改革［M］．北京：东方出版社，2014.

［47］潘允康．中国民生问题中的结构性矛盾研究［M］．北京：北京大学出版社，2015.

［48］彭华民．西方社会福利理论前沿：论国家、社会、体制与政策［M］．北京：中国社会出版社，2009.

［49］莫道明．契机与挑战：21 世纪的中国改革政策［M］．北京：东方出版社，2016.

［50］社会发展研究部课题组．社会政策重点领域改革研究［M］．北京：中国发展出版社，2016.

［51］王雄．中国教育发展报告［M］．北京：社会科学文献出版社，2009.

［52］陈信行．工人开基祖［M］．台北：台湾社会研究杂志社，2010.

［53］谢彭程．公民的基本权利［M］．北京：中国社会科学出版社，1997.

［54］董云虎，陈振功．人权与和谐世界［M］．北京：团结出版社，2007.

［55］孙伟．完善妇女劳动权益保障的立法构想［M］．上海：人民出版社，2010.

［56］杨涛．社会政策：概念、理论与分析框架［M］．南京：南京大学出版社，2021.

［57］杨伟民．社会政策导论：第三版［M］．北京：中国人民大学出版社，2019.

［58］袁贵仁．马克思的人学思想［M］．北京：北京师范大学出版社，1996.

［59］郑功成．中国社会保障改革与发展战略：总论卷［M］．北京：人民出版社，2011.

论文、文章

［60］艾伦·沃克．社会质量取向：连接亚洲与欧洲的桥梁［J］．张海东，译．江海学刊，2010（4）.

［61］白淑元．新常态下积极托底社会政策的建构［J］．改革与开放，2018（4）.

［62］白重恩，钱震杰．国民收入的要素分配：统计数据背后的故事［J］．经济研究，2009（3）.

［63］保罗·怀尔丁．福利与社会的关系：社会福利理论渊源与蒂特马斯典范［J］．刘继同，译．社会保障研究（北京），2009（2）.

［64］本刊评论员．维护尊严老有所养［J］．中国工人，2014（5）.

［65］布尔贾洛夫．社会政策的类型理论与实践［J］．国外财经，

1998（2）.

［66］蔡昉．社会福利的竞赛［J］．社会保障评论，2022（2）.

［67］蔡昉．为什么将就业优先政策置于宏观政策层面［N］．光明日报，2019-03-26.

［68］常凯．WTO、劳工标准与劳工权益保障［J］．中国社会科学，2002（1）.

［69］车维汉．日本就业政策特征分析及其对我国的启示［J］．经济研究参考，2002（7）.

［70］陈斌开．收入分配与中国居民消费：理论和基于中国的实证研究［J］．南开经济研究，2012（1）.

［71］陈会林．简论劳动法的社会法性质［J］．沙洋师范高等专科学校学报，2002（3）.

［72］陈明明．以民生政治为基本导向的政治发展战略［J］．江苏社会科学，2012（2）.

［73］陈耀庭，戴俊玉．失业保险制度中被保险人欺诈行为研究：以Z市为例［J］．中国人力资源开发，2015（4）.

［74］陈竺，高强．走中国特色卫生改革发展道路使人人享有基本医疗卫生服务［J］．求是，2018（1）.

［75］程玲．中国社会政策的演变与发展［J］．河北学刊，2018（4）.

［76］丛威．保障失业人员生活稳定企业就业岗位［J］．中国人力资源社会保障，2022（2）.

［77］邓成明，蒋银华．论国家保障民生之义务的宪法哲学基础：以客观价值秩序理论为导向［J］．法学杂志，2009（2）.

［78］邓伟志，卜佳慧．民生论［J］．上海大学学报（社会科学版），2008（4）.

［79］邓伟志．新三民主义的现实意义［J］．学术界，2017（9）.

［80］丁建定．构建我国新型城市社会救助制度的原则与途径［J］．东岳论丛，2009（2）.

［81］丁建定．论社会保障制度功能认识的发展及其实践意义：西方社会观点、马克思主义学说与中国话语体系［J］．社会保障评论，2022（4）．

［82］丁相顺．“残疾人权利公约”与中国残疾人融合教育的发展［J］．中国特殊教育，2017（6）．

［83］丁勇．让每一个残疾孩子都能接受合适教育［J］．现代特殊教育（高教版），2015（1）．

［84］董保华，孔令明．经济补偿与失业保险之制度重塑［J］．学术界，2017（1）．

［85］董克用，孙博．从多层次到多支柱：养老保障体系改革再思考［J］．公共管理学报，2011（1）．

［86］董莉．福利多元视角下的医养结合养老服务保障政策研究：以苏州为例［D］．苏州：苏州大学，2016．

［87］段成荣，吕利丹，郭静，王宗萍．我国农村留守儿童生存和发展基本状况：基于第六次人口普查数据的分析［J］．人口学刊，2013（3）．

［88］方长春．第三类劳动及其权益保障：问题与挑战［J］．人民论坛·学术前沿，2022（8）．

［89］费平，刘欣．加拿大失业保险逆周期调节机制研究［J］．中国劳动，2022（2）．

［90］冯光娣．中国高等教育社会政策研究：基于公平与效率的分析［D］．天津：南开大学，2012．

［91］冯伟．公务员是否需要纳入“失业”保障［J］．人力资源，2022（8）．

［92］冯彦君．劳动权的多重意蕴［J］．当代法学，2004（2）．

［93］付子堂，常安．民生法治论［J］．中国法学，2009（6）．

［94］高红，刘凯政．社会质量理论视域下中国包容性社会建设的政策构建［J］．学习与实践，2011（2）．

[95] 高媛. 职场女性生育成本分担模式的重构：从二孩引发的就业歧视问题着眼 [J]. 中国劳动关系学院学报，2016 (3).

[96] 葛延风. 教育公平发展亟需建构完善的社会政策体系 [J]. 探索与争鸣，2015 (5).

[97] 耿华萍，刘祖云. 城乡义务教育非均衡发展现实归因的理论思考 [J]. 南京社会科学，2016 (4).

[98] 龚曦. 德国“父母生育假”概况及分析 [J]. 中国社会保障，2021 (11).

[99] 龚向和. 国家义务是公民权利的根本保障 [J]. 法律科学，2010 (4).

[100] 龚向和. 论民生保障的国家义务 [J]. 法学论坛，2013 (3).

[101] 贡森，李秉勤. 新时代中国社会政策的特点与走向 [J]. 社会学研究，2019 (4).

[102] 贡森. 医疗卫生服务公共政策研究 [J]. 卫生经济研究，2009 (2).

[103] 顾海，李佳佳. 国外医疗服务体系对我国医疗卫生体制改革的启示与借鉴 [J]. 世界经济与政治论坛，2009 (5).

[104] 顾昕，惠文，沈永东. 社会治理与医保支付改革：理论分析与国际经验 [J]. 保险研究，2022 (2).

[105] 顾昕，孙晓冬. 全民医保的社会治理：迈向共同富裕的社会性基础设施 [J]. 武汉科技大学学报，2022 (5).

[106] 顾昕. 公共财政转型与政府卫生筹资责任的回归 [J]. 中国社会科学，2010 (2).

[107] 顾昕. 全球性医疗体制改革的大趋势 [J]. 中国社会科学，2005 (6).

[108] 顾昕. 新医改为何费劲 [Z]. 健康界，2016-11-01.

[109] 顾昕. 走向公共契约模式：中国新医改中的医保付费改革 [J]. 经济社会体制比较，2012 (4).

[110] 顾昕．走向有管理的市场化：中国医疗体制改革的战略性选择［J］．经济社会体制比较，2005（6）．

[111] 顾雪非．基本医疗保险制度整合路径的探讨：基于公平视角［J］．卫生经济研究，2013（11）．

[112] 关信平．关于全面建立临时救助制度应当注意的几个问题［J］．中国民政，2015（7）．

[113] 关信平．新时代中国城市最低生活保障制度优化路径：提升标准与精准识别［J］．社会保障评论，2019（1）．

[114] 关信平．中国共产党百年社会政策的实践与经验［J］．中国社会科学，2022（2）．

[115] 桂桢．构建具有中国特色积极的失业保险制度［J］．中国社会保障，2022（5）．

[116] 桂桢．积极的失业保险制度建设迈出坚实步伐［J］．中国人力资源社会保障，2022（10）．

[117] 桂桢．以党的二十大精神为指引推动失业保险事业高质量发展［J］．中国社会保障，2022（11）．

[118] 郭启民，李志明．“十四五”时期实施就业优先战略的实践意义和重点路径［J］．新视野，2021（4）．

[119] 韩克庆．社会质量理论：检视中国福利改革的新视角［J］．教学与研究，2011（1）．

[120] 韩庆祥．关于马克思“人的全面发展”涵义的商榷［J］．哲学研究，1990（6）．

[121] 郝模．新时代公共卫生体系的思考与研究［J］．上海预防医学，2017（12）．

[122] 何文炯，杨一心，王璐莎，徐琳．中国生育保障制度改革研究［J］．浙江大学学报（人文社会科学版），2014（4）．

[123] 何文炯．基于共同富裕的社会保障制度深化改革［J］．江淮论坛，2021（3）．

［124］何文炯．建设适应共同富裕的社会保障制度［J］．社会保障评论，2022（1）．

［125］何文炯．劳动力自由流动与社会保险一体化［J］．中国社会保障，2010（12）．

［126］何文炯．老年照护服务：扩大资源并优化配置［J］．学海，2015（1）．

［127］何文炯．论社会保障的互助共济性［J］．社会保障评论，2017（1）．

［128］何文炯．社会保障促进共同富裕理论与实践：学术观点综述［J］．西北大学学报，2022（4）．

［129］何文炯．数字化、非正规就业与社会保障制度改革［J］．社会保障评论，2020（3）．

［130］何文炯．增强社会保障的互助共济性和收入再分配功能［J］．社会保障评论，2021（2）．

［131］何文炯．中国社会保障：从快速扩展到高质量发展［J］．中国人口科学，2019（1）．

［132］贺丹．高度重视生育保险制度改革，强化其支持家庭生育的保障功能［J］．人口与健康，2021（2）．

［133］洪朝晖．论中国城市社会权利的贫困［J］．江苏社会科学，2003（2）．

［134］胡锦涛．高举中国特色社会主义伟大旗帜为夺取全面建设小康社会新胜利而奋斗：在中国共产党第十七次全国代表大会上的报告［N］．人民日报，2007-10-25.

［135］胡桑，申纯．女性就业歧视公益诉讼制度法律机理研究［J］．中国劳动关系学院学报，2018（3）．

［136］胡兆舜．浅议延长60天生育假是否应支付生育津贴的问题［J］．四川劳动保障，2016（9）．

［137］华建敏．始终坚持以人为本努力解决民生问题［J］．国家行政

学院学报，2007（2）.

［138］黄桂霞，姜大伟，刘中华．挑战与应对："全面二孩"政策下的女性就业权保障［J］．中国劳动关系学院学报，2017（5）.

［139］黄桂霞．政府、雇主和家庭共担生育责任的探讨［J］．人口与社会，2017（2）.

［140］黄健，邓燕华．制度的力量：中国社会保障制度建设与收入分配公平感的演化［J］．中国社会科学，2021（11）.

［141］黄璋．中国福祉政策研究综述：地位、模式与功能［J］．社会保障评论，2022（3）.

［142］贾康，张晶晶．摩擦性失业等失业分类的内涵、特征与就业路向［J］. 新疆师范大学学报（哲学社会科学版），2023（1）.

［143］蒋锦洪，王慧．马克思的民生思想及其当代实践意义［J］．华东师范大学学报（哲学社会科学版），2011（2）.

［144］蒋永萍．社会性别视角下的生育保险制度改革与完善［J］．妇女研究论丛，2013（1）.

［145］金维刚．社保改革发展的回顾与展望［J］．中国社会保障，2018（12）.

［146］金维刚．社会保障在促进共同富裕方面的主要目标、基本路径和政策思路［J］．社会保障评论，2022（3）.

［147］景春兰，徐志强．论劳动力权的法权意义及理论启迪［J］．河北法学，2013（6）.

［148］景天魁，毕天云．建设具有中国特色的福利社会［J］．人民论坛，2009（20）.

［149］景天魁．底线公平与社会保障的柔性调节［J］．社会学研究，2004（6）.

［150］景天魁．论中国社会政策成长的阶段［J］．江淮论坛，2010（4）.

［151］赖德胜，孟大虎，李长安，田永坡．中国就业政策评价：

1998—2008［J］．北京师范大学学报（社会科学版），2011（3）．

［152］黎淑秀．全球青年就业趋势研究［J］．中国青年社会科学，2020（1）．

［153］李保平．西方社会排斥理论的分析模式及其启示［J］．吉林大学学报（社会科学版），2008（2）．

［154］李光红，高海虹．新就业形态劳动者劳动权益保障规制体系的构建研究［J］．济南大学学报（社会科学版），2022（6）．

［155］李国林，纽维平．试论慈善事业与社会保障的关系［J］．求实，2003（2）．

［156］李静雅．已育一孩职业女性的二孩生育意愿研究：基于生育效用感和再生育成本的实证分析［J］．妇女研究论丛，2017（3）．

［157］李克强．不断深化医改推动建立符合国情惠及全民的医药卫生体制［J］．求是，2011（22）．

［158］李实，朱梦冰．推进收入分配制度改革促进共同富裕实现［J］．管理世界，2022（1）．

［159］李西霞．生育产假制度发展的国外经验及其启示意义［J］．北京联合大学学报（人文社会科学版），2016（1）．

［160］李线玲．新形势下生育保险待遇落实探讨［J］．妇女研究论丛，2016（2）．

［161］李湘刚．论公民罢工权的宪法地位［J］．前沿，2005（7）．

［162］李湘敏．改革开放以来中国共产党民生思想探析［J］．福建师范大学学报（哲学社会科学版），2009（4）．

［163］李向梅，万国威．育儿责任、性别角色与福利提供：中国儿童照顾政策的展望［J］．中国行政管理，2019（4）．

［164］李晓雪．我国医疗卫生资源配置现状与政策建议［J］．中国医院管理，2016（11）．

［165］李珍，陈晋阳，王红波．医保基金战略购买：基本概念、国际经验与中国镜鉴［J］．中国卫生政策研究，2021（5）．

［166］李珍，刘小青，王超群．关于“十四五”期间推进医疗保障治理现代化的思考［J］．中国医疗保险，2020（11）．

［167］李珍，王怡欢，张楚．中国失业保险制度改革方向［J］．社会保障研究，2020（2）．

［168］李珍，张楚．论城乡居民医保个人筹资从定额制到定比制的改革［J］．中国卫生政策研究，2021（7）．

［169］李珍．基本医疗保险参保机制改革的历史逻辑与实现路径［J］．暨南学报（哲学社会科学版），2022（11）．

［170］李志明，邢梓琳．巩固民生之本：实现更高质量和更充分就业［J］．学术研究，2019（9）．

［171］李志明．中国就业结构演变的动力因素、作用机理与政策进路［J］．学术研究，2022（11）．

［172］李志明．中国就业政策 70 年：走向充分而有质量的就业［J］．天津社会科学，2019（3）．

［173］廖艳．残疾人受教育权保障的国际标准与中国实践［J］．西部法学评论，2013（4）．

［174］林卡，高红．社会质量理论与和谐社会建设［J］．社会科学，2010（3）．

［175］林卡，侯百谦．基于价值理念对社会政策项目的讨论和评估：由退休人员医保缴费的论争说起［J］．浙江大学学报，2016（6）．

［176］林卡，王卓祺．从演化的角度阐释东亚社会政策及其社会体系的变化［J］．社会工作与管理，2014（1）．

［177］林卡．“福利社会”：社会理念还是政策模式［J］．学术月刊，2010（4）．

［178］林卡．东亚生产主义社会政策模式的产生和衰落［J］．江苏社会科学，2008（4）．

［179］林卡．回顾与展望：中国社会保障体系演化的阶段性特征与社会政策发展［J］．学术前沿，2021（20）．

［180］林卡．论北欧学者对于其福利国家体制的研究、论争及其论争的逻辑基础［J］．国外社会科学，2005（6）．

［181］林卡．社会政策、社会质量和中国大陆社会发展导向［J］．社会科学，2013（12）．

［182］林卡．社会质量理论：研究和谐社会建设的新视角［J］．中国人民大学学报，2010（2）．

［183］林闽钢．城市贫困救助的目标定位问题：以中国城市居民最低生活保障制度为例［J］．东岳论丛，2011（5）．

［184］林闽钢．我国进入社会保障城乡一体化推进时期［J］．中国社会保障，2011（1）．

［185］林闽钢．以“美好生活”为核心的新时代社会保障论纲［J］．内蒙古社会科学（汉文版），2019（3）．

［186］林闽钢．中国社会政策体系的结构转型与实现路径［J］．南京大学学报，2021（5）．

［187］林尚立．民主与民生：人民民主的中国逻辑［J］．北京大学学报（哲学社会科学版），2012（1）．

［188］林燕玲，王春光．工作场所产假和哺乳期女职工权益保护研究［J］．中国劳动关系学院学报，2021（6）．

［189］林义．扎实推进共同富裕，补齐农村养老保障制度建设短板［J］．社会保障评论，2022（3）．

［190］林毅夫，陈斌开．发展战略、产业结构与收入分配［J］．经济学（季刊），2013（4）．

［191］刘国恩，官海静．分级诊疗与全科诊所：中国医疗供给侧改革的关键［J］．中国全科医学，2016（22）．

［192］刘欢，向运华．基于共同富裕的社会保障体系改革：内在机理、存在问题及实践路径［J］．社会保障研究，2022（4）．

［193］刘军强，刘凯，曾益．医疗费用持续增长机制：基于历史数据和田野资料的分析［J］．中国社会科学，2015（8）．

［194］刘军强．政策的漂移、转化和重叠：中国失业保险结余形成机制研究［J］．管理世界，2022（6）．

［195］刘明辉．就业性别歧视的法律根源及对策［N］．中国妇女报，2012-08-28．

［196］刘明辉．首例就业机会性别歧视案折射的立法缺失［J］．妇女研究论丛，2014（2）．

［197］刘能．迈向证据为基础的社会政策研究［J］．学海，2019（3）．

［198］刘琦．职工生育假制度的反思与重构［J］．理论界，2019（5）．

［199］刘新华，彭文君，贾根良．从“失业池”到“就业池”：实现充分就业的理论反思及对策［J］．福建论坛（人文社会科学版），2022（7）．

［200］刘雅涵．盖州市失业保障问题与对策研究［J］．黑龙江人力资源和社会保障，2021（3）．

［201］刘耀辉．国家义务的可诉性［J］．法学论坛，2010（5）．

［202］刘永刚．分税制致大部分财权归中央，地方被迫靠卖地等找钱［Z］．中国经济周刊，2014-08-26．

［203］刘咏芳．生育保险制度构建理念之基本取向探索［J］．东岳论丛，2013（3）．

［204］刘云香，朱亚鹏．向儿童投资：福利国家社会政策的新转向［J］．中国行政管理，2017（6）．

［205］鲁全．社会保障促进共同富裕理论与实践：学术观点综述［J］．西北大学学报，2022（4）．

［206］陆士桢，常晶晶．简论儿童福利和儿童福利政策［J］．中国青年政治学院学报，2003（1）．

［207］马超，顾海，宋泽．补偿原则下的城乡医疗服务利用机会不平等［J］．经济学，2017（4）．

[208] 马春华．完善中国亲职假政策：支持生育的有效政策工具［J］．妇女研究论丛，2021（4）．

[209] 马春华．儿童照顾政策模式的形塑：性别和福利国家体制［J］．妇女研究论丛，2020（5）．

[210] 马晓伟．全面推进健康中国建设［N］．人民日报，2020-11-30.

[211] 马晓伟．我国70年卫生健康事业发展历程［J］．健康中国观察，2019（10）．

[212] 蒙克．从福利国家到福利体系：对中国社会政策创新的启示［J］．广东社会科学，2018（4）．

[213] 潘锦棠．生育津贴计发标准更趋公平［J］．中国社会保障，2014（3）．

[214] 潘锦棠．中国生育保险制度的历史与现状［J］．人口研究，2003（2）．

[215] 彭浩然，岳经纶．中国基本医疗保险制度整合：理论争论、实践进展与未来前景［J］．学术月刊，2020（11）．

[216] 彭华民．福利三角：一个社会政策分析的范式［J］．社会学研究，2006（4）．

[217] 彭华民．社会排斥与社会融合：一个欧盟社会政策的分析路径［J］．南开学报（哲学社会科学版），2005（1）．

[218] 彭霞光．保障所有残疾儿童的义务教育权利［J］．中国特殊教育，2017（6）．

[219] 皮埃尔·斯特罗贝尔．从贫困到社会排斥：工资社会拟人权社会［J］．冯炳昆，译．国际社会科学杂志，1997（2）．

[220] 钱宁．从人道主义到公民权利：现代社会福利政治道德观念的历史演变［J］．社会学研究，2004（1）．

[221] 乔东平，黄冠．从“适度普惠”到“部分普惠”：后2020时代普惠性儿童福利服务的政策构想［J］．社会保障评论，2021（3）．

［222］乔东平，谢倩雯．西方儿童福利理念和政策演变及对中国的启示［J］．东岳论丛，2014（11）．

［223］秦国荣．劳动权的权利属性及其内涵［J］．环球法律评论，2010（1）．

［224］秦江梅．国家基本公共卫生服务项目进展［J］．中国公共卫生，2017（9）．

［225］秦苏滨．扶持弱势群体：通向高等教育公平的重要路径［J］．教育发展研究，2010（23）．

［226］邱玉梅，田蒙蒙．“陪产假”制度研究［J］．时代法学，2014（3）．

［227］申曙光，张勃．分级诊疗、基层首诊与基层医疗卫生机构建设［J］．学海，2016（2）．

［228］申曙光．全民基本医疗保险制度整合的理论思考与路径构想［J］．学海，2014（1）．

［229］申曙光．社会保障的系统集成与协同高效发展［J］．社会保障评论，2021（2）．

［230］申曙光．中国社会保障改革发展的新目标与新思维［J］．学术前沿，2021（20）．

［231］沈洁．浅论“生活型”社会政策［J］．社会政策研究，2017（1）．

［232］史柏年．退休年龄与养老金支付［J］．人口与经济，2001（2）．

［233］宋晓梧．共同富裕视角下的职工基本社保个人账户［J］．社会保障评论，2022（3）．

［234］宋月萍，张耀光．农村留守儿童的健康以及卫生服务利用状况的影响因素分析［J］．人口研究，2009（6）．

［235］孙胜梅，傅思聪．加快健全有利于共同富裕的社会保障制度体系［J］．浙江经济，2021（5）．

［236］孙守纪，方黎明．新就业形态下构建多层次失业保障制度研究［J］．中国特色社会主义研究，2020（5）．

［237］孙守纪．构建新时代中国特色失业保障制度［J］．中国劳动，2022（2）．

［238］孙中伟，贺霞旭．工会建设与外来工劳动权益保护：兼论一种“稻草人机制”［J］．管理世界，2012（12）．

［239］孙中伟，刘明巍，贾海龙．内部劳动力市场与中国劳动关系转型：基于珠三角地区农民工的调查数据和田野资料［J］．中国社会科学，2018（7）．

［240］谭深．中国农村留守儿童研究述评［J］．中国社会科学，2011（1）．

［241］唐芳．对妇女的就业性别歧视界定与《妇女权益保障法》相关立法完善［J］．中华女子学院学报，2021（6）．

［242］唐钧．社会保障价值理念溯源［J］．中国社会保障，2012（2）．

［243］田大洲，梁敏．积极的失业保险政策研究：实施广覆盖的参保政策［J］．中国劳动，2018（9）．

［244］田路．就业性别歧视法律制度研究［J］．政法丛论，2013（5）．

［245］童星．社会保障促进共同富裕理论与实践：学术观点综述［J］．西北大学学报，2022（4）．

［246］童星．社会保障研究要增强亲民、创新和法治意识［J］．社会保障评论，2021（2）．

［247］童星．中国社会建设话语体系建构：以民生和治理为两翼［J］．社会保障评论，2022（2）．

［248］王超群．中国基本医疗保险的实际参保率及其分布特征：基于多源数据的分析［J］．社会保障评论，2020（1）．

［249］王大泉．新修订“残疾人教育条例”的理念与制度创新［J］．

中国特殊教育，2017（6）.

［250］王东宇，王丽芬．影响中学留守孩心理健康的家庭因素研究［J］．心理科学，2005（2）.

［251］王家合，赵喆，经纬．中国医疗卫生政策变迁的过程、逻辑与走向：基于1949~2019年政策文本的分析［J］．经济社会体制比较，2020（5）.

［252］王家勤．《残疾人教育条例》的修订：理念创新与制度完善［J］．人权，2018（2）.

［253］王杰秀．社会保障促进共同富裕理论与实践：学术观点综述［J］．西北大学学报，2022（4）.

［254］王兰玉．劳动公益诉讼：劳动公益权保护困境的出路［J］．河南财经政法大学学报，2012（6）.

［255］王理万．就业性别歧视案件的司法审查基准重构［J］．妇女研究论丛，2019（2）.

［256］王敏．我国医疗服务多元化供给体系研究［D］．广州：华南师范大学，2007.

［257］王全兴，王茜．我国“网约工”的劳动关系认定及权益保护［J］．法学，2018（4）.

［258］王绍光．大转型：1980年代以来中国的双向运动［J］．中国社会科学，2008（1）.

［259］王绍光．政策导向、汲取能力与卫生公平［J］．中国社会科学，2005（6）.

［260］王思斌．社会政策时代与政府社会政策能力建设［J］．中国社会科学，2004（6）.

［261］王思斌．走向发展型社会政策与社会组织建设［J］．社会学研究，2007（2）.

［262］王思斌．我国适度普惠型社会福利制度的建构［J］．北京大学学报（哲学社会科学版），2009（3）.

［263］王天玉．超越“劳动二分法”：平台用工法律调整的基本立场［J］．中国劳动关系学院学报，2020（4）．

［264］王婷．我国女性就业性别歧视案例评析［D］．长沙：湖南大学，2019.

［265］王雄军．新时代社会政策体系建设的意义及改革的目标思路［J］．西南政法大学学报，2019（3）．

［266］王学男，吴霓．后撤并时代寄宿制学校对农村留守儿童关爱与教育的挑战与可能［J］．湖南师范大学教育科学学报，2019（1）．

［267］王兆萍．工作价值观变化与我国劳动就业政策改革趋向［J］．经济社会体制比较，2013（3）．

［268］王卓祺．治理视角下的社会质量与社会和谐的比较分析［J］．冯希莹，译．江海学刊，2010（3）．

［269］温家宝．关于发展社会事业和改善民生的几个问题［J］．求是，2010（7）．

［270］吴清军，刘宇．劳动关系市场化与劳工权益保护［J］．中国人民大学学报，2013（1）．

［271］吴向东．论马克思人的全面发展理论［J］．马克思主义研究，2005（1）．

［272］吴秀凤．浅析县域企业落实女职工产假存在的问题及建议：以邵武市为例［J］．就业与保障，2017（8）．

［273］吴忠民．从平均到公正：中国社会政策的演进［J］．社会学研究，2004（1）．

［274］吴忠民．民生的基本涵义及特征［J］．中国党政干部论坛，2008（5）．

［275］吴忠民．中国劳动政策问题分析［J］．当代世界与社会主义，2009（2）．

［276］习近平．把握新发展阶段，贯彻新发展理念，构建新发展格局［J］．求是，2021（9）．

[277] 习近平．促进我国社会保障事业高质量发展、可持续发展[J]．求是，2022（8）．

[278] 习近平．决胜全面建成小康社会，夺取新时代中国特色社会主义伟大胜利［N］．人民日报，2017-10-28.

[279] 习近平．切实把思想统一到党的十八届三中全会精神上来[J]．求是，2014（1）．

[280] 习近平．深入理解新发展理念［J］．求是，2019（10）．

[281] 习近平．完善覆盖全民的社会保障体系 促进社会保障事业高质量发展可持续发展［J］．中国社会保障，2021（3）．

[282] 习近平．在民营企业座谈会上的讲话［N］．人民日报，2018-11-01.

[283] 习近平．在庆祝中国共产党成立100周年大会上的讲话［J］．求是，2021（14）．

[284] 习近平．在庆祝改革开放40周年大会上的讲话［N］．人民日报，2018-12-19.

[285] 习近平．在中国共产党第十九次全国代表大会上的报告：决胜全面建成小康社会 夺取新时代中国特色社会主义伟大胜利［N］．人民日报，2017-10-18.

[286] 肖进．论我国失业保险制度中的道德陷阱［J］．新西部，2014（8）．

[287] 肖竹．第三类劳动者的理论反思与替代路径［J］．环球法律评论，2018（6）．

[288] 谢增毅．就业平等权受害人的实体法律救济［J］．社会科学战线，2016（7）．

[289] 谢增毅．平台用工劳动权益保护的立法进路［J］．中外法学，2022（1）．

[290] 熊丙奇．山东即将实行的“异地高考”能复制吗［Z］．中国广播网，2012-02-29.

［291］熊进光．对生育权的法律思考［J］．甘肃政法学院学报，2002（6）．

［292］熊烨．政策工具视角下的医疗卫生体制改革：回顾与前瞻［J］．社会保障研究，2016（3）．

［293］熊跃根．福利国家儿童保护与社会政策的经验比较分析及启示［J］．江海学刊，2014（3）．

［294］徐道稳．公民资格理论与我国社会政策的重构［J］．人文杂志，2007（6）．

［295］徐钢．论宪法上国家义务的序列与范围：以劳动权为例的规范分析［J］．浙江社会科学，2009（3）．

［296］徐月宾，刘凤芹，张秀兰．中国农村反贫困政策的反思［J］．中国社会科学，2007（3）．

［297］徐月宾，张秀兰．我国城乡最低生活保障制度若干问题探讨［J］．东岳论丛，2009（2）．

［298］许慧娇，贺聪志．“孝而难养”：重思农村留守老人的养老困境［J］．中国农业大学学报（社会科学版），2020（4）．

［299］许巧仙，詹鹏．公平正义与弱有所扶：残疾人教育结构性困境及服务提升研究［J］．中国行政管理，2018（11）．

［300］许玉镇，王颖．民生政策形成中利益相关者有序参与问题研究：基于协商民主的视角［J］．政治学研究，2015（1）．

［301］阎天．女性就业中的算法歧视：缘起、挑战与应对［J］．妇女研究论丛，2021（5）．

［302］颜昌武．新中国成立 70 年来医疗卫生政策的变迁及其内在逻辑［J］．行政论坛，2019（5）．

［303］杨善华，苏红．从“代理型政权经营者”到“谋利型政权经营者”：向市场经济转型背景下的乡镇政权［J］．社会学研究，2002（1）．

［304］杨思斌．残疾人权利保障的法理分析与机制构建［J］．社会保障研究，2007（2）．

［305］杨涛．农村留守儿童福利支持中政府责任及其落实［J］．重庆城市管理职业学院学报，2017（3）．

［306］杨团，孙炳耀．资产社会政策与中国社会保障体系重构［J］．江苏社会科学，2005（2）．

［307］杨团．社会政策的理论与思索［J］．社会学研究，2000（4）．

［308］杨团．中国社会政策演进、焦点与建构［J］．学习与实践，2006（11）．

［309］殷俊，陈天红．美国失业保险待遇调整机制分析及对中国的启示［J］．新疆大学学报（哲学·人文社会科学版），2015（4）．

［310］于景辉．谈社会公正观视域下的我国残疾人教育［J］．教育探索，2013（9）．

［311］余秀兰．女性就业：政策保护与现实歧视的困境及出路［J］．山东社会科学，2014（3）．

［312］余秀兰．女性就业歧视发生的机会结构［J］．甘肃社会科学，2014（6）．

［313］俞家栋．失业保险基金稳岗位提技能防失业［J］．中国人力资源社会保障，2022（6）．

［314］俞可平．关于民主亟待厘清的六个关系［J］．半月谈（内部版），2009（4）．

［315］袁志刚，封进，张红．城市劳动力供求与外来劳动力就业政策研究：上海的例证及启示［J］．复旦学报（社会科学版），2005（5）．

［316］岳爱，杨矗．新型农村社会养老保险对家庭日常费用支出的影响［J］．管理世界，2013（8）．

［317］岳经纶，王春晓．深化医改的政策建议［J］．中国社会保障，2017（6）．

［318］岳经纶．创新社会保障制度，建设中国式福利国家［J］．社会保障评论，2022（3）．

［319］张广科，王景圣．初次分配中的劳动报酬占比：演变、困境与

突破［J］. 中州学刊，2021（3）.

［320］张军. 从慈悲正义到公民权利［J］. 学习与实践，2013（1）.

［321］张丽芳，张艳春，林春梅，秦江梅. 我国基层卫生综合改革政策梳理与分析［J］. 中国卫生经济，2018（1）.

［322］张凌寒. 算法自动化决策中的女性劳动者权益保障［J］. 妇女研究论丛，2022（1）.

［323］张奇林，刘二鹏. 面向家庭的照料社会政策建构：范式、因应与路径［J］. 青海社会科学，2019（2）.

［324］张琼. 再议生育权：从吉林省《人口与计划生育条例》谈起［J］. 行政与法，2003（7）.

［325］张汝立，陈晓蓉，武格格，周凌宇. “有发展的改善”：共同富裕视角下中国社会政策转型研究［J］. 社会政策研究，2022（3）.

［326］张文显. 民生呼唤良法善治：法治视野内的民生［J］. 中国党政干部论坛，2010（9）.

［327］张学浪. 创新社会治理体制下的农村留守儿童关爱服务体系构建［J］. 农村经济，2018（2）.

［328］张永英，李线玲. 新形势下进一步改革完善生育保险制度探讨［J］. 妇女研究论丛，2015（6）.

［329］张永英. 从性别与发展视角看实施全面两孩政策的顶层设计［J］. 妇女研究论丛，2016（2）.

［330］章伟平. 我国女性就业性别歧视法律问题研究［D］. 南昌：江西财经大学，2020.

［331］章晓懿. “救急难”托底保障的机制构建与地方实践［J］. 中国民政，2017（16）.

［332］赵德余. 政策制定中的价值冲突：来自中国医疗卫生改革的经验［J］. 管理世界，2008（1）.

［333］赵茜，陈华东，伍佳，廖晓阳. 我国基层医疗体系的发展与展望［J］. 中华全科医学，2020（3）.

［334］郑功成．用习近平总书记重要讲话精神指导中国特色社会保障体系建设［J］．社会保障评论，2021（2）．

［335］郑功成．从国家-单位保障制走向国家-社会保障制［J］．社会保障研究，2008（2）．

［336］郑功成．多层次社会保障体系建设：现状评估与政策思路［J］．社会保障评论，2019（1）．

［337］郑功成．共同富裕与社会保障的逻辑关系及福利中国建设实践［J］．社会保障评论，2022（1）．

［338］郑功成．面向2035年的中国特色社会保障体系建设：基于目标导向的理论思考与政策建议［J］．社会保障评论，2021（1）．

［339］郑功成．中国医疗保障改革与发展战略：病有所医及其发展路径［J］．东岳论丛，2010（10）．

［340］郑杭生．抓住改善民生不放推进和谐社会构建［J］．广东社会科学，2008（1）．

［341］周弘．不断提升社会保障发展质量［J］．社会保障评论，2021（2）．

［342］周沛，陈静．新型社会救助体系研究［J］．南京大学学报，2010（4）．

［343］周沛．积极福利视角下残疾人社会福利政策研究［J］．东岳论丛，2014（5）．

［344］周沛．社会福利理论：福利制度、福利体制及福利体系辨析［J］．国家行政学院学报，2014（4）．

［345］周沛．社会投资：残疾人辅助性就业服务的逻辑与效用［J］．社会科学辑刊，2020（2）．

［346］周贤日．论生育保险促进男女就业平等的功能与路径［J］．中国政法大学学报，2018（5）．

［347］朱恒鹏，昝馨，林绮晴．医保如何助力建立分级诊疗体系［J］．中国医疗保险，2015（6）．

［348］朱侃，郭小聪．公共就业政策范式变迁及其逻辑研究［J］．求实，2019（5）.

［349］朱勤．实现城乡基本养老保障均等化的改革路径［J］．人民论坛，2020：9（上）.

［350］庄渝霞．母职惩罚理论及其对女性职业地位的解释：理论进展、路径后果及制度安排［J］．国外社会科学，2020（5）.

［351］庄渝霞．透析实施生育保险制度的局势［J］．人口学刊，2009（4）.

［352］邹艳晖．国外生育保险制度对我国的启示［J］．济南大学学报（社会科学版），2012（6）.

［353］左停，贺莉．制度衔接与整合：农村最低生活保障与扶贫开发两项制度比较研究［J］．公共行政评论，2017（3）.

［354］左学金．面临人口老龄化的中国养老保障挑战与政策选择［J］．中国人口科学，2001（3）.

英文文献

［355］BENASSI D，KAZEPOV Y，MINGIONE E. Socio-Economic Restructuring and Urban Poverty under Different Welfare Regimes［M］// MOULAERT F.，SCOTT A J. Cities，Enterprises and Society on the Eve of the 21st Century. London：Pinter Press，1997.

［356］HOLLIDAY I. Productivist welfare capitalism：Social policy in East Asian［J］. Political Studies，2000（48）.

［357］POWELL M A. Understanding the Mixed Economy of Welfare［M］. Bristol：Policy Press，2010.

［358］OLIVER M. Understanding Disability：From Theory to Practice［M］. New York：Palgrave Macmillan，1976.

［359］STEFFENS P，CHRIS R J，de Neubourg. European Network on Indicators of Social Quality：Summary of the Dutch National Report［J］.

European Journal of Social Quality，2005，5（1–2）.

［360］ SHERRADEN M. Assets and the Poor：A New American Welfare Policy［M］. New York NY：M E Sharpe，1991.